Georg Wilhelm Friedrich Hegel

Das Leben Jesu

Harmonie der Evangelien nach eigener Übersetzung

Georg Wilhelm Friedrich Hegel

Das Leben Jesu

Harmonie der Evangelien nach eigener Übersetzung

ISBN/EAN: 9783959138383

Auflage: 1

Erscheinungsjahr: 2018

Erscheinungsort: Treuchtlingen, Deutschland

Literaricon Verlag UG (haftungsbeschränkt), Uhlbergstr. 18, 91757 Treuchtlingen. Geschäftsführer: Günther Reiter-Werdin, www.literaricon.de. Dieser Titel ist ein Nachdruck eines historischen Buches. Es musste auf alte Vorlagen zurückgegriffen werden; hieraus zwangsläufig resultierende Qualitätsverluste bitten wir zu entschuldigen.

Printed in Germany

Cover: After Leonardo da Vinci, Salvator Mundi, published 18 Jun 1844, Abb. gemeinfrei

G. W. F. HEGEL
DAS LEBEN JESU

HARMONIE DER EVANGELIEN
NACH EIGENER ÜBERSETZUNG

NACH DER UNGEDRUCKTEN
HANDSCHRIFT IN UNGEKÜRZTER
FORM HERAUSGEGEBEN VON
PAUL ROQUES

VERLEGT BEI EUGEN DIEDERICHS JENA 1906

VORWORT

s ist in der letzten Zeit der Wunsch nach einer ungekürzten Ausgabe der von Rosenkranz nur im Auszuge mitgeteilten theologischen Fragmente Hegels (Vgl. Rosenkranz, Hegels Leben, Berlin 1844, S. 490—514) mehrmals laut geworden. In dem auf der Königl. Bibliothek zu Berlin befindlichen Hegelschen Nachlaß nehmen alle theologischen Fragmente aus Hegels Jugendzeit drei Bände ein. (Bd. 7, Das Leben Jesu, Harmonie der Evangelien nach eigener Übersetzung, 1794—95. Bd. 8, Verhältnis der Vernunftreligion zur positiven Religion, 1795—96. Bd. 11, Theologica, 1793—96. Über den Begriff der Religion, 1800). Wir bringen im vorliegenden Bande einen ungekürzten Abdruck des 7. Bandes des Nachlasses. Ferner sind aus Bd. 11 alle Bruchstücke hinzugekommen, die unzweifelhaft zum Thema des Lebens Jesu gehören. Somit dürften alle auf die Person Jesu bezüglichen Fragmente, ausgenommen die in Bd. 8 enthaltenen, zur Herausgabe gelangt sein.

Orthographie und Interpunktion haben wir den modernen Regeln angepaßt, sonst aber den Urtext genau wiedergegeben. Die in Kursivschrift stehenden Wörter haben wir zur Ergänzung oder grammatischen Verbesserung des Manuskripts hinzufügen müssen. Die von Hegel ausgestrichenen Stellen sind beibehalten worden, stehen aber in eckigen Klammern. Von Erläuterungen und Vergleichen mit Parallelstellen aus dem übrigen noch ungedruckten Material haben wir grundsätzlich abgesehen, da erst nach Herausgabe des ganzen Nachlasses an eine erschöpfende Kritik gedacht werden kann. Ebenso haben wir auf eine kritische Anordnung der oft nur lose zusammenhängenden Fragmente verzichtet, vielmehr dieselben in gleicher Reihenfolge abgedruckt, wie sie im Manuskript zusammengeheftet sind; denn eine solche Anordnung hätte vielleicht willkürlich geschienen und jedenfalls nur unter Weglassung oder Austrennung von ganzen, schwerlich einzufügenden Stellen zustande gebracht werden können. Bruchstücke, Paralipomena liegen uns vor, die doch einmal ohne jede Veränderung seitens des Herausgebers abgedruckt werden mußten, die aber jedermann nun für sich deuten und anordnen darf. Für unser Teil haben wir die Lektüre des stellenweise schwerverständlichen Textes durch kurze Inhaltsangabe zu erleichtern versucht, sowie ein Register aufgestellt. Möge die vorliegende Ausgabe des Lebens Jesu dazu beitragen, der Hegelschen Philosophie zu neuer Anerkennung zu verhelfen und manchen Leser zur Durchsicht und weiteren Herausgabe des ungedruckt gebliebenen Hegelschen Nachlasses anregen.

Der Generaldirektion der Königl. Bibliothek zu Berlin, die uns bereitwilligst die Erlaubnis zur Durcharbeitung sämtlicher Handschriften und zur Herausgabe des Lebens Jesu erteilte, sprechen wir unsern Dank aus.

EINLEITUNG

ertvolle Angaben über das Leben Jesu befinden sich bei Rosenkranz und Haym, denen der ganze Nachlaß vorlag, und zwar hat Rosenkranz (Hegels Leben, 1844, S. 49—53) hauptsächlich die Entstehungsgeschichte, Haym (Hegel und seine Zeit, 1857, S. 46—53) die philosophische Tendenz und das psychologische Interesse von Hegels Jugendwerk berücksichtigt. Keiner der folgenden Biographen aber hat Einsicht in die Manuskripte genommen. Am gründlichsten haben Caird (1883), K. Fischer (1901) und Drews (Hegels Religionsphilosophie, Diederichs Verlag, 1905, Historische Einführung S. XL—XLVII) das schon vorhandene Material verwertet.

Im Herbst 1793 verließ Hegel nach bestandenem Kandidatenexamen das Tübinger Stift, weilte einige Wochen in seiner Vaterstadt Stuttgart und nahm darauf eine Hauslehrerstelle bei einem Berner Patrizier, Herrn Steiger von Tschugg, an, die er bis Ende 1796 bekleidete. Aus den damals von Hegel an Schelling geschriebenen Briefen geht hervor, daß Hegel von seinem Amt in Bern sehr in Anspruch genommen war. «Ganz müßig bin ich nicht, aber meine zu heterogene und oft unterbrochene Beschäftigung läßt mich zu nichts Rechtem kommen» (an Schelling, 24. Dez. 1794; vgl. Briefe von und an Hegel, herausg. von Karl Hegel, 1887. S. 7). Dazu kam der Mangel an Lektüre in Bern selbst und noch mehr auf dem Lande, denn im Frühling und Sommer wohnte die Familie des Herrn Steiger auf Schloß Tschugg, in der Vogtei Erlach, am Bieler See gelegen. «Meine Entfernung von allen Büchern», so klagt Hegel, «und die Eingeschränktheit meiner Zeit erlauben mir nicht, manche Idee auszuführen, die ich mit mir herumtrage» (Jan. 1795; vgl. Briefe, S. 12). Daraus erklärt sich die bruchstückartige Form der Notizen, die Hegel in dieser Zeit niederschrieb, und die teils das Wesen der Religion und die Möglichkeit einer Volksreligion, teils die christliche Lehre und die Person Jesu zum Gegenstande haben (Nachlaß, Bd. 7 und 11). Erst nachdem mehrere von diesen Fragmenten aufgezeichnet waren, schrieb Hegel im Frühjahr 1795 das eigentliche «Leben Jesu» nieder.

Nicht spurlos war die Aufklärung an Hegel vorübergegangen. Er war der kirchlichen Dogmatik, dem dumpfen Beharren «im System des Schlendrians» höchst abgeneigt (vgl. Brief an Schelling, Jan. 1795) und bewegte sich ganz in Lessingschen Anschauungen, als er folgende Einleitung zu einer unausgeführt gebliebenen Darstellung der christlichen Religion schrieb: «In bezug auf die Sache selbst wird hier bemerkt, daß überall der Grundsatz zum Fundament aller Urteile über die verschiedene Gestalt, Modifikationen und Geist der christlichen Religion gelegt worden sei, daß der Zweck und das Wesen aller wahren Religion und auch unserer Religion Moralität des Menschen sei und daß alle speziellen Lehren des Christentums, alle Mittel dieselben auszubreiten, alle Pflichten zu meinen und sonst an sich willkürliche Handlungen zu beobachten, nach ihrer näheren oder entfernteren Verbindung mit jenem Zweck in Ansehung ihres Wertes und ihrer Heiligkeit geschätzt werden» (Nachlaß Bd. 11). Im subjektiven Gefühl schien ihm der Hauptwert der Religion zu liegen: «Inwiefern ist Religion zu schätzen? Als subjektive oder als objektive? In Ansehung der Empfindung vorzüglich? Die objektive ist vielmehr Theologie. — Auf subjektive Religion kommt alles an. Diese hat eigentlich wahren Wert. Die Theologen mögen sich über die Dogmen, über das, was zur objektiven Religion gehört, über die näheren Bestimmungen dieser Sätze streiten; jeder Religion liegen einige wenige Fundamentalsätze zugrunde, die nun in den verschiedenen Religionen mehr oder minder modifiziert, verunstaltet, mehr oder weniger rein dargestellt sind, die den Grund allen Glaubens, aller Hoffnungen ausmachen, welche die Religion uns an die Hand gibt. Wenn ich von Religion spreche, so abstrahiere ich schlechterdings von aller wissenschaftlichen oder vielmehr metaphysischen Erkenntnis Gottes, unseres und der ganzen Welt Verhältnisses zu ihm, usw. Eine solche Erkenntnis bei der sich bloß der räsonierende Verstand beschäftigt, ist Theologie, nicht mehr Religion. Von objektiver Religion spreche ich nur insofern, als sie einen Bestandteil der subjektiven ausmacht» (Bd. 11). Selbst im Jahre 1796, als der Sinn fürs historisch Festgesetzte in ihm lebendig wurde, ließ er zwar der positiven Religion in der Abhandlung: «Über das Verhältnis der Vernunftreligion zur positiven Religion»

(Nachlaß, Bd. 8) gewissermaßen Recht widerfahren, aber er betonte nicht sowohl ihren dogmatischen als ihren psychologischen Wert; er erklärte sie aus menschlichen Herzensbedürfnissen und fand sie nur als Volksreligion berechtigt. Er war jedem Dogmatismus so sehr abgeneigt, daß er auch den aus der Aufklärung entsprungenen bekämpfte, nämlich die Tendenz des Kantischen Moralismus wieder in Dogmatismus umzuschlagen; die Ethikotheologie schien ihm wieder zur Physikotheologie hinüberzuleiten: «Zu dem Unfug, wovon Du schreibst, hat unstreitig Fichte durch seine Kritik der Offenbarung Tür und Angel geöffnet; er selbst hat mäßigen Gebrauch davon gemacht, aber wenn seine Grundsätze einmal fest angenommen sind, so ist der theologischen Logik kein Ziel und Damm mehr zu setzen. Er räsoniert aus der Heiligkeit Gottes, was er vermöge seiner moralischen Natur tun müsse und solle und hat dadurch die alte Manier, in der Dogmatik zu beweisen, wieder eingeführt» (an Schelling, Jan. 1795, Briefe, S. 11).

Damit aber war Hegel über die Aufklärung hinaus. Die Aufklärung trug noch viel Verstandesmäßiges, Positives in sich, viel moralische Wertmaßstäbe und Nutzanwendungen; Hegels Standpunkt aber war nicht der der diskursiven, sondern der intuitiven Erkenntnis. Dies erhellt z. B. in seinem «Leben Jesu» aus seiner Besprechung des Eingangs des Johannesevangeliums, wo es heißt: «Im Anfang war der Logos, der Logos war bei Gott und Gott war der Logos»; aber diese Sätze, meint Hegel, sind nicht als gewöhnliche Urteile aufzufassen, in welchen einem Subjekt ein Prädikat hinzugefügt wird; Prädikat und Subjekt sind ein und dasselbe, ein Seiendes, Lebendiges, denn jedes über Göttliches in Form der Reflexion Ausgedrückte wäre widersinnig. Desgleichen ist das Verhältnis Gottes zur Welt kein toter Zusammenhang, keine Entgegensetzung des Vernünftigen gegen das Sinnliche, sondern eine Verbindung, die wahrhaft nur als lebendiger Zusammenhang genommen und bei welcher von den Verhältnissen der Bezogenen nur mystisch gesprochen werden kann. Daher durfte sich Jesus als Sohn Gottes bezeichnen; dies Verhältnis des Sohnes zum Vater ist nicht bloße Vereinigung im Begriffe, sondern lebendige Beziehung Lebendiger, gleiches Leben, nur Modifika-

tionen desselben Wesens; Gottes Sohn ist dasselbe Wesen, das
der Vater ist, zwar für jeden Akt der Reflexion, jedoch auch nur
für einen solchen ein Besonderes. Im selben Sinn leugnete Hegel
das Wunder. Er versuchte nicht, es durch verstandesmäßige
Reflexion, etwa als von den Jüngern Jesu nicht verstandene Natur-
erscheinungen hinzustellen; er leugnete es einfach deshalb, weil es
der Vernunft widerstreite. Im Wunder als einzelnem Gescheh-
nisse, meinte er, könne sich unmöglich das Göttliche offenbaren,
denn Göttliches sei nicht Geschehendes, sondern Allgemeinseien-
des; es heiße die Vernunft herabwürdigen, wenn man die Wunder
exegetisch zu erklären versuche, denn man tue schon dadurch,
daß man mit den Wunderverteidigern auf das Feld des Verstandes
heruntersteige, der Autonomie der Vernunft Abbruch: «Denn,
wenn man auch schon von jedem einzelnen Wunder zeigen könnte,
daß es sich natürlich erklären lasse, so hat man dem Verteidiger
schon zu viel eingeräumt. Auf die Führung des Streites vor den
Richterstuhl des Verstandes sich einzulassen, beweist schon, daß
uns die Erzählung von Wunderbegebenheiten stutzig gemacht
hat, daß wir es nicht allein vom Standpunkt der Vernunft aus
wagen, sie von der Hand zu weisen, sondern daß die Tatsachen,
die man uns als Wunder ausgibt, fähig sein könnten, jene Selbständigkeit der Vernunft umzustoßen» (Vgl. Rosenkranz, S. 511).
Dieselbe Neigung Hegels nur nach dem Ganzen hinzustreben,
das Einige, Lebendige hervorzukehren, macht sich auch in seinem
Wegwerfen jeder positiven Moral, jeder Sittenrichterei, ja selbst
des Kantischen Imperativs geltend. Moralprinzipien sind für den
Menschen ein Fremdes, Äußerliches, ein Entgegensetzen des Sein-
sollenden und der Natur. Am Kantischen Sittlichkeitsbegriffe
hielt doch Hegel insofern fest, als er dem Menschen das Bewußtsein seines absoluten Wertes, seiner Gottähnlichkeit verschaffe.
«Vom Kantischen System und dessen höchster Vollendung erwarte ich eine Revolution in Deutschland. Man wird schwindeln
bei dieser höchsten Höhe, wodurch der Mensch so sehr gehoben
wird; aber warum ist man so spät darauf gekommen, die Würde
des Menschen höher anzuschlagen, sein Vermögen der Freiheit
anzuerkennen, das ihn in die gleiche Ordnung der Geister setzt?»
(An Schelling, 16. April 1795. Briefe, S. 15).

Aus jenem fortwährenden Betonen des Vernünftigen und jenem Vertrauen auf die Allmacht des menschlichen Geistes läßt sich erkennen, daß Hegel sich schon damals über das Grundproblem seiner spätern Philosophie, nämlich das Wirklichwerden von Vernunft und Freiheit durch Überwindung aller beschränkenden Bestimmungen klar geworden war. Aber er hatte noch nicht die ganze spekulative Kraft seines späteren Denkens erreicht; daher hat die Art, wie er jetzt die das menschliche Denken und Wirken hemmenden Schranken aufzuheben versuchte, noch wenig von der späteren Dialektik an sich. Vielmehr hat sein Philosophieren einen starken Zug ins Mystisch-poetische; seine Weltanschauung ist eine überwiegend ästhetische; ist doch Schönheit, wie Vernunft, Versöhnung der Gegensätze, Offenbarung des Absoluten. Am tiefsten ist Hegel damals von Dichtern beeinflußt worden. Schiller, den er eifrig las, hatte eben durch seinen ästhetischen Idealismus die Gegensätze überwunden, bei denen Kant stehen geblieben war; er hatte im Ideal der «schönen Seele» Sinnlichkeit und Sittlichkeit, Neigung und Pflicht, Notwendigkeit und Freiheit, Natur und Geist versöhnt. Hölderlin, mit dem Hegel sich auf dem Tübinger Stift befreundet hatte, begeisterte ihn für die Schönheit der griechischen Welt; unzweifelhaft schwebte Hegel das Griechentum vor, als er von jeder positiven Religion eine lebendige Harmonie von Kirche und Staat, ein schönes Verhältnis des Gottesdienstes und der übrigen Lebensformen, sowie Befriedigung des Gemüts und der Phantasie in den Grenzen vernünftigen Glaubens verlangte (Nachlaß, Bd. 11). Mit Schelling endlich, den er ebenfalls auf dem Stifte kennen lernte, hatte er das Bedürfnis nach Totalität, nach Auflösung aller Gegensätze in unmittelbarer Einheit gemein; bekanntlich hörte er erst ums Jahr 1803 auf, der Schellingschen Identitätsphilosophie zu huldigen und versuchte, nicht durch mystische Anschauung des Absoluten, sondern durch schrittweise durchgeführte Dialektik zur Idee vorzudringen.

So mischen sich in Hegels damaliger Bildung der Rationalismus der Aufklärung, ästhetische Weltanschauung und überschwengliche Mystik. Alles dies tritt in den vorliegenden Fragmenten deutlich hervor. Unter denselben nimmt das eigentliche

Leben Jesu eine eigene Stelle ein. Kein Bruchstück ist es, sondern ein vollständiges Manuskript in Reinschriftform. Obgleich Hegels Anlage zum Erzählen gering war, bequemte er sich doch, das rein Faktische des Lebens Jesu vorzutragen, ohne dasselbe begrifflich zu deuten. Die schlichte Erzählung macht eben deswegen einen starken Eindruck, weil Hegel völlig unbefangen die Geschichte Jesu erzählt. Ihm war Jesus ein bloßer Mensch, dem zwar das Göttliche rein zum Bewußtsein gekommen war, der aber als Mensch lebte und starb. Von den Wundern sah Hegel gänzlich ab, legte aber das Gewicht auf das Predigen Jesu. Er stellte keinen exegetischen Vergleich der Evangelien an, da ihm wenig am geschichtlichen Detail lag und er das kirchlich-dogmatische Interesse des Neuen Testaments nicht ins Auge fassen wollte. Nie erregt er durch persönliche Bemerkungen Anstoß; die Erzählung schreitet ruhig vorwärts; in voller Wirklichkeit erscheint der Mensch Jesus, wie er mitten unter den Juden lebte und webte. Einfach realistisch ist die Darstellung. Nach der Harmonie der Evangelien faßte Hegel die Hauptereignisse des Lebens Jesu und die Hauptzüge seiner Lehre zusammen, als wäre Jesus ein Sokrates gewesen. Auch hier schwebten ihm in der Tat griechische Ideale vor: nicht als Erlöser der leidenden Menschheit im Sinne des Christentums, sondern als Philosoph und Held wird Jesus hingestellt.

Die Fragmente zerfallen in folgende Teile: 1. Moral Jesu, (seine neue Beurteilung menschlicher Werte, Liebe, Versöhnlichkeit). 2. Religion, (Reich Gottes, die Taufe, der Mensch als Sohn Gottes). 3. Geschichte, (Verhältnis Jesu zum Judentum, Ausbreitung seiner Lehre). Meistenteils sind die auf Moral und Religion bezüglichen Fragmente kaum als ein Kommentar zum Leben Jesu zu betrachten. Das Neue Testament gab Hegel nur den Anstoß zur Darlegung eigner Anschauungen allgemeinphilosophischen Inhalts. Hegels Tendenz, das Faktische zu logisieren, tritt deutlich in die Erscheinung. Es war ihm hauptsächlich darum zu tun, den Text der Evangelien gedankenmäßig zu verarbeiten. An der Lebensgeschichte und Lehre Christi entwickelt er Begriffe, und zwar überhaupt solche, in die das Element der Empfindung und mystischer Anschauung hineinspielt, als da sind die der Liebe, des unentzweiten Lebens, der Vereinigung mit Gott im Glauben usw.

Der Inhalt jener Fragmente mag in logischer Anordnung folgendermaßen dargelegt werden.

Von einem Zustand absoluter Entgegensetzung und Zerrissenheit ausgehend, versucht Hegel den Weg zum Zustand völliger Einheit und Harmonie zu zeigen. Bei jeder Zerreißung natürlicher Bande trete unausbleiblich dem Menschen das verletzte Leben als Schicksal entgegen, eine feindliche Macht, die es zu versöhnen gelte. Als solche trete zuerst das Gesetz auf, das durch die Strafe befriedigt werde. Aber das Gesetz sei nur eine Vereinigung im Begriff, nämlich die Gleichsetzung des verletzten und des eignen verwirkten Lebens. Der Verbrecher bleibe mit der Welt und mit sich selbst entzweit; denn Leben sei von Leben nicht verschieden, und indem der Verbrecher fremdes Leben zu zerstören und sich damit zu erweitern vermeine, habe er sein eignes zerstört und die Freundlichkeit des Lebens in einen Feind verkehrt. Erst dadurch, daß er im Bewußtsein seiner selbst die Zerstörung seines eignen Lebens fühle und sich nach dem Verlorenen sehne, vereinige er sich mit dem verletzten Leben und versöhne das Schicksal. Darin, daß das Feindliche als Leben gefühlt werde, in der Liebe also liege die Möglichkeit der Versöhnung. Ein reines Gemüt, eine schöne Seele vergebe die Sünden, trete in die Verhältnisse der Freundschaft und Liebe sogleich wieder ein. Liebe sei völlige Hingebung, Verzichten auf Individualität, lebendige Vereinigung der Gegensätze. Diese allgemeinphilosophischen Motive bilden, sozusagen, selbständige Aufsätze (von Rosenkranz unter dem Titel «Das Schicksal und seine Versöhnung», «Die Liebe und die Scham» mitgeteilt; vgl. Hegels Leben S. 493 ff.). Aber Hegel bezog sie in konkreter Form auf die Lehre Jesu. Jesus machte es sich zur Aufgabe, jedes Objektive zu vernichten, jedes äußere Gesetz aufzuheben. Die Wurzel des Judentums war das Objektive, d. h. der Dienst des Fremden; die Juden waren Knechte, sie gehorchten widersinnigen Satzungen und Formeln, sie waren mit sich selbst entzweit. Moralität hebt diese Entzweiung auf, aber Moralität (im Kantischen Sinne) ist nicht lebendige Vereinigung mit dem Gesetz des Lebens, sondern selbst Entzweiung, Entgegensetzung der objektiven Pflicht und der Neigung. Vereinigung findet nur in Liebe statt; reine Tugenden sind nur Modifikationen der Liebe. Durch Liebe also versuchte Jesus die Passivität der Juden zu überwinden; er wollte sie befreien, ihre beschränkten Gesetze zu lebendigen Beziehungen vervollständigen; er strebte danach, jede Beschränkung des gewöhnlichen Daseins aufzuheben, stellte also keine neuen Satzungen auf; seine Parabeln enthalten kein Fabula docet, sondern stellen den Fortgang des Lebendigen dar.

Das Gesetz als Herrschendes wird also durch Tugend, die Beschränktheit der Moralität durch Liebe aufgehoben; dies ist der Sinn der Moral Christi. Dennoch, so führt nun Hegel weiter aus, ist die Liebe als Empfindung unvollständiger Natur. Unbefriedigte Liebe ist pathologisch und bleibt als Sehnsucht nach unerreichtem Ideal im Zustand der Trennung und Zerrissenheit. Zwar ist in der glücklichen Liebe kein Raum für Objektivität, aber jede Reflexion stellt die Objektivität wieder her, und damit beginnt wieder das Gebiet der Beschränkungen. Erst Religion hebt die Schranken der Liebe auf, denn Religion ist Reflexion mit Liebe vereint, Erkenntnis und Verehrung der durch Einbildungskraft objektiv gemachten Liebe. Wie überhaupt der realistische Sinn Hegels ihn stets dazu trieb, in seinen idealistischen Monismus (Panlogismus oder Pantheismus) einen starken Zug ins Konkrete einzumischen, jedes Vernünftige als in sinnlicher Verkörperung verwirklicht anzusehen, so räumte er auch hier dem Theismus soviel ein, daß Gott objektive Realität habe, freilich nicht in dem Sinne, als wäre er ein Fremdes, wohl aber als die gestaltete Liebe. Wahre Religion war ihm eine Synthese des subjektiven Gefühls und eines objektiven Göttlichen, wogegen rein subjektive Religion leicht in Schwärmerei, rein objektive in Knechtschaft übergehe. Die Gemeine erkennt sich als in Gott vereinigt; Gott ist das Bild ihrer Einigkeit, die sichtbar gewordene Liebe der Gemeine, und die christliche Religion ist die Verehrung des verklärten Jesus als des lebendigen Bildes Gottes. Damit ist Religionsgefühl nicht mehr unauslöschlicher, unbefriedigter Trieb nach Vereinigung, sondern vollendete Harmonie. Daher konnte Hegel im Abendmahl keine eigentlich religiöse Handlung erblicken, sondern lediglich eine Handlung der Liebe. Wein und Brot, meint er, seien kein Göttliches, da sie kein bleibendes Objektives seien. Dadurch, daß Wein und Brot genossen werden, verschwinde das Bild, worin sich Anschauung und Gefühl, Objektives und Subjektives vereinigen könnten. Nach dem Genusse des Abendmahls kehre die an ein Objektives geheftete Empfindung von dieser Objektivität zu ihrer Natur zurück und werde wieder bloß subjektiv; es entstehe bei den Christen ein wehmütiges Staunen; es war etwas Göttliches versprochen und es ist im Munde zerronnen. Dagegen sei Gott als Darstellung der die Gemeine vereinigenden Liebe ein wahrhaft Objektives; der Zustand vollständiger Vereinigung der Gemeine im Glauben an jenes Objektive sei das von Jesu angekündigte Reich Gottes, nicht etwa die von den Juden erwartete Weltherrschaft, sondern ein Lebendigwerden aller menschlichen Beziehungen durch die Liebe, in welcher die Mitglieder der Gemeine Gott und sich als Gottes Kinder erkennen.

Fand aber Hegel in der Religion Jesu die Bestätigung seiner eignen mystischen Anschauungen, so verhehlte er sich doch nicht, daß die Lehre Jesu außerhalb der engeren christlichen Gemeine keinen Anklang gefunden, keinen Zustand schöner Freiheit herbeigeführt habe. Es erübrigt nur noch diese seine Würdigung des der Lehre Jesu beschiedenen Erfolgs, also den historischen Teil seiner Aufzeichnungen kurz darzulegen. Der erhabene Versuch Jesu, das jüdische Schicksal zu überwinden, mußte in seinem Volke fehlschlagen, und er selbst ein Opfer desselben werden. Die Feindschaften, die Jesus aufzuheben suchte, mußten durch Tapferkeit, nicht durch Liebe überwältigt werden. Bald trat Jesus selbst aus der ganzen Existenz seines Volkes heraus und sprach schonungslos seine ganze Verachtung gegen die jüdische Knechtschaft unter objektiven Geboten aus. Um nicht in einen Bund mit dem Gewebe jüdischer Gesetzlichkeiten einzutreten, suchte er die Freiheit nur in der Leere; er isolierte sich von seiner Mutter, seinen Brüdern und Verwandten; er durfte nicht Familienvater, nicht Mitbürger werden und verlangte dasselbe von seinen Jüngern; er kam nicht, der Erde Frieden zu bringen, sondern das Schwert; er lebte ohne Genuß in der negativen Tätigkeit des Kampfes und fand keine Aussöhnung des Schicksals, sondern Schicksalslosigkeit durch Flucht in unerfülltes Leben. Christliche Liebe sollte und konnte nicht eine Vereinigung der Individualitäten sein,

sondern bloße Vereinigung in Gott, wie denn auch die Liebe der
Jünger Christi bloß gegenseitiges Bewußtsein gemeinschaftlichen
Glaubens war und in ihrer Religion verwirklicht wurde, sonst
aber weltfeindlich blieb und alle schönen natürlichen Verhältnisse
des menschlichen Lebens verkümmern ließ, und es ist das Schicksal
der christlichen Religion geblieben, daß Kirche und Staat, geistliches
und weltliches Tun nie in eins zusammenschmelzen können.

Aber auch als Religion verlor bald nach dem Tode Jesu seine
Lehre selbst im engen Kreise der Gemeine die Harmonie inniger
Vereinigung. Die Jünger Jesu waren wie Schafe ohne Hirten.
Jesus war ihr lebendiges Band, das göttliche Bild ihrer Liebe gewesen; ihre sehnende Liebe hielt zwar auch ferner an diesem
Göttlichen fest, in dem auferstandenen Jesu fanden sie die Darstellung ihrer Einigkeit wieder; es kam aber zum Bilde des Auferstandenen viel Beiwesen, vollkommen Individuelles, Ungött-
liches hinzu, das dem durch Apotheose Vergötterten immer wie
Blei an den Füßen hängt und ihn zur Erde herabzieht. Wie Herkules durch den Holzstoß, hat sich Jesus durch ein Grab zum Gott
emporgeschwungen; aber nicht nur der Erstandene, auch der
Lehrende, Wunder Verrichtende und am Kreuz Hängende wird
angebetet; diese ungeheure Verbindung ist es, über welche seit
so vielen Jahrhunderten Millionen gottsuchender Seelen sich abgekämpft und gemartert haben, und die Beigesellung des wirklichen Jesu zum verklärten gewährte dem Trieb nach Religion
keine Befriedigung, denn dem unendlichen, ungestillten Lechzen
nach Göttlichem steht immer jenes Positive entgegen, welches
nie zu einem Göttlichen werden kann.

So wurde nun Hegel, nachdem er die christliche Religion in
ihrer ursprünglichen Form als Vernunftreligion ins Auge gefaßt
hatte, zur näheren Prüfung der Frage hingedrängt, warum die
Lehre Christi sich zu einer positiven Religion entwickeln mußte.
Mit diesem Problem befaßte er sich in einer Reihe weiterer, noch
ungedruckter Aufzeichnungen, in welchen die vorliegenden Fragmente ihre natürliche Fortsetzung haben.

CHARTRES IM APRIL 1906
PAUL ROQUES

DAS LEBEN JESU

on Anbeginn war die Weisheit; sie thronte bei Gott und war Gott selbst. Schon von Anbeginn war die Weisheit bei Gott; sie schuf alles, und nichts von allem, was ist, wurde ohne sie. Diese Weisheit ist eins mit der belebenden Gotteskraft, welche schon früher die Menschen erleuchtete. Nur faßten im Alten Testament die Menschen den göttlichen Strahl nicht, bis Johannes die Erscheinung desselben in Jesu vorbereitete, Joh. I, 14. Δόξα, die moralische Geistesgröße und Hoheit Jesu, von der sich alle seine Schüler und Verehrer aus dem persönlichen Umgang mit ihm überzeugen konnten.

II, 19. «Reißet immer diesen Tempel, an dem nun beinahe ein halbes Jahrhundert gebaut wird, ein! Ich baue ihn in drei Tagen.» Das heißt: «Dieser Tempel, das Palladium eurer Theokratie, forderte die Kunst eines halben Jahrhunderts; meine Auffassung ruht auf keinem Tempel und ist in kürzerer Zeit gegründet.»

Matth. X, 23. Luk. IX, 20. «Mehrere unter euch werden Zeugen sein, daß meine moralische Gotteslehre über die Staatsreligion des Judentums siegt.» — Matth. XIX, 28. Das Sitzen Jesu auf seinem majestätischen Thron drückt auch hier seine unsichtbare Herrschaft durch die Wahrheit und Göttlichkeit seiner Religion aus. Cf. Luk. XXII, 30, 69. Matth. XXVI, 63. «Freilich bin ich Christus, nur nicht der von euch erwartete Volksmessias, sondern nur der höhere moralische Christus, der eine neue Religion gestiftet hat, und der nun bald, zur Himmelsherrlichkeit erhoben, euch als Richter eurer Bosheit und Hartnäckigkeit erscheinen wird.»

Luk. IV, 4. Der Mensch braucht eben nicht irdische Güter zu einem glückseligen Leben; besser sind die geistigen Güter Weisheit und Tugend.

Joh. I. Die reine, aller Schranken unfähige Vernunft ist die Gottheit selbst. Nach Vernunft ist also der Plan der Welt überhaupt geordnet. Oft ist sie zwar verfinstert, aber doch nie ganz ausgelöscht worden; selbst in der Finsternis hat sich immer ein schwacher Schimmer derselben erhalten.

Unter den Juden war es Johannes, der die Menschen wieder auf diese ihre Würde aufmerksam machte, die ihnen nichts Fremdes sein sollte, sondern die sie in ihrem wahren Selbst, nicht in der Abstammung, nicht in dem Triebe nach Glückseligkeit, nicht darin suchen sollten, Diener eines groß geachteten Mannes zu sein, sondern in der Ausbildung des göttlichen Funkens, der ihnen zuteil geworden ist, der ihnen das Zeugnis gibt, daß sie in einem erhabnern Sinn von der Gottheit selbst abstammen. Ausbildung der Vernunft ist die einzige Quelle der Wahrheit und der Beruhigung, die Johannes nicht etwa ausschließend oder als eine Seltenheit zu besitzen vorgab, sondern die alle Menschen in sich selbst aufschließen können. Mehr Verdienst aber um die Besserung der verdorbenen Maximen des Menschen und um die Erkenntnis der echten Moralität und der geläuterten Verehrung Gottes hat sich Christus erworben.

Der Ort, wo er geboren wurde, war ein Dorf Bethlehem in Judäa. Seine Eltern waren Joseph und Maria, (die sonst in Nazareth in Galiläa ansässig waren, aber nach Bethlehem, dem Stammort der Familie Josephs, reisen mußten, um sich dort in die Liste, die von der jüdischen Volksmenge im Befehl Augusts gemacht wurde, einschreiben zu lassen), wovon jener sein Geschlecht von David ableitete, nach Art der Juden, die viel auf Ahnentafeln hielten. Jesus wurde nach den jüdischen Gesetzen acht Tage nach seiner Geburt beschnitten (Luk. II, 21).

Von seiner Erziehung ist nichts bekannt, als daß er früh (Luk. II, 41) Spuren von einem nicht gemeinen Verstand und Interesse an religiösen Gegenständen genommen habe, wie ein Beispiel davon angeführt wird, daß er sich in seinem zwölften Jahre einst von seinen Eltern verlief, sie dadurch in großen Kummer setzte, aber von ihnen im Tempel zu Jerusalem unter Priestern gefunden wurde, die er durch die für sein Alter ungewöhnlichen Kenntnisse und Beurteilungsvermögen in Verwunderung setzte. Von seiner fernern Bildung als Jüngling bis zu der Zeit, da er selbst als gebildeter Mann und Lehrer auftrat, von der ganzen so höchst merkwürdigen Entwicklungsperiode bis zum dreißigsten Jahre sind nur folgende Nachrichten auf uns gekommen, daß er (Luk. III, Matth. III) in Bekanntschaft mit dem obengenannten Johannes kam, der sich der Täufer nannte, weil er die Gewohnheit hatte, diejenigen, die seinen Aufruf, sich zu bessern, annahmen, zu taufen pflegte. Dieser Johannes fühlte den Beruf in sich, seine Landsleute auf höhere Werke, als bloßen Genuß, auf bessere Erwartungen, als die Wiederherstellung des ehemaligen Glanzes des jüdischen Reiches aufmerksam zu machen. Der Ort, wo er lehrte und sich aufhielt, war gewöhnlich eine abgelegene Gegend, seine sonstigen Bedürfnisse sehr einfach; sein Kleid bestand in einem kamelhärenen Mantel mit einem ledernen Gürtel, seine Speise in Heuschrecken, die in jenen Gegenden eßbar sind, und Honig von wilden Bienen. Von seiner Lehre ist im allgemeinen nur bekannt, daß er die Menschen zur Sinnesänderung, diese durch Taten zu beweisen aufrief, daß die Juden, die wegen ihrer Abkunft von Abraham derselben nicht bedürften, um der Gottheit wohlgefällig zu sein, im Irrtum seien; und wenn die, welche zu ihm kamen, Reue über ihre bisherige Ansicht zeigten, so taufte er sie, — eine symbolische Handlung, die nach der Ähnlichkeit des Abwaschens der Unreinlichkeiten auf die Ablegung einer verderbten Sinnesart hindeutete. So kam auch Jesus zu ihm, und ließ sich von ihm taufen. Doch scheint Johannes nicht eine Ehre darein gesetzt zu haben, Jünger zu haben, und sie an sich zu knüpfen, denn als er in Jesu die großen Anlagen entdeckte, die er in der Folge bewies, so bezeugte er ihm, daß er nicht nötig habe, getauft zu werden, und wies auch andere an, sich an Jesum zu wenden und von ihm sich belehren zu lassen, und bezeugte auch nachher (Joh. III, 27) seine Freude darüber, als er hörte, daß Jesus so viele Zuhörer finde, und so viele taufe; doch taufte er selbst nicht, sondern nur seine Freunde.

Johannes wurde zuletzt das Opfer der beleidigten Eitelkeit des Herodes, des Fürsten jener Gegenden, und eines Weibes. Er hatte nämlich dessen Umgang mit Herodias, der Schwägerin des Herodes, getadelt und wurde deswegen von ihm ins Gefängnis gesetzt; doch wagte es Herodes nicht, ihn ganz aus dem Wege zu schaffen, weil das Volk ihn für einen Propheten hielt. Als er einst an seinem Geburtstag ein glänzendes Fest gab, und eine Tochter jener Herodias Talent im Tanzen zeigte, so wurde Herodes dadurch so entzückt, daß er ihr erlaubte, sich eine Gnade von ihm auszubitten, und wenn es die Hälfte seines Reiches wäre, er würde sie ihr gewähren. Die Mutter, deren beleidigte Eitelkeit ihre Rache gegen Johannes bisher hatte zurückhalten müssen, gab ihrer Tochter an, sich den Tod des Johannes auszubitten. Herodes hatte nicht den Mut, zu glauben und es vor den Gästen zu bezeugen, daß in seinem gegebenen Worte kein Verbrechen mitbegriffen sei, und der Kopf des Johannes wurde von dem Kinde in einer Schüssel überreicht, die sie ihrer Mutter brachte. Seinen Körper begruben seine Jünger.

Luk. IV, Matth. IV. Außer diesem sind aus dieser Periode seines Lebens nur noch einige schwache Züge von dem Gange der Entwicklung seines Geistes auf die Nachwelt gekommen. In den Stunden seines Nachdenkens in der Einsamkeit kam ihm einst der Gedanke, ob es nicht die Mühe verlohnte, durch Studium der Natur und vielleicht durch Verbindung mit höhern Geistern es soweit zu bringen, zu suchen, unedlere Stoffe in edlere, für die Menschen unmittelbar brauchbare zu verwandeln, etwa wie Steine in Brot, und sich von der Natur überhaupt unabhängiger zu machen. Aber er wies diesen Gedanken ab durch die Betrachtung der Schranken, die die Natur dem Menschen in seiner Macht über sie gesetzt hat, durch die Betrachtung, daß es selbst unter der Würde der Menschheit sei, nach einer solchen Macht zu streben, da er in sich eine über die Natur erhabene Kraft besitzt, deren Ausbildung und Erhöhung die wahre Bestimmung seines Lebens ist. Ein anderes Mal ging auch vor seiner Einbildungskraft alles das vorüber, was unter den Menschen für groß, für würdig gehalten wird, der Gegenstand der Tätigkeit eines Menschen zu sein: über Millionen zu gebieten, die halbe Welt von sich reden zu machen, tausende von seinem Willen, von seinen Launen abhängig zu sehen, oder in fröhlichem Genusse der Befriedigung reiner Wünsche zu leben, alles, was die Eitelkeit oder die Sinne reizen kann. Als er aber weiter über die

Bedingungen nachdachte, unter welchen dies alles nur erworben werden kann, selbst wenn man dessen Besitz nur zum Wohl der Menschheit gebrauchen wollte, nämlich sich unter seine und fremde Eigenschaften zu erniedrigen, seiner höheren Würde zu vergessen, der Selbstachtung zu entsagen, so verwarf er, ohne sich zu bedenken, den Gedanken, jene Wünsche zu den seinigen zu machen, entschlossen, dem treu zu bleiben, was unauslöschlich in seinem Herzen geschrieben stand, allein das ewige Gesetz der Sittlichkeit und den zu verehren, dessen heiliger Wille unfähig ist, von etwas anderem affiziert zu werden, als von jenem Gesetz.

In seinem dreißigsten Jahre erst trat er selbst öffentlich als Lehrer auf. Sein Vortrag scheint im Anfang nur auf Einzelne eingeschränkt gewesen zu sein. Joh. I, 35—51. Bald gesellten sich teils durch den Geschmack, den sie an seinen Lehren fanden, teils auf seinen Zuruf, *mehrere Jünger,* von denen er meist überall begleitet wurde, und aus denen er durch sein Beispiel und seine Belehrungen den eingeschränkten Geist jüdischer Vorurteile und Nationalstolzes zu vertreiben suchte und er beseelte sie mit seinem Geiste, der nur in Tugend, die nicht an eine positive Nation oder positive Einrichtungen gebunden ist, einen Wert setzte. Der gewöhnliche Ort, wo er sich aufhielt, war Galiläa, und darin Kapernaum; von da aus machte er gewöhnlich an den hohen Festen der Juden, besonders am jährlichen Osterfest, Reisen nach Jerusalem.

Das erstemal, daß er nach Jerusalem kam (Joh. II, 12 ff.), seitdem er öffentlich als Lehrer auftrat, machte er durch eine auffallende Begebenheit viel Aufsehen. Als er in den Tempel trat, wohin alle Bewohner Judäas zusammenströmten, wo sie in gemeinschaftlicher Anbetung der Gottheit sich über die kleinen Interessen des Lebens erhoben und sich der Gottheit näherten, traf er eine Menge Krämer an, die auf die Religiosität der Juden Spekulationen machten, und mit allen Arten von Waren Handel trieben, die die Juden zu ihren Opfern gebrauchten, und bei dem Zusammenfluß der Menge aus allen Gegenden Judäas zur Zeit der Feste und im Tempel ihre Geschäfte machten. Jesus, voll Unwillen über diesen kaufmännischen Geist, jagte die Krämer zum Tempel hinaus.

Er fand viele, bei denen seine Lehre Eingang hatte. Er kannte die Anhänglichkeit der Juden an ihre eingewurzelten National-

vorurteile und ihren Mangel an Sinn für etwas Höheres zu gut, als
daß er sich mit ihnen näher eingelassen, Vertrauen in ihre Überzeugung gesetzt hätte; er hielt diese nicht für fähig, nicht für von
der Art, daß etwas Größeres darauf gebaut werden könnte; und
von der Eitelkeit, durch den Beifall einer großen Anzahl von
Menschen sich geehrt zu glauben, oder von der Schwäche, dadurch als durch ein Zeugnis in seiner eignen Überzeugung mehr
befestigt zu werden, war er zu weit entfernt; er bedurfte keines
Beifalls, keiner Autorität, um an die Vernunft zu glauben.

Das Aufsehen, das Jesus hier machte, schien (Joh. III) auf die
Lehrer des Volkes und Priester wenig Eindruck zu machen, oder
sie gaben sich wenigstens die Miene, mit Verachtung auf ihn
herabzublicken. Doch fühlte sich einer von ihnen, Nikodemus,
dadurch veranlaßt, mit Jesu in nähere Bekanntschaft zu kommen,
und sich aus seinem Munde zu überzeugen, worin das Neue und
Unterscheidende der Lehre Jesu bestehe, und ob es einer Aufmerksamkeit würdig sei. Er kam, um sich nicht dem Hasse oder dem
Gelächter auszusetzen, in der Dunkelheit der Nacht zu ihm. «Auch
ich, sagte Nikodemus, komme, um von dir belehrt zu werden;
denn alles, was ich von dir höre, beweist mir, daß du ein Gesandter
Gottes bist, daß Gott in dir wohnt, daß du vom Himmel kommst.»
— «Jawohl, antwortete Jesus. Wer nicht seinen Ursprung aus
dem Himmel hat, in wem nicht göttliche Kraft wohnt, ist kein
Bürger des Reiches Gottes.» — «Aber, erwiderte Nikodemus, wie
sollte der Mensch seinen natürlichen Anlagen entsagen, wie sollte
er zu höheren gelangen können? Er müßte in den Leib seiner
Mutter zurückkehren und ein Anderer, als Wesen eines anderen
Geschlechts geboren werden.» — «Der Mensch als Mensch, versetzte Jesus, ist nicht bloß ein ganz sinnliches Wesen. Seine Natur
ist nicht bloß auf Trieb nach Vergnügen eingeschränkt; es ist
auch Geist in ihm, auch ein Funken des göttlichen Wesens, das
Erbteil aller vernünftigen Wesen, ist ihm zuteil geworden. So
wie du den Wind zwar sausen hörst und sein Wehen empfindest,
aber nichts über ihn vermagst, noch weißt, woher er komme,
oder wohin er gehe, so kündigt sich dir unwiderstehlich
jenes selbständige unveränderliche Vermögen innerlich an.
Aber wie es mit dem übrigen dem Wechsel unterworfenen

Gemüt der Menschen verknüpft, wie es zu einer Übermacht über das sinnliche Vermögen kommen könne, das ist uns unbekannt.»

Nikodemus gestand, dies seien Begriffe, die er nicht kenne. «Wie, sagte Jesus, du bist ein Lehrer in Jerusalem und das, was ich sagte, begreifst du nicht? In mir ist die Überzeugung davon so lebendig als die Gewißheit dessen, was ich sehe und höre. Wie kann ich euch aber zumuten, es auf mein Zeugnis zu glauben, wenn ihr auf das innere Zeugnis eures Geistes, auf diese himmlische Stimme nicht achtet? Nur sie, deren Wurzel im Himmel ist, vermag euch über das zu belehren, was höheres Bedürfnis der Vernunft sei, und doch nur im Glauben an sie, durch Gehorsam gegen sie ist Ruhe und wahre Größe, die Würde des Menschen zu finden. Denn so sehr hat Gott den Menschen vor der übrigen Natur ausgezeichnet, daß er ihn mit dem Widerglanz seines Wesens beseelte, ihn mit Vernunft begabte; durch den Glauben an sie erfüllt der Mensch allein seine hohe Bestimmung; sie verdammt nicht die Triebe der Natur, aber leitet und veredelt sie. Nur wer ihr nicht gehorcht, der hat sich dadurch selbst gerichtet, daß er jenes Licht verkannte, es in sich nicht nährte und so durch seine Handlungen zeigte, wes Geistes Kind er sei; er zieht sich vor dem Glanze der Vernunft, die Sittlichkeit als Pflicht gebietet, zurück, denn seine bösen Werke sträuben sich gegen jene Beleuchtung, die ihn mit Scham, Selbstverachtung und Reue erfüllen würde. Aber wer aufrichtig mit sich zu Werke geht, nähert sich gern dem Richterstuhl der Vernunft, scheut sich nicht vor ihren Zurechtweisungen, vor der Selbstkenntnis, die sie ihm gibt, und braucht seine Handlungen nicht zu verheimlichen, denn sie zeugen von dem Geiste, der ihn beseelte, dem Geiste der vernünftigen Welt, dem Geiste der Gottheit.»

Joh. IV. Jesus verließ Jerusalem wieder, als er hörte, daß die Menge derer, die seiner Lehre Beifall gaben, die Aufmerksamkeit der Pharisäer auf sich zog. Er reiste daher wieder nach Galiläa, wohin der Weg durch Samaria führte. Er hatte seine Jünger voraus in die Stadt geschickt, um Speise zu kaufen; er selbst weilte indes an einer Quelle, welche schon Jakob, einer der Stammväter des jüdischen Volks, besessen haben soll. Er traf hier ein sama-

ritisches Weib an, die er bat, ihm einen Trunk Wassers herauf-
zuziehen. Sie wunderte sich darüber, daß er, ein Jude, von einer
Samariterin zu trinken begehre; denn beide Völker haben einen
solchen Religions- und Nationalhaß gegeneinander, daß sie
schlechterdings keinen Umgang miteinander haben. Jesus versetzte: «Wenn du meine Grundsätze kenntest, du würdest mich
nicht nach dem gemeinen Schlag von Juden beurteilt haben. Du
hättest selbst auch kein Bedenken getragen, mich darum zu bitten,
und ich hätte dir eine andere Quelle lebendigen Wassers eröffnet.
Wer aus derselben schöpft, dessen Durst ist gestillt; das Wasser,
das aus ihr quillt, ist ein Strom, der ins ewige Leben leitet.» —
«Ich höre, erwiderte die Samariterin, daß du ein weiser Mann
bist; ich wage es, dich um Aufschluß über die wichtigste Frage,
den Streit unserer und deiner Religion zu bitten. Unsere Väter
verrichten hier auf dem Berge Garizim ihren Gottesdienst, und
ihr behauptet, Jerusalem allein sei der Ort, wo man den Aller-
höchsten verehren solle.» — «Glaube mir, Weib, antwortete
Jesus, es wird eine Zeit kommen, wo ihr keinen Gottesdienst
mehr feiern werdet, weder auf Garizim, noch in Jerusalem, wo
man nicht mehr glauben wird, der Gottesdienst schränke sich auf
vorgeschriebene Handlungen und einen bestimmten Ort ein. Es
wird die Zeit kommen, und sie ist eigentlich schon da, wo die
echten Verehrer Gottes den allgemeinen Vater im wahren Geist
der Religion verehren werden, denn nur solche sind ihm wohlgefällig, in deren Geist allein Vernunft und ihre Blüte, das Sittengesetz, herrscht. Hierauf allein muß die echte Verehrung Gottes
gegründet sein.»
Die Erzählung der Frau, die sie ihren Mitbürgern von Jesu und
ihrem Gespräche machte, brachte ihnen schon eine hohe Meinung
von ihm bei. Sie veranlaßte viele Samariter hinauszugehen und
Belehrung von ihm zu erhalten. Während sich Jesus mit ihnen
unterhielt, boten ihm seine Jünger, die indes zurückgekehrt waren,
zu essen an. «Lasset das, antwortete er ihnen, ich denke nicht
an leibliche Nahrung; den Willen Gottes zu tun und das Werk
der Besserung der Menschen auszuführen ist meine Beschäftigung;
eure Gedanken sind auf Speise gerichtet, auf die Ernte, die bevorsteht; erheitert eure Blicke, schauet auf zur Ernte, der das Men-

schengeschlecht entgegenreift; auch diese Saat zeitiget, in diesen
Gefilden habt ihr nicht ausgesäet. Der Keim des Guten, den die
Natur in die Herzen der Menschen einsetzte, hat sich hie und da
von selbst entwickelt; eure Sache aber ist es, diese Blüten zu
pflegen und zu warten, in die Arbeit einzutreten, die die Natur
·angefangen hat, und die Saat zur Zeitigung zu bringen.» Auf
das Ersuchen der Samariter blieb Jesus zwei Tage bei ihnen, und
gab ihnen Gelegenheit, durch eigene Erfahrung die hohe Meinung,
die sie von ihm auf die Erzählung der Frau gefaßt hatten, be-
stätigt zu finden.

Joh. IV, 1—3, Matth. IV, 12, Luk. IV, 14. Nach zwei Tagen
setzte er seinen Weg weiter fort nach Galiläa. Wo er hinkam,
rief er die Menschen zur Sinnesänderung und Besserung auf
(Matth. IV, 17), suchte sie aus ihrem Schlummer und der un-
fruchtbaren, untätigen Hoffnung zu erwecken, ein Messias werde
bald erscheinen und den Glanz des jüdischen Gottesdienstes und
Staates wiederherstellen. «Wartet nicht auf einen andern, rief
ihnen Jesus zu, leget selbst Hand an das Werk eurer Besserung,
setzet euch ein höheres Ziel, als das wieder zu werden, was die
alten Juden waren; bessert euch, dann bringet ihr das Reich
Gottes herbei.» So lehrte Jesus überall (Luk. IV, 16—32), in
Kapernaum am See Genezareth, in öffentlichen Örtern und den
Lehrsälen der Juden; unter anderm auch sprach er über eine
Stelle aus den heiligen Büchern seiner Landsleute, in Nazareth,
seinem Geburtsort. Da hieß es denn: «Ist dies nicht Josephs
Sohn, der unter uns geboren und erzogen wurde?» Das Vor-
urteil der Juden, daß der, den sie als ihren Retter erwarteten, von
vornehmer Abkunft sein und mit äußrem Glanze auftreten müsse,
war unüberwindlich und zuletzt wurde er von seinen Mitbürgern
zur Stadt hinaus weit vertrieben, wobei ihm selbst das Sprichwort
einfiel: Ein Prophet gilt nirgends weniger als in seinem Vaterlande.

Hier lud er auch Petrus und Andreas (Matth. IV, 18—22), wie
auch Jakobus und Johannes ein, ihm nachzufolgen, die er mit
Fischfangen, ihrem Handwerk, beschäftigt antraf, wobei er Petrus
sagte: «Laß die Fische, ich will dich zu einem Menschenfischer
machen.» Die Zahl seiner Anhänger (Matth. IV, 25) fing jetzt an,
sehr beträchtlich zu werden. Aus Städten und Dörfern begleiteten

ihn viele Menschen. Vor einer so zahlreichen Menge wahrscheinlich hielt er einst in dieser Periode seines Lebens auf einem Berge
folgende Rede (Matth. V): «Wohl den Demütigen und Armen;
das Himmelreich ist ihr Teil. — Wohl denen, die Leid tragen;
sie werden einst getröstet werden. — Wohl den Sanftmütigen,
sie werden zum Genuß der Ruhe gelangen. — Wohl denen, die
Verlangen tragen nach Gerechtigkeit; ihr Verlangen wird erfüllt
werden. — Wohl denen, die mitleidig sind; auch ihrer wird man
sich erbarmen. — Wohl denen, die reinen Herzens sind; sie nähern
sich dem Heiligen. — Wohl denen, die die Kinder lieben; ihnen
kommt der Name Kinder Gottes zu. — Wohl denen, die um der
gerechten Sache willen verfolgt werden, die Schmach und Ver-
leumdung darob erleiden. Freuet euch und jauchzet: ihr seid
Bürger des Himmelreichs!»

«Von euch, meine Freunde, wünschte ich sagen zu können:
Ihr seid das Salz der Erde. Wenn aber dieses unschmackhaft wird,
womit soll man noch salzen? Es verliert sich unfühlbar unter
den andern gemeinen Stoffen. Wenn in euch die Kraft des Guten
erstürbe, so gingen eure Taten unter mit dem übrigen zwecklosen
Dringen und Treiben der Menschen. Zeiget euch, Lichter der
Welt, daß eure Taten die Menschen erleuchten und das Bessere,
das in ihnen liegt, entzünden, daß sie aufschauen lernen zu höherem
Glauben und zum Vater im Himmel.»

«Glaubet nicht, daß ich etwa gekommen sei, Ungültigkeit der
Gesetze zu predigen; nicht die Verbindlichkeit zu denselben aufzuheben bin ich gekommen, sondern sie vollständig zu machen,
diesem toten Gerippe Geist einzuhauchen. Himmel und Erde
mögen wohl vergehen, aber nicht die Forderungen des Sittengesetzes, nicht die Pflicht, ihm zu gehorchen. Wer sich und andere
von Befolgung derselben freispricht, ist unwürdig, den Namen
eines Bürgers des Reiches Gottes zu tragen, wer sie aber selbst erfüllt und auch andere sie ehren lehrt, der wird angesehen sein in
dem Himmelreich. Aber was ich, um das ganze System der Gesetze auszufüllen, hinzusetze, ist die Hauptbedingung, daß ihr euch
nicht mit der Beobachtung des Buchstabens der Gesetze, die allein
der Gegenstand menschlicher Gerichte sein kann, begnüget, wie
die Pharisäer und die Gelehrten eures Volkes, sondern im Geiste

des Gesetzes aus Achtung für die Pflicht handelt. Um euch dies mit einigen Beispielen aus eurem Gesetzbuch zu erläutern, so ist es euch als ein altes Gebot bekannt: Du sollst nicht töten; wer tötet, der soll vor das Gericht gezogen werden. Ich aber sage euch, daß nicht gerade der Tod des andern das Strafwürdige des Verbrechens ausmacht; wer seinem Bruder ungerechterweise zürnt, kann zwar von keinem weltlichen Gericht gestraft werden, aber dem Geiste des Gesetzes nach ist er so strafwürdig, als jener; wer aber aus Menschenverachtung *(Lücke der Handschrift)*

. . . «So ist euch befohlen, zu gewissen Zeiten Opfer darzubringen. Wenn ihr euch dem Altar nähert und ihr euch dort erinnert, daß ihr einen Menschen beleidigt habt, und dieser deswegen unzufrieden ist, so lasset eure Gabe vor dem Altar stehen, bietet eurem Bruder die Hand zur Versöhnung, dann nahet euch erst gottwohlgefällig dem Altar.»

«Auch heißt eines eurer Gebote: Du sollst nicht ehebrechen. Ich aber sage euch, daß nicht bloß die wirkliche Tat ein Vergehen ist, sondern die Lüsternheit überhaupt beweist, daß das Herz unrein ist. Welche Neigung es sei, die natürlichste, liebste, tut ihr Gewalt an, verletzet sie sogar, ehe ihr euch von ihr über die Linie des Rechtes hinüberreißen und dadurch eure Maximen nach und nach untergraben und verderben lasset, wenn ihr bei der Befriedigung eurer Neigung wohl den Buchstaben des Gesetzes nicht verletztet.»

«Weiter ist es ein altes Gesetz: Du sollst nicht falsch schwören. Überhaupt aber, wenn ihr Achtung vor euch selbst habt, muß jede Versicherung, jedes Versprechen mit einem bloßen Ja, oder Nein, ebenso aufrichtig, ebenso heilig und unverbrüchlich sein, als ein Schwur bei der Gottheit, denn euer Ja oder Nein müsset ihr nur mit der Überzeugung geben, daß ihr in alle Ewigkeit so handeln würdet. — So ist es auch ein bürgerliches Gesetz: Auge um Auge, Zahn um Zahn. Aber lasset diese gerichtliche Satzung nicht der Maßstab eures Privatlebens in Erwiderung von Beleidigungen oder in Erweisung von Gefälligkeiten sein. Opfert, gleichgültig gegen den Besitz des Eigentums, den edlen Gefühlen der Sanftmut und der Güte die Rachsucht und eure eigenen, wenn schon oft gerechten Vorteile auf. Auch ist euch zwar Liebe gegen eure

Freunde und eure Nation geboten, aber dabei Haß gegen eure
Feinde und Fremde erlaubt; ich sage euch dagegen: Achtet auch
in euren Feinden die Menschheit, wenn ihr sie nicht lieben könnet,
wünschet denen Gutes, die euch fluchen, und tut wohl denen, die
euch hassen; bittet bei andern für die, welche euch bei andern
verleumden und durch andere euch unglücklich zu machen
suchen; so werdet ihr echte Kinder des Vaters im Himmel, ähnlich dem Allgütigen, der über Gute und Böse seine Sonne
scheinen, Redlichen und Ungerechten seinen Regen angedeihen
läßt; denn wenn ihr die wieder liebet, die euch lieben, euren
Wohltätern Gutes tut oder ausleihet, um den gleichen Wert
wieder zu empfangen (Luk. VI, 35), welches Verdienst habt ihr
dabei? Dies ist die Empfindung der Natur, die auch von den
Bösen nicht verleugnet wird; für die Pflicht habt ihr damit noch
nichts getan; Heiligkeit sei euer Ziel, wie die Gottheit heilig ist.»
    «Almosen geben und Mildtätigkeit (Matth. VI) sind empfeh-
lungswürdige Tugenden, aber sie sind, wenn sie nicht wie die
obigen Gebote im Geiste der Tugend, nur um sich sehen zu
lassen, ausgeübt werden, ohne Verdienst; wenn ihr also Almosen
geben wollt, so lasset es nicht in den Straßen und auf den Kanzeln
oder in Zeitungen ausposaunen, wie die Heuchler tun, um von
den Leuten hochgepriesen zu werden; tut es im Verborgenen,
daß gleichsam die linke Hand nicht weiß, was die rechte gibt.
Euer Lohn, wenn ihr die Vorstellung eines Lohns als Aufmun-
terung bedürft, ist der stille Gedanke, gut gehandelt zu haben,
und daß, so wenig die Welt den Urheber kennt, doch die Wirkung
eurer Handlung, sei es auch im Kleinen, die Hülfe, die ihr dem
Unglück gebracht, der Trost, den ihr dem Elend gereicht, in
Ewigkeit reich ist an wohltätigen Folgen. Wenn ihr betet, so
geschehe es ebensowenig nach Art der Heuchler, die in den
Kirchen auf den Knien liegen, auf der Straße die Hände falten,
oder den Nachbarn mit ihrem Singen beschwerlich fallen, um
vor den Menschen sich damit sehen zu lassen; wahrlich ihr Gebet ist ohne Frucht. Euer Gebet, es sei in der freien Natur oder
in eurem Zimmer, sei eine Erhebung eures Gemüts über die
kleinen Zwecke, die sich die Menschen setzen, und über die Begierden, die sie hin und her treiben, durch den Gedanken an den

Heiligen, der euch an das Gesetz erinnere, das in eurem Busen gegraben ist, und euch mit Achtung für dasselbe, unverletzbar durch alle Reihe der Neigungen, erfülle.»

«Setzet das Wesen des Gebets nicht in viele Worte, wodurch abergläubische Menschen sich bei Gott in Gunst zu setzen oder etwas über ihn und den Plan seiner ewigen Weisheit vermögen zu können vermeinen; gleichet ihnen darin nicht; euer Vater weiß, wessen ihr bedürfet, ehe ihr ihn darum bittet; Bedürfnisse der Natur, Wünsche der Neigungen können also nicht Gegenstand eures Gebets sein, denn wie könnet ihr wissen, ob die Befriedigung derselben Zweck des moralischen Planes des Heiligen sei? Der Geist eures Gebetes sei, daß ihr, von dem Gedanken an die Gottheit belebt, vor derselben den festen Vorsatz fasset, euren ganzen Wandel der Tugend zu weihen. Dieser Geist des Gebets würde sich, in Worten ausgedrückt, etwa so darstellen lassen: ,Vater der Menschen, dem alle Himmel unterworfen sind, Du, der Alleinheilige, seiest das Bild, das uns vorschwebe, dem wir uns zu nähern trachten; daß Dein Reich einst kommen möge, in welchem alle vernünftigen Wesen das Gesetz allein zur Regel ihrer Handlungen machen! Dieser Idee werden alle Neigungen, selbst das Schreien der Natur nach und nach unterworfen! Im Gefühl unserer Unvollkommenheit gegen Deinen heiligen Willen, wie sollten wir uns zu strengen oder gar rachsüchtigen Richtern unserer Brüder aufwerfen? Wir wollen vielmehr nur an uns arbeiten, daß wir unser Herz bessern, die Triebfedern unsrer Handlungen veredeln und unsre Gesinnungen vom Bösen immer mehr und mehr reinigen, um Dir ähnlicher zu werden, dessen Heiligkeit und Seligkeit allein unendlich ist!'»

«Ein Kennzeichen eurer Zunahme an moralischer Vollkommenheit habt ihr; dies ist eure Zunahme an Bruderliebe und an Geneigtheit für Verzeihung. Nicht Schätze auf der Erde, die ihr nicht einmal ganz euer Eigen nennen könnt, Gold und Silber, oder Schönheit. Geschicklichkeit, die der Vergänglichkeit, dem Wechsel der Umstände, sogar dem Rost und dem Zerfressen von Insekten oder der Gefahr, gestohlen zu werden, ausgesetzt sind, nicht solche seien es, die eure Seelen ausfüllen. Sammlet einen unvergänglichen Schatz in euch selbst, einen Reichtum von Mo-

ralität; nur einen solchen könnet ihr im vollen Sinne des Wortes
euer Eigentum nennen, denn er hängt eurem eigensten Selbst an.
Der Zwang der Natur, oder der böse Wille der Menschen, selbst
der Tod vermag nichts über ihn. Wie das Auge als Leuchte für
den Leib dient und wenn es gesund ist, ihn in allen seinen Verrichtungen leitet, wenn es aber fehlerhaft ist, der Leib in allem
ungeschickt ist, so wenn das Licht der Seele, die Vernunft, ver-
dunkelt ist, woher sollte irgend ein Trieb, irgend eine Neigung
ihre wahre Richtung erhalten? So wie jemand nicht zwei Herren
mit gleichem Eifer dienen kann, so ist der Dienst Gottes und der
Vernunft mit dem Dienst der Sinne unvereinbar; der eine von
beiden schließt den andern aus, oder es entsteht ein unseliges,
unmächtiges Hin- und Herschwanken zwischen beiden. Darum
ermahne ich euch: Entreißet euch doch den ewigen Sorgen um
Essen und Trinken und Kleidung, Bedürfnissen, die den ganzen
Kreis des Bestrebens der meisten Menschen ausmachen, die der
Wichtigkeit. nach, die sie darein legen, ihre Bestimmung, den
letzten Endzweck ihres Daseins auszumachen scheinen. Liegt im
menschlichen Gemüt doch nicht noch ein erhabeneres Bedürfnis,
als das um Nahrung und Kleidung? Sehet doch die sorgenfreien
Vögel unter dem Himmel; sie säen nicht, sie ernten nicht und
sammeln nicht in die Scheuern; der Vater der Natur hat für ihre
Nahrung gesorgt. Ist eure Bestimmung nicht höher als die ihrige?
und ihr solltet von der Natur verdammt sein, alle die edlen Kräfte
eurer Seele nur dazu anzuschauen, um die Bedürfnisse des Magens
zu befriedigen? Ihr wendet so viel Mühe auf Putz und Verschöne-
rung der Gestalt, die euch die Natur verlieh. Kann eure Eitelkeit
mit allem Aufwand von Sinnen und Sorgen eurer Länge einen Zoll
zusetzen? Oder sehet die Blumen der Felder an, die heute so prächtig blühen und morgen zu Heu gemacht werden; könnte Salomo in
all seiner Pracht der freien Schönheit es nachtun? Entschlaget euch
also doch ein wenig der ängstlichen Sorgen um Nahrung und Kleidung; das höchste Ziel eures Bestrebens sei das Reich Gottes und
die Sittlichkeit, wodurch ihr allein würdig werdet, Bürger desselben zu sein; das Übrige wird sich dann von selber geben.»

«Seid nicht streng in euren Urteilen über andere, denn eben
den Maßstab, den ihr gebraucht, wird man auch auf euch an-

wenden und dies möchte nicht immer zu eurem Vorteil ausfallen. Warum sehet ihr so gern den geringern Splitter in dem Auge des andern und bemerket nicht den viel größeren in eurem eigenen, und sagt gar etwa noch zu ihm: Halt, mein Bester, laß dir doch diesen Splitter aus deinem Auge nehmen? Und siehe, in eurem eigenen ist der viel größere. Heuchler, zieh zuvor diesen aus, und dann erst denke daran, den andern zu heilen; arbeite zuvor an dir selbst, ehe du an andern arbeiten willst. Wie kann ein Blinder einem Blinden den Weg weisen? Werden nicht beide in die Grube fallen? Oder kann der Lehrer den Schüler geschickter machen, als er selber ist (Luk. VI, 40)? Wenn ihr nun andere bessern wollt, so wendet euch damit nicht unvorsichtigerweise an einen jeden ohne Unterschied; werfet das Heiligtum nicht vor die Hunde, noch die Perlen vor die Schweine; sie würden es nur unter die Füße treten und euch umstürzen. Nahet euch den Menschen mit Bitten, und sie werden euch oft nachgeben; suchet eine Seite auf, wo ihr ihnen beikommen könnet; ihr werdet eine finden; klopfet leise an und ihr werdet Eingang finden.»

«Was ihr wollen könnet, daß es *als* allgemeines Gesetz unter den Menschen auch gegen euch gelte, nach einer solchen Maxime handelt; dies ist der Grundsatz der Sittlichkeit, der Inhalt aller Gesetzgebungen und der heiligen Bücher aller Völker. Gehet durch [diesen engen, scharf abgesteckten Weg des Rechts], diese Pforte des Rechts ein in den Tempel der Tugend; diese Pforte ist zwar eng, der Weg dahin gefahrvoll, und eurer Gefährten werden wenige sein. Desto gesuchter ist der Palast des Lasters und Verderbens, dessen Tore weit und dessen Straße eben ist. Nehmet euch auf dem Wege besonders in acht vor falschen Lehrern, die sich mit der sanftmütigen Miene eines Lammes sich euch nähern und darunter die Begierden reißender Wölfe verbergen. Ihr habt ein sicheres Merkmal, durch ihre Verstellung leicht durchzudringen; beurteilet sie nach ihren Werken; man liest ja doch nicht Trauben von Dornbüschen, oder Feigen von Disteln. Jeder gute Baum trägt gute und der schlechte Baum schlechte Früchte. Der ist doch kein guter Baum, der schlechte Früchte trägt, und der kein fauler, der gute Früchte trägt. An

ihren Früchten also werdet ihr sie erkennen (Luk. VI, 43). Aus
dem Reichtum eines guten Herzens schwillt Gutes, aus der Fülle
eines schlechten Herzens quillt Schlechtes hervor (Luk. VI, 44).
Nicht durch Worte der Frömmigkeit lasset euch täuschen. Nicht
jeder, der zu Gott ruft, der ihm Gebete und Opfer darbringt, ist
ein Glied seines Reiches, sondern nur der, der den Willen Gottes
tut, welcher dem Menschen in dem Gesetz seiner Vernunft angekündigt ist. Viele werden in der Ewigkeit vor dem Weltrichter
sagen: Herr, Herr, wenn wir Wunder taten, wenn wir böse Geister
austrieben, und sonst große Dinge verrichteten, haben wir nicht
deinen Namen dabei gebraucht, dich dabei gepriesen, dir dafür
als deine Werke gedankt? Dann wird ihnen geantwortet werden:
Was sollen nur Wunder und Weissagungen, oder große Taten?
war es darum zu tun? Gott erkennt euch nicht als die Seinigen,
ihr seid nicht Bürger seines Reiches, ihr Wundertäter, ihr Weis-
sager, ihr Verrichter großer Taten! Ihr tatet dabei Böses, und
Sittlichkeit ist der einzige Maßstab der Wohlgefälligkeit Gottes!
Jeder, der diese Grundsätze gehört hat, und sie zu den seinigen
macht, den vergleiche ich mit einem klugen Mann, der sein Haus
auf einen Felsen baute; da nun ein Sturm kam, und die Ströme
daherrauschten und die Winde wehten, so stießen sie auch auf
jenes Haus, aber es fiel nicht, denn es war auf einen Felsen gegründet. Der, der diese Lehre zwar hörte, aber sie nicht befolgt,
den vergleiche ich mit einem Toren, der sein Haus auf Sand
baute; da nun der Sturm kam, so stieß er auch auf dieses Haus
und stürzte es mit großem Krachen ein, denn es hatte einen
leichten Grund.»

Diese Rede machte großen Eindruck auf seine Zuhörer, denn
er sprach mit Kraft und Nachdruck, und die Gegenstände waren
solche, die das höchste Interesse der Menschheit ausmachen. Der
Zulauf, Jesum zu hören (Matth. IX, Mark. II, 13), wurde von
dieser Zeit an immer größer, aber auch die Aufmerksamkeit der
Pharisäer und der jüdischen Priesterschaft auf ihn wurde vermehrt. Um dem Geräusch jener Menge und den Nachstellungen
dieser zu entgehen, zog er sich oft in die Einsamkeit zurück.
Während seines Aufenthalts in Galiläa kam er einst bei einem
Zollhause vorbei und sah dort einen Beamten, namens Matthäus,

(höchstwahrscheinlich die gleiche Geschichte und gleiche Person wovon bei Luk. V, 27, Mark. II, 14 die Rede ist, nur daß hier der Mann unter dem Namen Levi vorkommt), sitzen, den er auch zu seiner Nachfolge einladete, und ihn auch nachher seines vertrauteren Umgangs würdigte. Er speiste mit ihm und die Gesellschaft bestand aus noch mehreren solchen Beamten; da Zollbeamter und Sünder bei den Juden gleichbedeutende Worte waren, so bezeugten die Pharisäer den Freunden Jesu ihre Verwunderung darüber. Da dieser es hörte, so sagte er zu ihnen: «Die Gesunden bedürfen des Arztes nicht, sondern nur die Kranken. Überleget aber noch bei euch auf dem Wege, was es heißen wolle, was in euren heiligen Büchern irgendwo steht: Nicht Opfer, sondern Rechtschaffenheit, sind mir wohlgefällig.»

Einigen Jüngern des Johannes des Täufers fiel es dagegen auf, daß sie und die Pharisäer so viele Fasten halten, die Freunde Jesu dagegen nicht; auf ihre Frage darüber antwortete ihnen Jesus: «Welchen Anlaß hätten sie auch wirklich zur Traurigkeit? Die Tage werden schon kommen, wo ihnen auch ihr Lehrer, wie euch der eurige, wird entrissen werden. Dann mögen sie fasten. Warum sollte ich überhaupt eine solche Strenge in ihrer Lebensart von ihnen fordern? Es würde weder zu ihrer bisherigen Gewohnheit, noch zu meinen Grundsätzen passen, die keinen Wert in ein strenges Äußere legen, und noch weniger mir erlauben, andern eine Beobachtung gewisser Gebräuche aufzuerlegen.»

Da jetzt wieder ein Passahfest einfiel (Joh. V, 1), so begab sich auch Jesus nach Jerusalem. Während seines Aufenthalts daselbst war es den Juden sehr anstößig, daß er einmal einem armen Kranken an einem Sabbat einen Liebesdienst erwies; sie sahen darin eine Entweihung dieses heiligen Tages und eine Anmaßung, ein Gebot, das Gott selbst gegeben, für nicht verbindlich zu halten, sich gleichsam ein Recht, das nur Gott zukomme, herauszunehmen und seine Autorität der Autorität der Gottheit gleichzusetzen. Jesus gab ihnen zur Antwort: «Wenn ihr eure kirchlichen Statuten und positiven Gesetze für das höchste Gesetz haltet, das den Menschen gegeben ist, so verkennet ihr die Würde des Menschen und das Vermögen in ihm, aus sich selbst den Begriff der Gottheit und die Erkenntnis ihres Willens zu schöpfen; wer das Vermögen in

sich nicht ehrt, der ehrt die Gottheit nicht. Was der Mensch sein
Ich nennen kann und wodurch er über Grab und Verwesung erhaben ist und sich selbst seinen verdienten Lohn bestimmen wird,
fähig ist, sich selbst zu richten, es kündigt sich als Vernunft an,
deren Gesetzgebung von nichts mehr abhängig ist, der keine andere
Autorität auf Erden oder im Himmel einen andern Maßstab des
Richtens an die Hand geben kann. Das, was ich lehre, gebe ich
nicht für meine Einfälle, für mein Eigentum aus; ich verlange
nicht, daß irgend jemand auf meine Autorität es annehmen solle,
denn ich suche nicht meinen Ruhm, ich unterwerfe es der Beurteilung der allgemeinen Vernunft, die jeden bestimmen mag, es
zu glauben oder nicht. Wie könntet aber ihr Vernunft als höchsten
Maßstab des Wissens und des Glaubens gelten lassen, da ihr die
Stimme der Gottheit nie vernahmet, auf den Nachhall dieser
Stimme in eurem Herzen nie hörtet, auf den nicht achtet, der
diesen Ton anschlägt, da ihr euch ausschließend im Besitze
der Wissenschaft dessen, was Wille Gottes sei, glaubet, und die
Auszeichnung, die euch vor allen andern Menschenkindern zukommen soll, zum Gegenstande eures Ehrgeizes machet, da ihr
euch auf Moses und immer auf Moses berufet und euren Glauben
auf fremde Autorität eines einzelnen Mannes gründet? Ja, leset nur
eure heiligen Bücher aufmerksam; aber ihr müsset dazu den Geist
der Wahrheit und der Tugend mitbringen und ihr werdet in ihnen
Zeugnis von diesem Geiste und zugleich eure eigene Anklage
darin finden, daß euer Stolz, der sich in seinem eingeschränkten
Gesichtskreise gefällt, es euch nicht erlaubt, zu etwas Höherem
aufzuschauen, als eure geistlose Wissenschaft und eure mecha-
nischen Gebräuche sind.»
    Noch einige Anlässe gaben (Matth. XII, 1—8, Luk. VI, 1—5)
den Pharisäern Veranlassung, Christo und seinen Jüngern Entheiligung des Sabbats vorzuwerfen. Er spazierte an einem
solchen Tage mit seinen Freunden durch ein Ährenfeld; diese
hatten Hunger und rauften Ähren, oder was es sonst für Pflanzen
waren, etwa orientalische Bohnen, aus, und aßen die Körner,
welches sonst wohl erlaubt war. Pharisäer, die dies sahen, machten Christum darauf aufmerksam, daß seine Jünger etwas tuen,
was am Sabbat nicht erlaubt ist. Christus gab ihnen aber zur Ant-

wort: «Erinnert ihr euch aus der Geschichte eures Volkes, daß David, als er Hunger hatte, die geweihten Brote des Tempels aß und auch seinen Gefährten davon austeilte? oder daß die Priester im Tempel auch am Sabbat mannigfaltige Verrichtungen haben? Soll der Tempel diese Verrichtungen heiligen? Ich sage euch, der Mensch ist mehr als ein Tempel; der Mensch, nicht ein gewisser Ort, heiligt die Handlungen oder macht sie unheilig. Wenn ihr überhaupt bedacht hättet, was ich bei einer andern Gelegenheit einigen eures Standes sagte, was es heißt: Gott verlangt Liebe, nicht Opfer, so hättet ihr Unschuldige nicht so streng getadelt. Der Sabbat ist um des Menschen willen geordnet, nicht dieser um des Sabbats willen gemacht; der Mensch ist auch Herr des Sabbats.»

Ebenso fragten ihn die Pharisäer (Matth. XII, 9—12) in einer Synagoge an einem andern Sabbat, um einen Grund, ihn anzuklagen, zu finden, bei der Gelegenheit, daß ein Mann, der eine beschädigte Hand hatte, gegenwärtig war, ob es erlaubt sei, diese Leute zu heilen. Jesus versetzte: «Wer ist unter euch, der nicht sein Schaf, wenn es ihm an einem Sabbat in eine Grube fällt, herausziehe? Und wie viel größeren Wert hat nicht ein Mensch, als ein Schaf? So wird es doch wohl erlaubt sein, am Sabbat eine gute Handlung zu verrichten!»

Schon aus mehreren Beispielen haben wir dabei den bösen Willen der Pharisäer gegen Jesum gesehen, und von der Zeit an verbanden sie sich wirklich mit dem Herodes, Jesum womöglich aus dem Wege zu räumen. Wir treffen diesen jetzt wieder in Galiläa an, wo er seinen Aufenthalt wegen jener Nachstellungen verborgen hielt, auch seinen Zuhörern, die sich bei ihm einfanden, es einschärfte, seinen Aufenthalt nicht bekannt zu machen.

Aus der Menge seiner Zuhörer (Luk. VI, 12—13) sonderte Jesus jetzt zwölf ab, die er seines besonderen Unterrichts würdigte, um sie tüchtig zu machen, ihn in der Ausbreitung seiner Lehre zu unterstützen, und da Jesus nur zu gut einsah, daß das Leben und die Kraft eines Menschen nicht hinreiche, eine ganze Nation zur Moralität zu bilden, um doch einige zu haben, denen er seinen Geist rein einhauchen könnte.

Luk. VII, 18. Bei der Gelegenheit, daß Johannes einige seiner Freunde an Jesum geschickt hatte, um ihn über den Zweck seiner

Rede zu befragen, machte Jesus den Pharisäern Vorwürfe über
den Kaltsinn, womit sie den Aufruf des Johannes zur Besserung
angenommen hatten. «Welche Neugierde, sagte er, trieb euch?
denn Begierde, euch zu bessern, war es doch nicht? *Warum*
seid ihr hinaus in die Wüste gegangen? Etwa euresgleichen zu
sehen, einen charakterlosen Mann, der seine Maximen nach
seinem Vorteil ändert? ein Schilfrohr, das vom Winde hin und
her getrieben wird? oder einen Mann in prächtigen Kleidern, der
viel Aufwand macht? Solche trafet ihr nicht in einer Wüste,
nur in den Palästen der Könige an! Oder etwa einen Wahrsager,
einen Wundermann? Johannes war mehr als dies! Beim gemeinen Volk fand Johannes noch eher Eingang. Aber die Herzen
von Pharisäern und rechtgläubigen Gesetzgelehrten konnte Johannes nicht erschüttern oder sie des Guten empfänglich machen.
Mit was soll ich denn diese Menschenart vergleichen? Etwa mit
Knaben, die auf dem Markte spielen und den andern zurufen:
«Wir haben euch gepfiffen und ihr habt nicht getanzt! Nun
haben wir euch traurige Lieder gesungen, aber ihr habt auch
nicht geweint!» Johannes aß kein Brot und trank keinen Wein;
ihr saget, eine böse Laune plage ihn; ich esse und trinke wie
andere Leute, da saget ihr: «der Mann ist ein Fresser und Säufer
und geht mit schlechten Leuten um. Doch Weisheit und Tugend
werden Verehrer finden, die ihren Wert rechtfertigen werden.»

Ohngeachtet dieser Strafpredigt lud ihn ein Pharisäer, namens
Simon, zum Mittagessen ein. Eine Frau, die den Lehren Jesu
wahrscheinlich viel zu verdanken hatte, hatte dies erfahren und
kam mit einem Gefäß köstlicher Salben in das Zimmer, und
näherte sich Jesu. Der Anblick des Tugendhaften und das Gefühl ihres schuldvollen Lebens machte sie Tränen vergießen und
sich zu seinen Füßen werfen, in der Empfindung dessen, was er
zu ihrer Reue und Rückkehr auf den Weg der Tugend beige-
tragen hatte; sie küßte seine Füße, benetzte sie mit ihren Tränen,
trocknete sie mit ihren Locken und salbte ihn mit köstlicher
Salbe. Die Güte, womit Jesus diese Äußerungen, worin ein reu-
volles und dankbares Herz Linderung findet, aufnahm, die Güte
Jesu, die diese Empfindung nicht zurückstieß, beleidigte die Deli-
katesse der Pharisäer. Sie gaben in ihren Mienen ihr Befremden

zu erkennen, daß Jesus einer Frau von einem solchen übeln Rufe so gütig begegne. Jesus merkte es und sagte zu Simon: «Ich hätte dir etwas zu erzählen.» — «Rede nur», sagte Simon. — «Ein Schuldherr, erzählte Jesus, hatte zwei Schuldner, deren einer ihm fünfhundert, der andere fünfzig Denare schuldig war. Da sie außerstande waren, ihm die Schuld heimzubezahlen, so erließ er sie ihnen. Welcher wird ihn von beiden mehr lieben?» — «Wohl der, sagte Simon, dem er am meisten schenkte.» — «Ohne Zweifel, erwiderte Jesus, indem er auf die Frau *zeigte:* «Schau hieher, fuhr er fort. Ich kam in dein Haus; du hast mir kein Wasser, die Füße zu waschen, angeboten; sie hat sie mit ihren Tränen benetzt und mit den Locken ihres Hauptes abgetrocknet. Du hast mir keinen Kuß gegeben; sie hat es nicht unter ihrer Würde gehalten, mir sogar die Füße zu küssen. Du hast mein Haupt nicht mit Salbe gesalbt; sie hat es mit köstlicher Salbe meinen Füßen getan. Einem Weibe, das solcher Liebe, solcher Dankbarkeit fähig ist, sind ihre Fehler, und wenn es schon viele wären, verziehen. Kälte solcher edeln Empfindungen zeigt keine Rückkehr zur Unbefangenheit der Tugenden an. Ein göttlicher Genuß, sagte Jesus noch zu der Frau, den Sieg des Glaubens an dich selbst, noch des Guten fähig zu sein, und deines Mutes zu sehen! Lebe wohl!»

Jesus zog weiter durch Städte und Dörfer (Luk. VIII, 1) und predigte überall. Seine Begleiter waren seine zwölf Apostel, auch einige zum Teil reiche Frauen, die die Gesellschaft aus ihrem Vermögen unterhielten.

Einst, in Gegenwart einer großen Versammlung, legte er ihnen folgende Parabel *vor* (d. i. erdichtete Erzählung, die eine gewisse Lehre sinnlich darstellt; sie unterscheidet sich von den Fabeln dadurch, daß in diesen Tiere, von den Mythen, daß in diesen Dämonen oder allegorische Wesen, in den Parabeln Menschen die handelnden Personen sind): «Ein Sämann ging aus, seinen Samen zu säen; ein Teil desselben fiel auf den Weg und wurde zertreten und von den Vögeln gefressen; ein anderer Teil fiel auf Felsengrund, wo er nicht viel Erde hatte; er ging bald auf, aber von der Hitze welkte er bald dahin, weil er keine tiefen Wurzeln hatte; anderer Samen fiel in Dornhecken, die aufschossen und

ihn erstickten; ein Teil fiel aber auf gutes Land und gab dreißig-,
sechzig- bis hundertfältige Früchte.» Als seine Jünger ihn darüber
befragten, warum er dem Volke die Lehren in Parabeln eingehüllt
vortrage, so gab er ihnen zur Antwort: «Ihr habt wohl Sinn für
die erhabenen Ideen von dem Reiche Gottes, und von der Sittlichkeit, die das Bürgerrecht in demselben gibt; aber die Erfahrung
hat mich belehrt, daß dies verlorene Worte bei den Juden sind,
und doch verlangen sie etwas von mir zu hören; ihre tiefen Vorurteile lassen die nackte Wahrheit nicht bis an ihr Herz dringen.
Wer Anlage hat, ein Besseres in sich aufzunehmen, der kann
Nutzen aus meinen Lehren ziehen; wenn aber jener bessere Sinn
fehlt, dem dient auch die wenige Erkenntnis des Guten zu nichts,
die er etwa haben mag. Sie haben Augen und sehen nicht, Ohren
und hören nicht; deswegen habe ich nur ein Gleichnis zu ihnen
gesprochen, das ich euch jetzt erklären will. Der ausgesäete Samen
ist die Erkenntnis des Sittengesetzes. Wer nun Gelegenheit hat,
zu dieser Erkenntnis zu gelangen, sie aber nicht fest auffaßte, dem
reißt gar leicht ein Verführer das wenige Gute aus dem Herzen,
das etwa darein gesäet war. Dies bedeutet den Samen, der auf
die Straße fiel. Der auf einen felsichten Grund gesäet wurde ist
die Erkenntnis, die zwar mit Freuden aufgenommen wird, aber
weil sie keine tiefe Wurzel geschlagen hat, bald den Umständen
nachgibt, und wenn Not und Unglück die Rechtschaffenheit be-
drohen, dann scheitert. Der Samen, der in Hecken fiel, ist der
Zustand solcher, die zwar wohl auch von der Tugend haben
sprechen hören, in denen sie aber von den Sorgen des Lebens und
der täuschenden Verführung des Reichtums erstickt wird, und
ohne Früchte bleibt. Der Samen, der auf einen guten Grund gesäet wurde, ist die Stimme der Tugend, die verstanden wurde,
und dreißig-, sechzig- bis hundertfältige Frucht trägt.»

Er legte ihnen noch andere Parabeln vor (Matth. XIII, 18—23):
Das Reich des Guten läßt sich mit einem Acker vergleichen, den
der Besitzer desselben mit gutem Samen angesäet hatte. Während
die Leute schliefen, kam sein Freund und säete Unkraut unter
den Weizen und schlich sich davon. Als nun der Samen in
Ähren zu schießen anfing, so zeigte sich auch das Unkraut. Die
Knechte frugen den Herrn: «Du hast doch reinen Samen gesäet.

Wie kommt es, daß so viel Unkraut auf dem Acker ist?» — «Ein
Feind von mir wird es wohl gesäet haben, antwortete der Herr.»
Die Knechte sagten: «Willst du nicht, daß wir es ausjäten?» —
«Nein, antwortete der klügere Herr, denn mit dem Unkraut würdet
ihr auch die Weizenähren ausreißen. Lasset beides nur bis zu
der Ernte miteinander wachsen; dann werde ich den Schnittern
befehlen, das Unkraut zu sondern und wegzuschaffen und den
reinen Weizen aufzuheben.»

Als Jesus mit seinen Jüngern allein war, und sie ihn um die
Erklärung desselben befragten, gab er ihnen folgende Antwort:
«Der Säemann des guten Samens sind gute Menschen, die durch
ihre Lehren und ihr Beispiel die Menschen auf die Tugend aufmerksam machen; der Acker ist die Welt; der gute Samen sind
die besten Menschen, das Unkraut die lasterhaften; der Feind,
der Unkraut aussäet, sind Verführungen und Verführer; die Zeit
der Ernte ist die Ewigkeit, die Vergelterin des Guten und des
Bösen; indessen stehen Tugend und Laster in zu genauer Verbindung miteinander, als daß dieses ohne Schaden der erstern
schon ausgerottet werden könnte; so werden in der großen
Erntezeit gute und böse Menschen sich voneinander unterscheiden, jene durch die Belohnung, die sie in der Ruhe finden,
die die Tugend gibt, diese durch Reue, Selbstanklage und Scham.»

Auch verglich er das Reich des Guten mit einem verborgenen
Schatz in einem Acker, den einer entdeckt, aber wieder verbirgt
und dann in der Freude alles verkauft, was er hat, und jenen Acker
kauft, — oder mit einem Kaufmann, der schöne Perlen sucht, und
eine sehr kostbare findet, für die er alles verkauft, um Besitzer
derselben zu werden, — oder mit einem Fischer, der in seinem
Netz Fische aller Art gefangen hat, sie dann am Ufer ausliest, die
guten in seine Gefäße legt, die schlechten aber hinauswirft. In
einer andren Rücksicht verglich er das Reich des Guten mit einem
Senfkorn, das so klein ist, aber zu einer großen Staude aufwächst,
daß die Vögel darin nisten können, — oder mit ein wenig ge-
säuertem Teig, der unter drei Scheffel Mehl geknetet die ganze
Masse durchsäuert. Es geht mit dem Reich des Guten wie mit
dem Samen, der in den Boden gesäet keiner weiteren Mühe bedarf; er keimt und treibt sich, ohne daß man es bemerkt; denn

die Erde hat von Natur eine eigene Triebkraft, wodurch der Same keimt, zu Halmen aufschießt und volle Ähren trägt (Mark. V, 26 ff.).

Indessen waren Anverwandte Jesu (Luk. VIII, 19) gekommen, ihn zu besuchen. Vor der Menge Menschen, die ihn umgaben, konnten sie sich ihm nicht nähern. Da man es Jesu sagte, antwortete er: «Meine Brüder und Verwandten *sind* diese, die auf die Stimme der Gottheit hören und ihr folgen.»

Auf die Nachricht von der Ermordung des Johannes ließ er sich an das westliche Ufer des Sees Tiberias überschiffen (Luk. VIII, 22, Matth. XIV, 13), hielt sich aber nur eine kurze Zeit unter den Gadarenern auf, und kehrte wieder nach Galiläa zurück.

Seine zwölf Apostel schickte Jesus um diese Zeit aus (Luk. IX), um, wie er, die Vorurteile der Juden zu bestreiten, die, stolz auf ihren Namen und auf ihre Abstammung, dies, welches in ihren Augen ein großer Vorzug war, über den einzigen Wert setzten, den die Sittlichkeit dem Menschen gibt. «Ihr brauchet keine große Anstalten zu eurer Reise zu machen, sagte Jesus, euch durch irgend einen Aufwand anzukündigen. Wo man euch Gehör gibt, da haltet euch eine Zeitlang auf; wer euch ungütig aufnimmt, dem dringet euch nicht auf, sondern verlasset den Ort gleich wieder und setzet euren Weg weiter fort.» Es scheint, sie seien nur wenige Zeit ausgeblieben und haben sich bei Jesu bald wieder eingefunden.

Einst befand er sich in einer Gesellschaft (Mark. VII) von Pharisäern und Gesetzgelehrten, die von Jerusalem kamen. Diesen fiel es auf, daß die Jünger sich mit unreinen Händen zu Tische setzten: denn die Juden, nach einer Vorschrift, die sich auf das Herkommen gründet, essen nichts, ehe sie sich nicht sehr reinlich gewaschen haben; so mußten auch außerdem, daß sie schon rein gemacht waren, vor jedem Essen alle Trinkgeschirre und sonstigen Gefäße, Stühle und Bänke mit Wasser bespritzt werden. Die Pharisäer fragten Jesum: «Warum leben doch nicht deine Schüler nach den Vorschriften unsrer Väter, sondern setzen sich mit ungeweihten Händen zu Tische?» Jesus antwortete: «Eine Stelle eurer heiligen Bücher läßt sich gut auf euch anwenden; sie heißt:

Dies Volk dient mir mit den Lippen; ihr Herz aber ist weit von mir; seelenlos ist ihre Verehrung, denn sie ist eine Befolgung willkürlicher Satzungen. Ihr achtet nicht das göttliche Gebot, sondern haltet euch ganz an menschliche Gebräuche, z. B. an das Weihen der Becher und Stühle durch Wasser, und ähnliche dergleichen Dinge; darin seid ihr genau. Ein göttliches Gebot z. B., das ihr so aufhebet, um euren kirchlichen Statuten getreu zu bleiben, ist das Gesetz: Ehre deinen Vater und deine Mutter, wer gegen Vater und Mutter lieblose Reden ausstößt, soll sterben. Ihr aber habt ein anderes Gesetz aufgestellt. Wenn jemand im Zorn zu seinem Vater oder Mutter gesprochen hat: «Was ich euch noch für Dienste erweisen, oder euch Gutes tun könnte, das soll dem Tempel geweiht sein» — so erkläret ihr ihn dadurch als durch ein Gelübde gebunden, ihnen nichts mehr Gutes zu erweisen und rechnet es ihm für eine Sünde an, wenn er seinem Vater oder Mutter noch irgend einen Dienst erwiese. So hebet ihr jenes göttliche Gebot durch eure Gebote wieder auf. Auf ähnliche Art habt ihr noch mehrere Satzungen.»

Jesus sagte darauf zu der Menge, die um ihn her stand: «Höret mir zu und begreifet, was ich euch sage: Kein körperliches Ding, nichts, das der Mensch von außen her in sich nimmt, kann ihn verunreinigen, sondern das, dessen Urheber er ist; was aus seinem Munde ausgeht, zeigt an, ob seine Seele rein oder unrein ist.» Seine Schüler wollten ihn darauf aufmerksam machen, daß die Pharisäer ein Ärgernis an diesen Reden nehmen. «Lasset sie sich ärgern, sagte Jesus; solche Pflanzungen, die von Menschen herrühren, müssen ausgerottet werden. Es sind Blinde, die Blinden den Weg weisen, und solchen blinden Wegweisern möchte ich das Volk entreißen; sonst fällt dieses mit denen in die Grube, denen es sich anvertraut.» Als das Volk sich zerstreut hatte, und Jesus in das Haus zurückgekehrt war, so fragten ihn seine Freunde um Erläuterung dessen, was er dem Volke von reinen und unreinen Dingen gesagt hatte. «Wie? versetzte Jesus. Auch ihr seid noch nicht so weit gekommen, es zu fassen? Begreifet ihr denn nicht, daß das, was durch den Mund des Menschen geht, im Magen und in den Gedärmen verarbeitet und durch die Abführungswege fortgeschafft wird? Was aber aus dem Munde geht,

Worte und Handlungen überhaupt, kommen aus dem Gemüt des
Menschen, und diese können rein oder unrein, heilig oder unheilig
sein. Aus der Seele entspringen doch die bösen Gedanken, die
Mordtaten, die Ehebrüche, die Diebstähle, die falschen Zeugnisse,
die Schmähungen, Neid, Hochmut, Schwelgerei, Geiz. Diese
Laster sind es, die den Menschen entheiligen, nicht das, wenn er
etwa die Hände nicht mit Wasser weiht, ehe er sich zu Tische
setzt.»

Zur Zeit des Laubhüttenfestes der Juden (Joh. VII) redeten Jesu
seine Verwandten zu, mit ihnen nach Jerusalem zu reisen, um
dort auf einem größern Schauplatz, als in den galiläischen Städten
und Dörfern, sich hören zu lassen und bekannt zu machen. Er
gab ihnen aber zur Antwort, für ihn sei es jetzt keine schickliche
Zeit; sie können nur immer gehen, sie werden von den Menschen
nicht gehaßt, wie er, weil er den Juden das Zeugnis *gegeben* habe,
daß ihre Sitten verderbt und ihre Handlungen böse seien. Erst
einige Tage nachdem seine Verwandten aus Galiläa abgereist
waren, ging auch Jesus, aber ganz in der Stille, nach Jerusalem.
Dort waren schon Nachfragen nach ihm geschehen, denn man
hatte ihn als einen Juden erwartet. Das Urteil des Volkes, besonders
der Galiläer, fiel verschieden über ihn aus. Ein Teil hielt ihn für
einen rechtschaffenen Mann, ein anderer Teil sah ihn als einen
Verführer an, doch wagten es die Galiläer aus Furcht vor den
Juden nicht, öffentlich von ihm zu sprechen.

Einst, in der Mitte der Tage des Festes, begab sich Jesus in den
Tempel und lehrte dort. Die Juden wunderten sich hierüber, da
sie wußten, daß er nicht studiert habe. Jesus gab ihnen zur Antwort: «Meine Lehre ist nicht eine Erfindung der Menschen, die
mühsam von andern erlernt zu werden brauchte. Wer ohne
Vorurteile dem unverfälschten Gesetze der Sittlichkeit zu folgen
sich vorgesetzt hat, der wird meine Lehre gleich prüfen können,
ob sie meine Erfindung ist. Wer seinen eignen Ruhm sucht, setzt freilich einen großen Wert auf Spekulationen und Gebote der Menschen.
Wer aber die Ehre Gottes wahrhaftig sucht, der ist aufrichtig
genug, jene Erfindungen, die die Menschen dem Sittengesetz
beigesellt, oder gar an seiner Statt gesetzt haben, zu verwerfen.
So weiß ich, daß ihr mich hasset und gar mich zu töten trachtet,

weil ich es für erlaubt erklärt habe, am Sabbat einen Menschen zu heilen. Erlaubte euch doch Moses, den Menschen am Sabbat zu beschneiden! Wie viel mehr, ihn gesund zu machen!» Einige Jerusalemer, die ihn sprechen hörten, zeigten durch ihre Reden, daß sie von einem Vorhaben des hohen Rats, Jesum aus dem Wege zu räumen, gehört hatten. Sie verwunderten sich, ihn so öffentlich und frei sprechen zu hören und daß doch noch niemand Hand an ihn lege, da man dies doch im Sinne habe; der Messias, den die Juden erwarteten, um den Glanz ihres Gottesdienstes und die Unabhängigkeit ihres Reiches wiederherzustellen, könne Jesus freilich nicht sein; denn von ihm wissen sie ja, woher er sei; der Messias hingegen werde den Prophezeiungen zufolge plötzlich erscheinen. So standen Jesu immer die Vorurteile der Juden entgegen, die wenig nach einem Lehrer fragten, der ihre Sitten zu verbessern und sie von ihren der Moralität entgegengesetzten Vorurteilen zurückzubringen suchte, sondern einen Messias wollten, der sie von der Abhängigkeit der Römer befreite und einen solchen an Jesu nicht fanden.

Den Mitgliedern des hohen Rats gaben ihre Diener bald Nachricht davon, daß Jesus sich im Tempel befinde; sie bekamen Vorwürfe, daß sie Jesum nicht gleich gefangen mitgebracht hatten. Sie entschuldigten sich damit, daß sie noch niemand so haben sprechen hören und es nicht gewagt haben, ihn zu packen. Die Pharisäer sagten ihnen darauf: «Wie es scheint, auch euch hat er verführt; sehet ihr denn, daß ein Mitglied des Rats oder ein Pharisäer etwas auf ihn hält? Nur der unserer Gesetze unkundige Pöbel läßt sich von ihm täuschen.» Als Nikodemus, der Jesum einst bei Nacht besucht hatte, ihnen vorstellte, daß man nach den Gesetzen niemand verdammen könne, ohne ihn vorher gehört und von seinen Handlungen genau sich unterrichtet zu haben, so warfen ihm die andern vor, er sei wohl auch ein Anhänger des Galiläers; aus Galiläa könne doch kein Prophet herstammen. Ohne, wie es scheint, wegen Jesu einen förmlichen Beschluß gefaßt zu haben, ging der Rat wieder auseinander.

Jesus brachte die Nacht auf dem Ölberg (Joh. VIII), vielleicht in Bethanien zu, das an dem Fuß dieses Berges lag, wo er Bekannte hatte; doch kam er wieder in die Stadt und in den Tem-

pel zurück. Während er da lehrte, führten einige Gesetzgelehrten
und Pharisäer eine Frau, die im Ehebruch ertappt worden war,
zu ihm, stellten sie in die Mitte, um gleichsam Gericht über sie
zu halten, und legten Jesu den Fall vor, daß das Gesetz Moses
befehle, eine solche mit Steinen totzuwerfen, und fragten ihn,
was seine Meinung sei? Jesus sah ihre Absicht, ihm eine Schlinge
zu legen, wohl ein, stellte sich, nichts gehört zu haben, und bückte
sich und machte mit dem Finger Figuren in den Sand. Als sie
darauf bestanden, seine Meinung zu hören, erhob er sich und
sagte zu ihnen: «Wer sich unter euch ohne Vergehen weiß, der
werfe den ersten Stein auf sie.» Dann machte er wie vorhin Figuren in den Sand. Auf jene Antwort Jesu hatte sich von den
Schriftgelehrten einer um den andern davongeschlichen und Jesus
blieb mit der Frau allein. Jesus erhob sich jetzt und sah niemand mehr als noch die Frau. «Wo sind deine Ankläger, fragte
er, hat keiner dich verurteilt?» — «Keiner», sagte sie. «Auch ich,
erwiderte Jesus, verdamme dich nicht; lebe wohl, und vergehe
dich in Zukunft nimmer.»

Joh. VIII, 12—20. Als Jesus ein andermal im Tempel einen
öffentlichen Vortrag hielt, so hielten ihm die Pharisäer entgegen,
welches Zeugnis er aufweisen könne, das ihm selbst und andern
die Wahrheit seiner Lehren verbürgen könne; sie genießen das
Glück, eine Verfassung und Gesetze zu haben, die durch feierliche Offenbarungen der Gottheit legitimiert seien. Jesus gab
ihnen zur Antwort: «Glaubet ihr etwa, die Gottheit habe das
menschliche Geschlecht in die Welt geworfen und der Natur
überlassen, ohne ein Gesetz, ohne ein Bewußtsein des Endzwecks
ihres Daseins, ohne die Möglichkeit, in sich selbst es zu finden,
wie es der Gottheit wohlgefällig werden könne?* es sei eine Sache
des Glückes, daß die Kenntnis der moralischen Gesetze euch allein,
diesem Winkel der Erde, man weiß nicht warum, ausschließlich
aller Nationen der Erde zuteil geworden sei? Dies macht euch
die selbstsüchtige Eingeschränktheit eurer Köpfe zu wähnen. Ich
halte mich allein an die unverfälschte Stimme meines Herzens
und Gewissens. Wer aufrichtig dieser horcht, dem leuchtet aus

---

*Goethe: Jeder vernimmt sie, dem des Lebens Quelle rein im Busen fließt.
(Anmerkung 1)

ihr Wahrheit entgegen. Auf diese Stimme zu hören fordre ich allein von meinen Schülern. Dieses innerliche Gesetz ist ein Gesetz der Freiheit, dem sich, als von ihm selbst gegeben, der Mensch freiwillig unterwirft. Es ist ewig; in ihm liegt das Gefühl der Unsterblichkeit. Für die Pflicht, die Menschen damit bekannt zu machen, bin ich bereit, wie ein treuer *Hirt* für seine Herde, das Leben zu lassen. Ihr möget mir es nehmen, so raubet ihr mir es nicht, sondern frei opfere ich es selbst auf. Ihr seid Sklaven, denn ihr stehet unter dem Joche eines Gesetzes, das euch von außen aufgelegt ist, und darum nicht die Macht hat, euch durch Achtung für euch selbst dem Dienste der Neigungen zu entreißen.»

Die Aufnahme, die Jesus in Jerusalem gefunden hatte, die Stimmung der Juden und besonders der Priesterschaft gegen ihn, welche den Beschluß gefaßt hatten, diejenigen in Bann zu tun, aus der Teilnehmung am Gottesdienst und am öffentlichen Unterricht auszuschließen (Joh. IX), die Jesum für den Messias, den die Juden erwarteten, wofür er sich im öffentlichen ausgegeben hatte, halten würden, — diese feindselige Stimmung gab ihm ein Vorgefühl von Gewalttätigkeiten (vielleicht dem Tod), die er noch werde zu erdulden haben, und *er* teilte diese Gedanken auch seinen Jüngern mit. «Wir wollen doch nicht hoffen, sagte Petrus, da sei Gott vor!» «Wie? antwortete Jesus, bist du schwach genug, nicht darauf bereitet zu sein, oder etwa mich nicht darauf bereitet zu glauben? Wie sinnlich denkst du noch! Du kennst die göttliche Kraft noch nicht, die die Achtung für Pflicht gibt, ihr zuliebe die Forderung der Neigungen und selbst die Liebe zum Leben zu besiegen!» Dann wandte er sich zu den übrigen Jüngern: «Wer der Tugend folgen will, muß sich Verleugnungen aufzulegen wissen; wer ihr unverrückt getreu bleiben will, muß ihr selbst sein Leben aufzuopfern bereit sein. Wer sein Leben lieb hat, wird seine Seele entadeln; wer es verachtet, der bleibt seinem bessern Ich getreu und rettet es aus dem Zwange der Natur. Welcher Wert bliebe dem Menschen, dem die ganze Welt zur Beute würde und *der* sein Selbst darüber erniedrigte? Welchen Preis gäbe es, der eine Entschädigung für die verlorene Tugend wäre? Einst wird der Unterdrückte in Herrlichkeit glänzen und die in ihre Rechte eingesetzte Vernunft wird selbst jedem den Lohn seiner Taten bestimmen.»

Nach längerem Aufenthalt in Jerusalem, als Jesus sonst machte, (denn er blieb vom Laubhüttenfest bis zum Fest der Tempelweihe im Dezember, Joh. X, 22), kehrte Jesus, und zwar zum letzten Male, nach der Gegend, die der gewöhnliche Schauplatz seines Lebens war, nach Galiläa, zurück (Matth. XVII, 22). In dieser Zeit seines dortigen Aufenthalts scheint er nicht mehr, wie vorhin (Mark. IX, 30), vor einer großen Volksmenge gelehrt, sondern sich vorzüglich mit der Bildung seiner Jünger beschäftigt zu haben.

Matth. XVII, 24—27. In Kapernaum forderte man von ihm die jährliche Steuer zum Besten des Tempels. «Was meinst du, Petrus, sagte er zu diesem, als er mit ihm ins Haus trat, die Könige der Erde fordern Steuern ein, etwa von ihren Söhnen oder von andern?» — «Von andern», sagte Petrus. — «So wären also die Söhne frei, erwiderte Jesus, und wir, die Gott im wahren Geiste des Wortes verehren, brauchten nichts zur Erhaltung eines Tempels beizutragen, dessen wir nicht bedürfen, um Gott zu dienen, denn wir suchen dies durch einen guten Lebenswandel zu tun. Doch damit sie kein Ärgernis nehmen und wir keine Verachtung desjenigen zeigen, was ihnen so heilig ist, so bezahle für uns.»

Luk. IX, 46—50. Unter den Jüngern Jesu entstand ein Streit über den Rang, der einem jeden gebührte, besonders im Reiche Gottes, wenn es einst erscheinen sollte, indem sie damit noch sehr sinnliche Ideen verbanden, von dem jüdischen Sinne eines weltlichen Reiches noch nicht ganz frei waren, noch nicht sich diese Idee des Reiches Gottes als eines Reichs des Guten, worin Vernunft und Gesetz allein gebieten, rein dachten. Jesus hörte mit Wehmut diesen Streit, rief dann ein Kind und sagte ihnen: «Wenn ihr euch nicht ändert, und zu der Unschuld, zu der Einfalt und Anspruchslosigkeit, die dieses Kind hat, zurückkehret, so seid ihr wahrlich nicht Bürger des Reiches Gottes; wer gegen andere, selbst gegen ein solches Kind *fehlt*, und sich gegen sie etwas herausnehmen oder sie gleichgültig behandeln zu dürfen glaubt, der ist ein Unwürdiger; wer aber die Heiligkeit der Unschuld beleidigt und ihrer Reinheit weh tut, dem wäre es besser, man hinge ihm einen Mühlstein an den Hals und ersäufte ihn im Meere. In der Welt wird es freilich immer nie an Verletzungen einer reinen Gesinnung fehlen, aber wehe dem Menschen, der *zu* einem solchen Ärgernis *Anlaß* gibt! Sehet euch wohl vor, niemand, am wenigsten Einfalt des Herzens zu verachten; es ist die zarteste, die edelste Blüte der Menschheit, das reinste Ebenbild der Gottheit; sie allein gibt einen, und zwar den höchsten Rang; diese Einfalt ist wert, daß alles aufgeopfert werde, was eure liebsten Neigungen sind, jede Regung von Eitelkeit und Ehrgeiz oder von falscher Scham, alle Rücksichten von Nutzen oder Vorteil. Wenn ihr derselben nachstrebet, wenn ihr die Würde, zu der jeder Mensch bestimmt und deren jeder fähig ist, zu schätzen wisset, und endlich bedenket, daß nicht allen Bäumen eine Rinde wachsen könne, sondern daß wer in dem, was der Menschheit not tut, nur nicht wider euch ist, im übrigen aber, was gleichgültig ist, andere Sitten, andere Manieren hat, daß der für euch ist, — so wird euch keine Eitelkeit, keine Überhebung über andere anwandeln.»

«Wo ihr aber wirklich etwas verloren glaubet, da gebet euch Mühe, statt es zu verachten, es zu bessern, den Menschen auf den Weg der Tugend zu leiten. Was meinet ihr, wird nicht der Hirt, dem von hundert Schafen eins sich verloren hat, die Gebirge durchstreifen, um dies verirrte zu suchen? und wenn er das Glück hat, es zu finden, so wird seine Freude über dasselbe größer sein, als über die neunundneunzig, die sich nicht verirrten.»

«Wenn aber ein Mensch sich gegen dich verfehlt, so suche es zwischen ihm und dir auszumachen; bringe ihn zur Erklärung und verständige dich mit ihm; hört er dich an, so ist es dein Fehler, wenn du dich mit ihm nicht verständigen kannst; hört er dich nicht an, so nimm noch einen oder zwei mit dir, um das Mißverständnis zu heben; gelingt auch das nicht, so unterwerfet euren Streit dem Urteil mehrerer Schiedsrichter; beut *er* euch dann die Hand nicht zur Versöhnung, und du hast von deiner Seite alles getan, so fliehe ihn und habe nichts mehr mit ihm zu schaffen. Beleidigungen und Unrecht, die Menschen einander verziehen und wieder gut gemacht, ersetzt haben, sind auch im Himmel verziehen; wenn ihr so im Geist der Liebe und Ver-

söhnlichkeit beisammen seid, da ist der Geist unter euch, mit dem
ich euch zu beleben wünschte.»

Petrus fragte hierauf Jesum (Matth. XVIII, 21—35): «Wie oft
muß ich einem Menschen vergeben, der mich beleidigt, oder mir Unrecht tut? etwa bis auf siebenmal?» — «Glaubst du etwa, dies sei
oft? versetzte Jesus. Ich sage dir, bis auf siebenmal siebenmal.
Höret eine Geschichte: Ein Fürst wollte Rechnung halten mit
seinen Dienern. Bei einem fand er eine Schuld von zehntausend
Talenten; da er diese Summe nun nicht hatte, so hieß er ihm
alles, was er sein Eigentum nennen könne, selbst Frau und
Kinder als Sklaven zu verkaufen und ihn zu bezahlen. Der
Diener fiel ihm zu Füßen, flehte um Geduld und um Frist, er
wolle ihm noch alles bezahlen; der Herr fühlte Mitleiden mit
seiner Lage und erließ ihm die ganze Schuld. Als dieser Diener
von seinem Herrn wegging, traf er einen seiner Mitdiener an, der
ihm hundert Denare (eine Summe gegen die andere wie eins zu
mehr als einer Million) schuldig war; er fuhr ihn an und verlangte ungestüm die Bezahlung der Schuld, hörte nicht auf das
fußfällige Flehen des andern um Geduld, sondern ließ ihn ins
Gefängnis setzen, bis das Ganze abbezahlt sei. Die andern Diener, die dies mit ansahen, betrübte diese Behandlung aufs äußerste
und *sie* meldeten es dem Fürsten. Dieser ließ den harten Mann
zu sich kommen und sagte ihm: Hartherziger, auf deine Bitten
habe ich dir deine große Schuld erlassen; hättest du nicht dich
des andern erbarmen sollen, wie ich mit dir Mitleid hatte? Hin-
weg mit ihm! Und der Fürst befahl, ihn im Gefängnis zu behalten, bis er alles würde abgetragen haben. — In diesem Bilde
sehet ihr, daß Versöhnlichkeit ein Kennzeichen einer gereinigten
Gesinnung ist, welche allein von der heiligen Gottheit für die
oft mangelhafte Tat als vollgültig angenommen wird, welche die
einzige Bedingung ist, unter welcher ihr hoffen könnet, von der
ewigen Gerechtigkeit Freiheit von Strafe zu erhalten, die euer
vorheriger Lebenswandel verdiente, — die Bedingung, durch
Sinnesänderung andere Menschen zu werden.»

Jesus entschloß sich jetzt, wieder nach Jerusalem zurück zu
gehen (Luk. IX, 51), und zwar den Weg durch Samaria zu nehmen, und schickte einige von seiner Gesellschaft voraus, um in

einem Flecken das Nötige vorzubereiten. Weil aber die Samariter ihren Entschluß sahen, auf das Passahfest nach Jerusalem zu reisen, so wollten sie ihnen nicht reine Gastfreundschaft erweisen, oder verweigerten ihnen gar die Durchreise. Einige Begleiter Jesu hatten den Einfall, den Himmel bitten zu wollen, mit seinen Blitzen diesen Flecken zu verzehren. Jesus wandte sich unwillig gegen sie: «Ist dies der Geist, der euch beseelt, der Geist der Rache, der, wenn ihm die Kräfte der Natur zu Gebote ständen, sie anwendete, eine unfreundliche Begegnung mit Zerstörung zu rächen? Zum Reiche des Guten aufzubauen, nicht zu zerstören, sei euer Ziel!» Sie begaben sich sodann wieder zurück.

Auf dem Wege bot sich (Luk. IX, 57) ein Gesetzgelehrter zu einem beständigen Begleiter Jesu an. Jesus sagte ihm: «Aber bedenke, daß die Füchse Höhlen und die Vögel Nester haben, ich aber keine Stelle mein Eigen nenne, wo mein Haupt ruhen könnte.»

Luk. X. Jesus nahm nun einen anderen, etwas weitern Weg nach Jerusalem, schickte immer zwei seiner Begleiter voraus, um die Leute auf seine Ankunft gefaßt zu machen, denn sein Gefolge war sehr zahlreich. Er gab ihnen Verhaltungsregeln mit auf den Weg, keine Gefälligkeit ertrotzen zu wollen, wo man sie nicht aufnehmen wolle, weiter zu gehen, überall zu ihrem Hauptaugenmerk zu machen, die Menschen zum Guten aufzumuntern; es sei noch viel hierin zu tun und der Arbeiter so wenige.

Luk. X, 17, ff. Matth. XI, 25—30. Seine Jünger brachten ihm die Nachricht, sie haben hier und da guten Eingang gefunden. Jesus brach hiebei in die Worte aus: «Dank und Preis sei Dir, Vater des Himmels und der Erde, daß es nicht ein Eigentum der Gelehrsamkeit und der Kenntnisse ist, zu erkennen, was Pflicht für jeden ist, daß jedes unverdorbene Herz den Unterschied zwischen Gut und Böse selber fühlen kann! Ach! wären die Menschen hiebei stehen geblieben und hätten nicht außer den Pflichten, welche die Vernunft auferlegt, noch eine Menge Laster erfunden, die arme Menschheit damit zu plagen, die eine Quelle von Stolz werden, und in denen keine Beruhigung, außer auf Kosten der Tugend, zu finden ist!»

Auf dieser Reise traf Jesus einen Gesetzgelehrten an, der, um die Grundsätze Jesu kennen zu lernen und zu prüfen, sich mit

ihm in eine Unterredung einließ: «Was muß ich tun, Lehrer, um
der Glückseligkeit würdig zu sein?» — «Was ist dir im Gesetze
aufgegeben?» fragte ihn Jesus wieder. «Du sollst, antwortete jener,
die Gottheit als das Urbild der Heiligkeit von ganzer Seele und
deinen Nächsten lieben, als wenn er du selbst wäre.» — «Du hast
gut geantwortet, versetzte Jesus. Befolge dies und du bist der
höchsten Glückseligkeit würdig.» Der Gesetzgelehrte wollte
zeigen, daß diese einfache Antwort seinem tiefergehenden Geist
noch nicht befriedigend sei. «Es bedarf noch einer Erläuterung,
wen wir unter dem Nächsten, den zu lieben uns geboten ist, zu
verstehen *haben.*» — «Ich will dir diese Erklärung durch eine
Geschichte geben. Ein Mann reiste von Jerusalem nach Jericho,
(ein Weg, der durch eine Wüste führte und unsicher war), und
fiel unter Räuber, die ihn auszogen, ihm verschiedene Wunden
beibrachten, und ihn halbtot liegen ließen. Von ungefähr kam
gleich nach dieser Tat ein Priester dieselbe Straße, sah den Ver-
wundeten, setzte aber seinen Weg weiter fort; ebenso ein Levit,
der diesen Weg kam, ging ohne Mitleiden vorüber. Ein Samariter
aber, der vorbeireiste, erbarmte sich seiner, sobald er ihn sah,
ging zu ihm hin, verband seine Wunden und wusch sie mit Öl
und Wein darein, nahm ihn auf sein Maultier und brachte ihn
in eine Herberge, wo er ihn besorgen ließ, und da er des andern
Tages weiter reiste, hinterließ er dem Wirt noch Geld, um davon
zu bestreiten, was der Kranke sonst noch nötig hätte; und wenn
schon die Kosten dies Geld übersteigen, so solle er nichts sparen,
er wolle das Übrige im Rückwege ersetzen. Welcher von diesen
dreien nun hat sich als Nächsten gegen den Unglücklichen bewiesen? Welcher hat ihn für seinen Nächsten angesehen?» Der
Gesetzgelehrte *antwortete:* «Der, welcher sich mitleidig seiner
annahm.» — «So sieh auch du, sagte Jesus, jeden für deinen
Nächsten an, der deiner Hülfe, deines Mitleidens bedarf, von
welcher Nation, von welchem Glauben, von welcher Farbe er
sei.»

Luk. XI, 16, Matth. XVI, 1. Die Pharisäer, unzugänglich für
die Lehren Jesu, der ihnen die Unzulänglichkeit ihres gesetzlichen
Betragens zur Sittlichkeit vorstellte, forderten zu verschiedenen
Malen von ihm, als eine Beglaubigung seines Vortrags, der ihrer

Gesetzgebung den Wert abspreche, irgend eine außerordentliche Lufterscheinung, so wie bei der feierlichen Bekanntmachung, *daß* ihr Jehova es sanktioniert habe. Jesus gab ihnen zur Antwort: «Des Abends saget ihr: Es wird morgen schön Wetter, denn der Himmel hat eine schöne Abendröte. Ist aber der Himmel des Morgens so trüberot, so prophezeiet ihr Regen daraus. So verstehet ihr euch auf das Aussehen des Himmels, um daraus die Witterung zu sagen, aber die Zeichen der gegenwärtigen Zeit verstehet ihr nicht zu beurteilen? Bemerket ihr nicht, daß höhere Bedürfnisse in dem Menschen, daß die Vernunft erwacht ist, die eure willkürlichen Lehren und Satzungen, eure Herabwürdigung des Endzwecks des Menschen, der Tugend, unter dieselben, den Zwang, womit ihr das Ansehen eures Glaubens und eurer Gebote unter eurem Volke aufrecht erhalten wollet, in Anspruch nehmen wird? Kein anderes Zeichen wird euch gegeben als Lehren, von denen auch ihr lernen könntet, was zu eurem und der Menschheit Besten diente.»

Luk. XI, 37, Matth. XXIII, 25. Ein Pharisäer lud Jesum bei dieser Gelegenheit zum Mittagessen ein. Jener wunderte sich, da er bemerkte, daß Jesus nicht, ehe er sich setzte, die Hände wusch. Jesus sagte ihnen: «Ihr waschet wohl das Äußere des Bechers und der Tafel, aber ist deswegen auch das Innere rein? Wer sein Äußeres gut in Ordnung hat, ist der mit seinem Innern in Richtigkeit? Wo die Seele geweiht ist, da ist schon auch das Äußere geweiht. Ihr gebet richtig den Zehnten vom Majoran und Raute und jedem unbedeutenden Kräutchen, das in euren Gärten wächst. Vergesset ihr über dieser Ängstlichkeit in Kleinigkeiten, die ihr für Vollkommenheit ausgebet, nicht, daß es noch höhere Pflichten gibt, Gerechtigkeit, Mitleiden und Treue, deren Beobachtung das Wesen der Tugend ausmacht, wobei man das andere dann doch auch tun muß? Sind nicht eure Begriffe von dem, was einen Wert hat, nur aufs Äußere berechnet? So haltet ihr äußerst auf einen hohen Rang in den Lehrsälen, auf den Vorsitz bei Gastmahlen oder darauf, von jedermann auf den Straßen gegrüßt zu werden. Ihr beschweret das Volk mit einer Menge lästiger Gebote und ihr selbst bleibet bei dem Äußern derselben stehen! Ihr maßet euch an, Bewahrer des Schlüssels zum

Heiligtum zu sein, aber ihr versperrt euch und andern den Eingang zu diesem Heiligtum durch eure Gebote.» Solche Verweise, die Jesus oft noch mit stärkeren Ausdrücken an die Pharisäer und Gesetzgelehrten, in deren Händen die Regierung des Landes war, und gegen ihre geheiligten Gebräuche richtete, trugen immer mehr *dazu* bei, sie zu erbittern und den Entschluß in ihnen zur Reife zu bringen, eine Anklage gegen ihn anhängig zu machen.

Vor einer großen Menge Volkes (Luk. XII) sprach er noch dringender von der Gefahr, sich von dem Geiste der Pharisäer anstecken zu lassen. «Nehmet euch in acht, sagte er, vor dem Sauerteige der Pharisäer, der unbemerkbar für sich auch das Äußere des Ganzen nicht verändert, ihm aber doch einen völlig andern Geschmack gibt, ich meine, vor der Heuchelei! Diese Verstellung wird das Auge des Allsehenden nicht betrügen. Vor ihm liegt die Gesinnung des Herzens offen, man mag sie noch so sehr verbergen. Der Allwissende braucht allein die Menschen nicht nach ihren Taten, den äußeren für Menschen oft trüglichen Erscheinungen ihres Charakters zu richten, sondern richtet nach der inneren Güte des Willens. Ich sage euch, meine Freunde, fürchtet euch nicht vor Menschen, die doch nur den Körper töten können, deren Macht sich ja weiter nicht erstreckt; fürchtet euch aber davor, die Würde eures Geistes zu erniedrigen und damit vor der Vernunft und vor der Gottheit als des Verlustes der Glückseligkeit würdig erklärt zu werden. Aus Menschenfurcht aber es nicht zu wagen, die Grundsätze der Wahrheit und Tugend in Handlungen auszudrücken, oder sie durch Reden zu bekennen, ist eine verächtliche Heuchelei. Von mir oder einem andern Lehrer der Tugend übel zu sprechen ist noch verzeihliche Sache. Wer aber den heiligen Geist der Tugend selbst lästert, der ist ein Verworfener. Habet dabei nicht die kindische Angst, ihr möchtet in Verlegenheit kommen, wenn man euch vor Gerichten oder in Lehrsälen über euer freies Bekenntnis des Guten zur Rede stellt; vom Geiste der Tugend beseelt, wird es euch weder an Mut, noch an Worten fehlen, sie zu verteidigen.»

Einer aus der anwesenden Menge trat zu Jesu und ersuchte ihn, in der Hoffnung, das Ansehen Jesu werde mehr ausrichten, als er, seinen Bruder zu bewegen, sein Erbgut mit ihm zu teilen. Jesus

gab ihm aber den Bescheid: «Wer hat mich zum Richter oder
Teiler zwischen euch gesetzt?» und wandte sich zu den andern: «Er-
gebet euch nicht der Habsucht; durch reicher und immer reicher
werden erfüllt der Mensch seine Bestimmung nicht. Ich will
euch dies durch ein Beispiel deutlicher machen: Einem reichen
Mann trugen seine Güter so viele Früchte, daß er mit der Menge
derselben in Verlegenheit kam; er mußte seine Scheunen größer
machen lassen, um sie aufzuheben; dann dachte er bei sich:
Wenn dies in Ordnung ist, so hebst du alles sehr sorgfältig auf
und hast reichlich zu leben auf viele Jahre; dann ruhe aus, iß,
trinke und laß dir wohl sein. Aber jetzt vernahm er die Stimme
des Todes: «Tor! heute nacht wird man deine Seele von dir
fordern; für wen hast du jetzt gesammelt?» So macht sich der für
niedrige Zwecke verlorene Arbeit, der Schätze häuft und nicht
auf einen Reichtum, auf eine Bestimmung denkt, deren Zweck
ewig ist. Die Sorge für Reichtum fülle nicht eure Seele aus;
euer Geist sei allein der Pflicht geweiht, eure Arbeit dem Reiche
des Guten. So stehet ihr als Männer gerüstet, zum Leben und
zum Tode; sonst wird die Liebe zum Leben den Tod mit
Schrecken gegen euch waffnen, und die Furcht vor dem Tode
euch das Leben stehlen. Schiebet es nicht auf, und denket nicht
etwa, es habe keine Eile, sich höhern Zwecken zu widmen, als
Schätze zu sammeln und dem Vergnügen zu leben. Jede Zeit, die
ihr dem Dienste des Guten entzogen habt, ist für eure Bestimmung
verloren. Oder der Tod übereilt euch und ihr gleichet einem
Haushalter, dessen Herr abwesend ist und ihm indessen sein Haus-
wesen anvertraut hat. Der Aufseher denkt nun bei sich: Mein
Herr wird noch lange ausbleiben, und fängt an, das Gesinde zu
mißhandeln, zu schwelgen und sich zu betrinken. Aber zu einer
Zeit, wo er es am wenigsten erwartet, wird der Herr ihn über-
raschen, und ihm seinen verdienten Lohn erteilen. Und wie der
Knecht, der den Willen seines Herrn kennt, aber ihn nicht befolgt, härter gestraft wird, als der so zwar auch strafwürdig handelt,
aber den Willen seines Herrn nicht wußte, so wird auch von dem
Menschen, dem viel anvertraut wurde, der Talent und Gelegenheit hatte, viel Gutes zu tun, viel gefordert werden. Glaubet ihr
etwa, ich habe euch zu einem ruhigen Lebensgenuß eingeladen,

eine kummerfreie, glückliche Zukunft sei auch das Schicksal, das
ich für mich erwarte und verlange? Nein, Verfolgung wird mein
Los sein, so wie das eure, Uneinigkeit und Streit die Folge, die
meine Lehren haben werden. Dieser Streit zwischen Laster und
Tugend und zwischen Anhänglichkeit an hergebrachten Meinungen
und Gebräuchen des Glaubens, die durch irgend eine Autorität
in den Köpfen und Herzen der Menschen gegründet worden sind,
und zwischen der Rückkehr zum wiederauflebenden Dienste der
in ihre Rechte eingesetzten Vernunft, — dieser Streit wird Freunde
und Familien entzweien. Dieser Streit wird dem besseren Teile
der Menschheit Ehre machen, aber unselig wird er sein, wenn
die, die das Alte stürzten, weil es der Freiheit der Vernunft Fesseln
anlegte und die Quelle der Sittlichkeit verunreinigte, an seine
Stelle wieder einen befohlenen Glauben, an Buchstaben gebunden,
setzten, der von neuem der Vernunft das Recht nähme, aus sich
selbst das Gesetz zu schöpfen und mit Freiheit daran zu glauben
und sich ihm zu unterwerfen, ach! und wenn sie diesen befohlenen Glauben mit dem Schwert und äußerer Gewalt waffneten,
und Väter wider Söhne, Brüder wider Brüder, Mütter wider
Töchter hetzten und die Menschheit zur Verräterin an der Menschheit machten!»

Man erzählte Jesu eine Begebenheit, die sich (Luk. XIII) um
diese Zeit zugetragen hatte. Pilatus, der Prokonsul von Judäa,
hatte nämlich, man weiß nicht aus welchen Gründen, einige
Galiläer, während sie im Opfern begriffen waren, hinrichten
lassen. Mit der Denkungsart seiner Jünger bekannt (Joh. IX), die
schon ein anderes Mal, als ihnen ein Blindgeborener begegnete,
den raschen Schluß gemacht hatte, entweder dieser Blinde oder
seine Eltern müssen große Verbrecher sein, nahm hier Jesus Veranlassung, ihnen folgende Erinnerung zu geben: «Habt ihr hiebei
etwa den Gedanken, diese Galiläer seien die schlimmsten aus
ihrem Volke gewesen, daß sie dies Schicksal hatten, oder jene
acht oder zehn, die neulich von einem Turm zu Siloha erschlagen
wurden, seien die verdorbensten unter den Bewohnern Jerusalems
gewesen? Nein, über Menschen, denen ein solches Unglück
widerfährt, ein liebloses Urteil zu fällen, ist nicht die Seite, von
der ihr eine solche Begebenheit anzusehen habt, aufgeschreckt

dadurch von der Ruhe, mit der ihr euch eurer Selbstzufriedenheit
überlasset, sondern in euren eigenen Busen zu greifen, und euch
aufrichtig zu fragen, ob ihr nicht ein solches Schicksal verdient
habt. Höret folgende Geschichte: Der Besitzer eines Weinberges
hatte auch einen Feigenbaum darin gepflanzt; so oft er kam, um
Früchte davon zu pflücken, fand er nie eine; er sagte deswegen
zum Gärtner: «Schon drei Jahre komme ich immer vergebens
zu diesem Baum, hau' ihn aus, daß der Platz, den er einnimmt,
besser benutzt werden könne.» Der Gärtner erwiderte: «Laß ihn
noch, daß ich um ihn herum den Boden auflockere und ihm
Dünger zugebe, so hoffe ich vielleicht ihm noch Früchte abzu-
nötigen; wo nicht, so will ich *ihn* dann umhauen.» Lange zögert
oft so das verdiente Schicksal und gibt dem Verbrecher Zeit, sich
aufzurichten, dem Sorglosen, mit höheren Zwecken bekannt zu
werden. Versäumt er unbekümmert diese Frist, so ereilt ihn
sein Schicksal, und es trifft ihn die strafende Vergeltung.»

Indessen setzte Jesus seinen Weg gegen Jerusalem hin immer
weiter fort, hielt sich hie und da auf, wo er Gelegenheit fand,
den Menschen gute Lehren zu geben. Auf dieser Reise wurde
auch die Frage an ihn gemacht, ob deren nur wenige seien, die
zur Seligkeit gelangen. Jesus antwortete auf diese Frage: «Ein
jeder ringe für sich, den schmalen Weg des guten Lebenswandels
zu treffen; viele, die es versuchen, verfehlen ihn. Wenn ein
Hausherr einmal seine Türe verschlossen hat, und ihr jetzt an-
klopfet und rufet, euch aufzutun, so wird er euch antworten:
«Ich kenne euch nicht.» Ihr habt doch sonst schon mit ihm gespeist und getrunken, und seid seine Zuhörer gewesen. So wird
er euch wiederholen: «Wohl habt ihr mit mir gespeist und getrunken und waret meine Zuhörer, wenn ich lehrte. Aber ihr
seid lasterhaft geworden; ich erkenne euch nicht für meine
Freunde; weg von hier!» So werden viele von Morgen und
von Abend, von Mittag und Mitternacht, die den Zeus, oder
Brahma, oder Wodan verehrten, vor dem Richter der Welt
Gnade finden, und von denen, welche stolz auf ihre Erkenntnis
Gottes durch ihr Leben dieser besseren Erkenntnis Schande
machten und die ersten zu sein sich einbildeten, viele verworfen
werden.»

Einige Pharisäer warnten Jesum — ob aus guter oder irgend
einer anderen Absicht, ist nicht bekannt — das Gebiet des Herodes
zu verlassen, weil dieser Anschläge auf sein Leben habe. Jesu
Antwort war, seine Verrichtungen seien von der Art, daß sie dem
Herodes schlechterdings keine Besorgnisse erregen können, und
außerdem wäre es außer der Regel, wenn Jerusalem, der gewöhnliche Schauplatz des Todes so vieler Lehrer, die das jüdische
Volk von seiner Hartnäckigkeit in seinen Vorurteilen und von
dem Schwindel, womit es für dieselben alle Regeln der Sittlichkeit
und der Klugheit verletzte, zu heilen versuchten, wenn Jerusalem
nicht auch der Ort wäre, wo ihn ein solches Los treffen sollte.

Er speiste auch wieder (Luk. XIV) bei einem Pharisäer. Hier
bemerkte er an einigen eine Sorgfalt, die obersten Plätze auszu-
lesen, die sie nach ihrem Range einnehmen zu müssen glaubten,
und machte die Bemerkung, sich an die obern Plätze zu drängen
sei oft die Schuld an Verlegenheiten geworden, denn wenn noch
ein Vornehmerer komme, so müsse man mit Beschämung sich
gefallen lassen, seinen Platz abzutreten und ihn mit einem untern
zu vertauschen; da hingegen der, welcher sich untenan setzt und
von dem Gastgeber weiter herauf gerufen wird, mehr Ehre davon
habe. Überhaupt, wer sich selbst erhöht, der wird erniedrigt,
der Bescheidene dagegen wird gehoben werden. Gegen den Gastgeber bemerkte er, er kenne außer der Gastfreundschaftlichkeit,
seine Verwandten und Freunde oder seine reichen Nachbarn zu
einem Essen einzuladen, von denen ein solcher Beweis der
Freundschaft gewöhnlich durch gegenseitige Einladung erwidert
werde, außer dieser Freigebigkeit kenne er noch eine andere edlere,
nämlich arme Kranke oder andere Unglückliche zu speisen, die
eine Wohltat nicht wieder erstatten können, als durch die unver-
stellten Ausdrücke ihres Dankes und des Gefühls ihres gelinderten
Kummers, als durchs Bewußtsein, das dir solche Handlungen
geben, Balsam in die Wunden der Unglücklichen gegossen und
dem Elend wohlgetan zu haben. «Wohl dem, rief einer der Mit-
gäste aus, der zu dieser Zahl gehört, der ein Bürger des Reiches
Gottes ist!»

Jesus erläuterte diesen Begriff vom Reiche Gottes durch das
Bild eines Fürsten (Matth. XXII), der die Hochzeit seines Sohnes

durch ein großes Mahl feiern wollte und viele Gäste einlud. Am Tage des Festes schickte er seine Diener zu den Geladenen, um sie zu bitten, jetzt zu kommen, das Mahl warte auf sie. Der eine nun ließ sich entschuldigen, daß er nicht kommen könne, denn er habe Felder gekauft, die er in Augenschein nehmen müsse; ein zweiter habe die fünf Paar Ochsen, die er erst gekauft habe, zu besichtigen; ein dritter entschuldigte sein Ausbleiben mit seiner Heirat, die er erst vollzogen habe; andere behandelten die Diener sogar mit Verachtung, so daß von den geladenen Gästen keiner erschien. Der Fürst, unwillig darüber, befahl seinen Dienern, da der Aufwand schon gemacht sei, auf die Gassen und Plätze der Stadt zu gehen und die Armen, Blinden, Lahmen oder sonst Gebrechlichen einzuladen. Die Diener taten es. Da aber noch Platz übrig war, schickte der Herr die Diener noch einmal, um auf den Landstraßen und an den Zäunen zu suchen, und was sie fänden herzubringen, damit das Haus voll werde. [Jedem wurde ein Feierkleid gegeben, das ihm zugleich zum Merkmal diente, daß er als ein Gast angesehen würde. Der Fürst kam, seine Gäste zu sehen, und bemerkte einen, der kein solches Kleid anhatte. So ist an alle der Ruf der Gottheit ergangen.] So verhält es sich auch mit dem Reiche Gottes. Vielen sind kleinere Zwecke wichtiger als ihre höhere Bestimmung; viele, in einen größeren Wirkungskreis von der Natur oder dem Glück gesetzt, vernachlässigen unverantwortlich die Gelegenheit, viel Gutes wirken zu können, und oft ist Rechtschaffenheit in niedere Hütten verbannt oder eingeschränkten Talenten überlassen. Aufopfern zu können ist eine Haupteigenschaft eines Bürgers des Reiches des Guten. Wem die Verhältnisse als Sohn, oder als Bruder, als Ehemann, als Vater, wem seine Glückseligkeit und sein Leben teurer sind, als die Tugend, der ist nicht geschickt dazu, weder der Vollkommenheit entgegen sich selbst durchzuarbeiten, noch andere dahin zu führen. Besonders wer für andre arbeiten will, prüfe seine Kräfte vorher wohl, ob er es hinauszuführen im stande sei, wie ein Mann, der ein Haus zu bauen anfängt, es aber unvollendet lassen muß, weil er die Kosten des Ganzen vorher nicht berechnete, den Leuten zum Gespötte wird, oder wie ein Fürst seine Stärke vorher prüft, ehe er sich an einen andern wagt, ihm Krieg droht und wenn er seine Kräfte ihm

nicht gewachsen findet, Frieden mit ihm zu machen sucht, so prüfe sich jeder, der sich der Verbesserung der Menschen weihen will, ob er fähig sein werde, in diesem Kampfe auf alles Verzicht zu tun, was sonst Reize für ihn hatte.»
Luk. XV. Auch hier nahmen die Pharisäer wieder einen An-stoß daran, daß sie Zollbediente und schlechte Leute unter den Zuhörern Jesu sahen, und daß er solche nicht von sich wies. Jesus sagte darüber: «Wenn ein Schaf sich von der Herde des Hirten verirrte, macht es ihm nicht Freude, es wieder zu finden? oder wenn ein Weib ein Stück Geld verloren hat, sucht sie es nicht sorgfältig, und wenn sie es wiederfindet, ist ihr Vergnügen an dem gefundenen Stücke nicht größer als an den andern, die sie nicht verlor? Ist es nicht auch so eine Freude für gute Menschen, einen Verirrten zur Tugend zurückkehren zu sehen? Ich will euch eine Geschichte erzählen: Ein Mann hatte zwei Söhne. Auf die Bitte des jüngern, ihm sein Erbteil herauszugeben, teilte der Vater mit seinen Söhnen. Der jüngere packte seine Sachen nach einigen Tagen zusammen, und um es ungehindert nach seinem Geschmack genießen zu können, reiste er damit in ein entlegeneres Land und durchschwelgte dort sein ganzes Vermögen. Er befand sich schon im Mangel, als dieser durch eine große Teurung noch vermehrt wurde, und da-durch aufs höchste stieg. Er kam endlich noch bei einem Manne unter, der ihn aufs Feld schickte, um die Schweine zu hüten, mit denen er die Eichelkost teilen mußte. Sein trauriges Schicksal erinnerte ihn jetzt wieder an das Haus seines Vaters. «Wie viel besser, dachte er bei sich selbst, haben es die Tagelöhner meines Vaters, denen es nie an Brot fehlte, als ich, den hier der Hunger aufzehrt! Ich will zu meinem Vater zurückkehren, ihm bekennen: Ach, Vater! ich habe gegen den Himmel und dich gesündigt; ich bin nicht wert, dein Sohn mehr zu heißen; nimm mich nur als einen deiner Tagelöhner an!» Er führte diesen Gedanken aus; sein Vater sah ihn schon von weitem kommen, lief auf ihn zu, fiel ihm um den Hals und küßte ihn. «Ach! meine Fehler, sagte der reuige Unglückliche, machen mich unwert, mich deinen Sohn zu nennen!» Der Vater aber befahl seinen Knechten, den besten Rock zu holen, und ihm Schuhe zu geben, und *sagte:* «Schlachtet das gemästete Kalb, wir wollen alle uns gütlich tun! Denn mein

Sohn, der für mich tot war, ist ins Leben zurückgekehrt; er war
verloren und ist wiedergefunden.» Indessen kehrte der ältere
Sohn vom Felde zurück. Als er sich dem Hause näherte, hörte
er die laute Freude und fragte, was es gäbe? Da ein Knecht es
ihm sagte, wurde er unwillig darüber, und wollte nicht ins Haus
gehen. Der Vater kam heraus und machte ihm Vorstellungen.
Der Sohn wollte nichts davon hören: «So lange bin ich bei dir,
arbeite dir, befolge überall deinen Willen und du hast mir noch
nie es angeboten, mir mit meinen Freunden eine Freude zu
machen; und dieser Sohn, der sein Vermögen mit liederlichen
Weibern verpraßte, kommt, und du stellst ihm Feste an!» —
«Mein Sohn, sagte der Vater, du bist immer bei mir; es gebricht
dir an nichts; all das Meinige ist dein; du solltest dich freuen und
guter Dinge sein, daß dein Bruder, der verloren war, sich wieder
gefaßt hat, den wir aufgegeben hatten, wieder genesen ist.»
    Bei einer andern Veranlassung (Luk. XVI), die uns aber un-
bekannt ist, erzählte Jesus seinen Freunden folgende Geschichte:
«Ein reicher Mann hatte einen Verwalter. Dieser wurde bei ihm
angegeben als ein Verschwender des ihm anvertrauten Vermögens.
Der Herr ließ ihn rufen und sagte ihm: «Was höre ich von dir?
Lege mir Rechnung von deiner Verwaltung ab, denn du kannst
dein Amt nicht länger behalten.» Dieser überlegte jetzt, was zu
machen sei; sein Amt verliere er, zum Tagelöhnern habe er nicht
Kraft, und zu betteln schäme er sich. Endlich fiel ihm ein Mittel
ein, sich aus der Verlegenheit zu helfen, nämlich die Schuldner
seines Herrn sich zu Freunden zu machen, damit, wenn er seinen
Posten verlassen *müsse,* sie ihn aufnehmen; *er* ließ einen nach
dem andern kommen und dem einen, der hundert Tonnen Öls
schuldig war, ließ er eine andere Schuldverschreibung machen,
worin die Schuld nur auf fünfzig Tonnen angegeben war. Einen
andern ließ er seine Schuld von hundert Malter Weizen auf
achtzig herabsetzen und so machte er es auch mit den übrigen.
Der Herr mußte, als er es nachher erfuhr, dem ungetreuen Verwalter wenigstens das Zeugnis der Klugheit geben, an welcher
die guten Menschen meistens von den bösen übertroffen werden,
da der letztern Klugheit sich kein Gewissen daraus macht, die
Ehrlichkeit zu verletzen. — Ich nehme aus der erzählten Ge-

schichte für euch den Rat, daß eure Klugheit in Anwendung des
Geldes, daß ihr etwa habt, darin bestehe, euch davon Freunde
unter den Menschen, besonders unter unglücklichen, zu machen;
aber nicht, wie jener Verwalter auf Kosten der Rechtschaffenheit;
denn wer im Kleinen ungetreu ist, wird es noch mehr im Großen
sein. Wenn ihr in Geldsachen nicht ehrlich sein könnet, wie
werdet ihr für das höhere Interesse der Menschheit empfänglich
sein? Wenn ihr an etwas, das ihr als euch fremd behandeln
solltet, so hängt, daß ihr ihm zuliebe die Tugend vergäßet, was
wäre noch Großes von euch zu erwarten? Seinen Vorteil und
den Dienst der Tugend zum höchsten Ziele seines Lebens zu
setzen, sind zwei Dinge, die unvereinbar sind.»

Einige Pharisäer, die dies mit anhörten und das Geld sehr
liebten, spotteten darüber, daß Jesus den Wert des Reichtums so
sehr herabsetzte. Jesus wandte sich an sie und sagte ihnen: «Ihr
legt es nur darauf an, *euch* in den Augen der Menschen einen
Schein von Heiligkeit zu geben, aber Gott kennt eure Herzen. Was
nach der sinnlichen Art zu urteilen als groß, als achtungswert
vorkommt, verschwindet in sein Nichts vor der Gottheit. — Es
war einst ein reicher Mann, der sich in Purpur und Seide kleidete
und täglich im Vollauf schwelgte. Vor seiner Türe saß oft ein
Armer, namens Lazarus, dessen krankem Körper, der voll Ge-
schwüre war, niemand als etwa Hunde durch ihr Lecken einige
Linderung gab. Er hätte gern oft seinen Hunger nur mit übrigen
Brocken von der Tafel des reichen Mannes gestillt. Der Arme
starb und wohnte jetzt in den Gefilden der Seligen. Bald hernach starb auch der Reiche und ward mit Pomp zur Erde bestattet.
Aber das Los des armen Mannes war jetzt nicht sein Los. Als
er seine Augen erhob und den Lazarus bei Abraham erblickte, so
rief er laut: «Ach, Vater Abraham! erbarme dich meiner und
schicke Lazarus, daß er mich in meiner Qual nur mit einem
Tropfen Linderung erquicke, wie ein Fieberkranker mit einem
Tropfen Wassers gelabt wird!» Abraham antwortete: «Erinnere
dich, mein Sohn, daß du dein Gutes in jenem Leben genossen
hast, Lazarus hingegen unglücklich war. Dieser wird jetzt getröstet und du leidest.» — «So bitte ich dich nur, Vater, daß du
ihn in mein väterliches Haus schickest, denn ich habe noch fünf

Brüder, damit er sie von meinem Schicksal belehre, und sie warne, nicht auch ein solches zu verdienen.» — «Sie haben in ihrer Vernunft ein Gesetz und die Lehre guter Menschen; die sollen sie hören.» — «Dies ist nicht hinreichend für sie, sagte der Unglückliche. Aber wenn ein Toter aus seiner Gruft ihnen erschiene, so würden sie wohl sich bessern.» — «Dem Menschen, versetzte Abraham, ist das Gesetz seiner Vernunft gegeben; weder vom Himmel, noch aus dem Grabe kann ihm eine andere Belehrung zukommen, denn eine solche wäre dem Geiste jenes Gesetzes gänzlich zuwider, welches eine freie, nicht durch Furcht erzwungene, knechtische Unterwerfung verlangt.»

Luk. XVII, 5. Bei einer anderen gleichfalls unbekannten Veranlassung machten die Freunde Jesu die sonderbare Bitte an ihn, ihren Mut und Standhaftigkeit zu stärken. Jesus gab ihnen zur Antwort: «Dies kann allein der Gedanke an eure Pflicht tun und an das große Ziel der Bestimmung, das dem Menschen gesetzt ist. So werdet ihr nie am Ende eurer Arbeit zu sein und jetzt zum Genuß euch berechtigt zu sein glauben. Wenn ein Knecht vom Felde heimkommt, so wird sein Herr ihm nicht sagen: Gehe jetzt und tue dir gütlich, sondern: So mache jetzt mein Essen fertig und bediene mich dabei; dann kannst auch du essen. Und wenn der Knecht dies getan hat, so wird er ihm nicht Dank dafür schuldig zu sein glauben. So auch ihr, wenn ihr getan, was ihr solltet, so denket nicht: wir haben etwas Übriges getan, die Zeit der Arbeit ist jetzt vorbei und die Zeit des Genusses muß jetzt eintreffen; sondern: wir haben nichts getan, als was unsre Schuldigkeit war.»

Ein andres Mal fragten Pharisäer, die ihre sinnliche Vorstellung vom Reich Gottes nicht ablegen konnten, Jesum, der diese Idee oft im Munde führte, wann denn das Reich Gottes komme? Jesus antwortete ihnen: «Das Reich Gottes zeigt sich nicht durch Gepränge oder äußerliche Gebärden; man kann auch nie sagen: hier ist es und dort ist es, denn siehe, das Reich Gottes muß inwendig in euch errichtet werden.» Er wandte sich hierauf zu seinen Jüngern: «Ihr werdet oft auch wünschen, das Reich Gottes auf Erden errichtet zu sehen. Oft wird man euch sagen: hier oder dort gibt es eine solche glückliche Verbrüderung von Menschen

unter Tugendgesetzen. Laufet solchen Vorspiegelungen nicht
nach; hoffet das Reich Gottes nicht in einer äußeren glänzenden
Vereinigung von Menschen zu sehen, etwa in einer äußeren Form
eines Staates, in einer Gesellschaft, unter den öffentlichen Gesetzen einer Kirche. Eher als so ein ruhiger, glänzender Zustand
wird Verfolgung das Los der wahren Bürger des Reiches Gottes,
der Tugendhaften sein, oft am meisten von denen, die etwa wie
die Juden als Glieder einer solchen Gesellschaft sich viel damit
wissen. Von zwei, die einerlei Glauben bekennen, zu einerlei
Kirche sich halten, kann der eine ein Tugendhafter, der andere
ein Verworfener sein. Bleibet also nicht an der äußeren Form
hängen; lasset euch nicht durch das Vertrauen, in pünktlicher
Beobachtung derselben eure Pflicht erfüllt zu haben, in eine träge
Ruhe versenken, wobei auch wohl die Liebe zum Leben und
Lebensgenusse ihre Rechnung fände. Denn wer dies nicht für
die Pflicht aufzuopfern vermag, der macht sich eben dadurch desselben unwürdig. Ebensowenig (Luk. XVIII) darf euch Standhaftigkeit verlassen, daß, wenn ihr *eure* Hoffnungen, durch euren
Kampf Gutes auszurichten, so lange nicht in Erfüllung gehen sehet,
ihr müde würdet und in verdrießlicher Laune mit dem allgemeinen Strome der Verworfenheit fortzuschwimmen euch ent-
schlösset; wie oft ein Klient nicht von der Rechtschaffenheit des
Richters in seiner Angelegenheit gefördert wird, sondern weil er
sich von den anhaltenden Bitten des Klienten losmachen wollte,
so werdet *ihr* auch viel Gutes durch Standhaftigkeit ausrichten
und dann, wenn ihr die Größe des Ziels, das die Pflicht setzt, mit
ganzer Seele aufgefaßt habt, so wird euer Streben wie dieses Ziel
für die Unendlichkeit sein und nie ermatten, ihr möget in diesem
Leben Früchte reifen sehen oder nicht.»

In Beziehung auf die Pharisäer, die sich so vollkommen dünken
und die wegen diesem Eigendünkel die übrigen Menschen verachten, erzählte Jesus folgende Geschichte: «Es gingen zwei
Menschen in den Tempel zu beten, deren der eine ein Pharisäer,
der andere ein Zollbediener war. Das Gebet des Pharisäers lautete
so: «Ich danke Dir, o Gott, daß ich nicht bin wie die übrigen
Menschen, ein Räuber, ein Ungerechter, ein Ehebrecher oder
einer wie dieser Zöllner; ich faste zweimal in der Woche, besuche

regelmäßig den Gottesdienst und gebe gewissenhaft meinen Zehnten für deinen Tempel.» Der Zöllner stand weit von diesem Heiligen, wagte seinen Blick nicht gen Himmel zu erheben, sondern schlug auf seine Brust und flehte: «Ach Gott! sei mir Sünder gnädig!» Ich sage euch, dieser ging mit wahrerer Beruhigung des Gewissens nach Hause als jener Pharisäer.»

Luk. XVIII, 18. Ein vornehmer Jüngling trat zu Jesu: «Guter Lehrer, was muß ich tun, fragte er ihn, um tugendhaft, um vor Gott der Glückseligkeit nach diesem Leben würdig zu sein.» — «Warum nennst du mich gut? erwiderte Jesus. Vollkommen gut ist niemand als Gott. Übrigens kennst du ja die Gebote eurer Sittenlehrer: Du sollst nicht ehebrechen, nicht töten, kein falscher Zeuge sein, deinen Vater und deine Mutter ehren.» Der Jüngling sagte hierauf: «Ich habe von Jugend auf all diese Gebote gehalten.» — «Nun, sagte Jesus, wenn du fühlst, daß du noch mehr tun könntest, so wende deinen Reichtum zur Unterstützung der Armen und zur Beförderung der Sittlichkeit an und werde darin mein Gehülfe.» Der Jüngling hörte dies mit Betrübnis, denn er war sehr reich. Jesus bemerkte dies und sagte zu seinen Jüngern: «Wie fest kann doch die Liebe zum Reichtum den Menschen umstricken, welch großes Hindernis zur Tugend für ihn werden! Die Tugend verlangt Aufopferung, die Liebe zum Reichtum immer neuen Erwerb, jene sich auf sich selbst einzuschränken, diese sich auszubreiten, das, was *der Mensch* sein Eigen nennt, immer zu vergrößern.» Die Freunde Jesu fragten ihn: «Aber wie kann man hoffen, daß dieser Trieb der menschlichen Natur es nicht unmöglich mache, tugendhaft zu sein?» — «Den Widerspruch dieser Triebe, antwortete Jesus, hebt der Umstand auf, daß Gott dem einen eine eigentümliche gesetzgebende Gewalt verliehen hat, die die Pflicht auferlegt, die Übermacht über den andern zu bekommen, und ihm auch die Kraft beigelegt hat, dies zu können.» Petrus, einer seiner Freunde, erwiderte hierauf: «Du weißt, wir haben alles verlassen, um uns deiner Bildung zu übergeben und uns allein der Sittlichkeit zu weihen.» — «Für das, was ihr aufgegeben habt, sagte Jesus, ist der Erwerb des Bewußtseins, der Pflicht allein gelebt zu haben, ein reichlicher Ersatz in diesem Leben und in alle Ewigkeit.»

Luk. XVIII, 31, Matth. XX, 17. Jesus war jetzt mit seiner Be-
gleitung, die nur aus seinen zwölf auserlesenen Freunden bestand,
in die Nähe von Jerusalem gekommen und machte sie mit den
trüben Ahnungen bekannt, die er vor der Art seiner dortigen
Aufnahme und Behandlung hatte, Ahnungen, die mit demjenigen
sehr in Widerspruch standen, was seine Jünger sich von seiner
Ankunft und seinem Aufenthalt in Jerusalem versprachen. Sogar
sie, die den täglichen Umgang und die Belehrung Jesu genossen,
hatten aus ihren jüdischen Köpfen die sanguinische Hoffnung, Jesus
werde bald öffentlich als König auftreten, den Glanz des jüdischen
Staats und seine Unabhängigkeit von den Römern wiederherzustellen, und sie als seine Freunde und Gehülfen durch Macht und
Ehre für das, was sie indes entbehrt hatten, belohnen; diese Hoffnung hatten sie noch nicht verbannt, sie hatten *sich* noch nicht den
geistigen Sinn des Reiches Gottes, als einer Herrschaft der Tugend-
gesetze unter den Menschen zu eigen gemacht. So trat jetzt die
Mutter des Johannes und des Jakobus zu Jesu, fiel ihm zu Füßen,
und auf die Frage Jesu, was sie verlange, tat sie mit ihnen die
Bitte an Jesum, weil sie jetzt die Entwickelung ihrer Hoffnungen
herannahen zu sehen glaubte: «Wenn *du* nur dein Reich er-
richtest, so erhebe meine Söhne zum nächsten Rang nach dir.»
Jesus gab ihr zur Antwort: «Ihr wisset nicht, um was ihr bittet
Seid ihr bereit, der Pflicht, die ihr über euch genommen habt,
der Verbesserung der Menschen zu leben und mein Schicksal zu
teilen, es warte auf mich, was es sei?» — Sie antworteten, wahrscheinlich in der Hoffnung, daß dieses kein anderes als ein glänzendes sein werde: «Ja, wir sind bereit.» — «Nun, sagte Jesus,
so tut eure Pflicht und unterwerfet euch ruhig eurem Schicksal;
erwartet aber dabei nicht, die Hoffnungen, die ihr durch eure
Bitte gezeigt habt, erfüllt zu sehen; die Reinheit eurer Gesinnung
allein, die vor der Gottheit, nicht vor mir, offen liegt, kann den
Wert bestimmen, den ihr vor der Gottheit habt.» Die übrigen
Freunde Jesu wurden über diese Bitte der beiden Brüder sehr erbittert. Jesus gab ihnen die Weisung: «Ihr wisset, daß Herrsch-
sucht eine sehr verführerische und sehr allgemeine Leidenschaft
unter den Menschen *ist*. Sie äußert sich in den großen sowohl
als in den eingeschränkten Kreisen des Lebens. Aus eurer Ge-

sellschaft sei sie verbannt. Setzet eure Ehre untereinander darein, gegenseitig gefällig zu sein und einander zu dienen, so wie der Zweck meines Lebens nie war, über andere zu gebieten, sondern der Menschheit zu dienen und für sie selbst mein Leben aufzuopfern.»

In Beziehung auf diese Erwartungen der Begleiter Jesu, seine Freundschaft werde ihnen aus Gunst für sie bei der jetzt herannahenden Periode seiner Macht einen glänzenden Anteil daran einräumen, belehrte sie Jesus von dem Unterschiede des Wertes der Menschen durch folgende Parabel: «Ein Fürst verreiste einst in ein entferntes Land, um die Regierung desselben zu übernehmen. Ehe er aus dem Lande abreiste, dessen Regent er schon war, vertraute er seinen Dienern zehn Pfund an, um *mehr* damit zu gewinnen. Die Bürger schickten ihm eine Gesandtschaft nach, ihm die Erklärung zu machen, daß sie ihn nimmer als ihren Fürsten anerkennen. Ohngeachtet dessen behauptete er bei seiner Zurückkunft den Thron, und verlangte jetzt von seinen Dienern Rechnung über die Anwendung des ihnen zurückgelassenen Geldes. Der erste sagte: «Mit dem Pfunde, das du mir anvertraut hast, habe ich zehn gewonnen.» — «Wohl, versetzte der Fürst, du hast mit wenigem gut Haus gehalten; ich will dich über mehr setzen; ich übertrage dir die Regierung über zehn Städte.» Der andere hatte mit seinem Pfunde fünf gewonnen; der Fürst gab ihm die Regierung über fünf Städte. Ein anderer sagte: «Ich bringe dir das Pfund unverloren wieder; ich habe es sorgfältig bewahrt; ich fürchtete, es an etwas zu wagen, da du ein strenger Herr bist, willst nehmen, was du nicht hingesetzt, ernten, was du nicht gesäet hast.» — «Deine Rechtfertigung verurteilt dich, antwortete der Fürst. Wenn du wußtest, daß ich ein strenger Mann bin, ernten will, was ich nicht gesäet habe, warum hast du nicht dein Geld den Wechslern gegeben, und hättest mir dann dein Pfund mit den Zinsen zurückgeben können? Du verlierst dein Geld und es sei dessen, der zehn gewonnen hat.» Den andern Dienern fiel es auf, daß der, der schon zehn Pfund habe, dies auch bekommen solle. Der Fürst sagte ihnen aber: «Dem, der das gut angewandt hat, was ihm anvertraut worden ist, wird noch mehr zugelegt werden; der aber von dem ihm Anvertrauten einen schlechten oder gar keinen

Gebrauch gemacht hat, macht sich auch des ihm Anvertrauten
unwürdig. Und jetzt führet diejenigen vor mich, die mir den Gehorsam aufgesagt haben, daß ich sie zur Strafe ziehe.»—Wie dieser
Fürst, so richtet Gott den Wert der Menschen nach dem treuen
Gebrauch der ihnen verliehenen Kräfte und nach dem Gehorsam
gegen die moralischen Gesetze, unter denen sie stehen.»

Auch hier (Jesus war in Jericho, etwa sechs Stunden von
Jerusalem), zeigten wieder Pharisäer ihre Mißbilligung, daß Jesus
in dem Hause eines Zöllners einkehrte; er hieß Zachäus. Um
Jesum, dem er sich wegen der Menge Menschen nicht nähern
konnte und weil er von Person sehr klein war, zu sehen, war er
auf einen Baum gestiegen und war von der Ehre überrascht, daß
Jesus sein Haus zum Ausruhen wählte. Da er denken konnte, welche
Begriffe von seinem Charakter *Jesus sich* aus seinem bisherigen
Amte machen würde und es fühlte, daß er ihm in einem nach-
teiligen Lichte erscheinen müßte, so machte er Jesum mit der Ver-
besserung seiner vormaligen Denkungsart bekannt und sagte ihm:
«Von meinem erworbenen Vermögen gebe ich die Hälfte den
Armen, und wen ich übervorteilt habe, dem *erstatte* ich den
Schaden vierfach.» Jesus bezeugte ihm sein Gefallen über diese
Rückkehr zur Rechtschaffenheit, und daß seine Absicht auf der
Erde sei, die Menschheit auf diesen Weg zu führen.

Joh. XI, 55. Das Passahfest war jetzt wieder eingefallen, und die
meisten Juden hatten sich deswegen schon in Jerusalem eingefunden. Jesus hielt sich noch einige Tage in der Nähe von Jerusalem auf, in einer Stadt namens Ephrem, und besonders zu
Bethanien (Joh. XII). Bei einem Gastmahl, das ihm hier gegeben
wurde, war auch ein Frauenzimmer, Maria, eine Freundin Jesu, zu-
gegen. Sie salbte seine Füße mit einem kostbaren Balsam und
trocknete sie mit ihren Haaren. Ein Apostel Jesu, Judas, der das
Geld der Gesellschaft verwaltete, bemerkte darüber, man hätte
diese Salbe besser anwenden können, wenn man sie verkauft und
das Geld den Armen ausgeteilt hätte. Judas hatte gehofft, dies
Geld alsdann in seinen Beutel zu bekommen und bei der Ver-
teilung desselben unter die Armen würde er sich nicht vergessen
haben. Jesus gab ihm aber die Weisung, er würde durch seinen
Tadel dem Herzen der Maria nicht weh getan haben, wenn er

den Ausdruck ihrer Freundschaft in ihrer Handlung empfunden hätte, die dem ähnlich sei, wenn man den Toten seine Liebe durch Einbalsamieren zeige. Seine vorgegebene Mildtätigkeit gegen Arme werde er sonst jederzeit Gelegenheit haben zu zeigen. Indessen hatte der hohe Rat von Jerusalem (Matth. XXVI, 3), der erwartete, Jesus werde, wie jeder Jude, auf das Fest kommen, den Beschluß gefaßt, Jesum bei dieser Gelegenheit gefangen zu nehmen und dahin zu bringen, daß er am Leben gestraft würde; das Letztere aber ward ausgemacht bis nach dem Feste zu verschieben, weil sie fürchteten, seine während dieser Zeit anwesenden Landsleute, die Galiläer, möchten etwa einen Versuch machen, Jesum zu befreien. Es wurde daher (Joh. XI, 56—57) die Veranstaltung von dem hohen Rat gemacht, daß es ihm sogleich angezeigt würde, wenn Jesus im Tempel bemerkt würde, und diejenigen, die diesen Auftrag hatten, waren in den ersten Tagen des Festes verlegen, als sie in diesem Jesum nirgends sahen.

Sechs Tage nach jenem Mahle ging Jesus nach Jerusalem selbst. Als er die Stadt zu Gesichte bekam, traten ihm Tränen in die Augen: «Ach! sagte er, wenn du es einsähest, was zu deinem Wohle diente! So aber ist es dir verborgen. Denn euer Stolz, eure Hartnäckigkeit in euern Vorurteilen, eure Intoleranz werden eure Feinde gegen euch reizen und *sie* werden euch umlagern und an allen Orten ängstigen, bis euer Staat, eure Verfassung, der Gegenstand eures Stolzes zernichtet und ihr unter seinen Ruinen begraben werdet, ohne das Gefühl, ohne den Ruhm zu haben, in einer edlen Verteidigung einer guten, einer großen Sache gestorben zu sein!»

Jesus ritt nach Art der Morgenländer auf einem Esel. Eine Menge Volkes, die ihn kannte, kam ihm entgegen und begleitete ihn mit Ölzweigen in der Hand und unter den Jubelgesängen derselben zog er in die Stadt.

Jesus blieb nicht in Jerusalem, sondern in Bethanien über Nacht (Matth. XXI, 17), kehrte aber des Morgens dorthin wieder zurück, zeigte sich öffentlich im Tempel und lehrte. Seine Feinde (Luk. XX) suchten ihn durch verfängliche Fragen zu veranlassen, *sich* eine Blöße zu geben, um teils einen Vorwand, ihn anzuklagen, zu finden, teils ihn bei dem Volke verhaßt zu machen, wegen dessen

sie nicht ruhig waren; besonders hatte der große Zulauf bei seiner
Ankunft in der Stadt ihre Besorgnisse noch vermehrt.

So fragten sie ihn einmal, als er vor einer großen Menge Zuhörern im Tempel saß, aus welcher Vollmacht er dies Amt, öffentlich zu lehren, verrichte. Jesus sagte: «Lasset mich eine Gegen-
frage an euch tun: Die Beweggründe des Johannes, öffentlich zu
lehren, waren sie Eifer für Wahrheit und Tugend oder hatte er
selbsüchtige Absichten dabei?» Diejenigen, die ihn gefragt
hatten, dachten: «Antworten wir das erstere, so fragt uns Jesus
wieder: warum habt ihr ihm nicht Gehör gegeben? Antworten
wir das letztere, so bringen wir das Volk gegen uns auf.» Sie
antworteten also, sie wissen es nicht. «Nun, sagte Jesus, so kann
ich euch auf eure Frage nicht antworten. Urteilet aber einmal!
Ein Mann (Matth. XXI, 28 ff.), der zwei Söhne hatte, hieß den
einen heute in den Weinberg gehen und arbeiten; dieser gab zur
Antwort, er gehe nicht, bereute dies aber hernach und ging.
Eben diesen Befehl gab der Vater dem zweiten, der gleich Bereitwilligkeit zeigte und zu gehen versprach, aber dann doch nicht
ging. Welcher hat nun dem Vater Gehorsam bewiesen?» Sie
antworteten: «Der erste.» — «Ebenso, antwortete Jesus, geht es
unter euch. Menschen, die im allgemeinen Rufe der sittlichen
Verdorbenheit standen, haben auf die Aufforderung des Johannes
der Stimme der Tugend Gehör gegeben und übertreffen euch
jetzt in guter Gesinnung, euch, die ihr den Namen Gottes immer
im Munde führet und seinem Dienste allein zu leben vorgebet.»

Jesus legte ihnen noch eine andere Geschichte vor: «Ein Mann
legte einen großen Weinberg an, umgab ihn mit Mauern, be-
festigte ihn und gab ihn Winzern zum Bauen und reiste weg.
Zur Herbstzeit schickte er Leute hin, um das, was der Weinberg
getragen hatte, einzunehmen. Sie wurden aber von den Winzern
auf alle mögliche Art mißhandelt. Ebenso ging es den zweiten,
die der Besitzer des Gutes schickte. In der Hoffnung, sie werden
Ehrfurcht vor seinem Sohne haben, schickte er jetzt diesen;
allein die Winzer lachten, dieser sei der Erbe und durch seinen
Tod setzen sie sich in den völligen Besitz des Gutes. Sie ermor-
deten also auch diesen. Was wird nun der Herr des Weinbergs
tun?» fragte Jesus die Umstehenden. Diese sagten: «Er wird die

Winzer mit der Strenge, die sie verdienen, strafen und den Weinberg andern Winzern geben, von denen er die Früchte richtig
erhält.» — «So, sagte Jesus, haben die Juden das Glück gehabt,
früher als manche andern Nationen würdigere Begriffe von der
Gottheit und von dem zu erlangen, was ihr Wille an dem Menschen
ist. Aber ihr erzeuget nicht die Früchte, die den Menschen in
den Augen der Gottheit wohlgefällig machen. Darum ist es ein
eitler Wahn, euch durch jenen Vorzug allein Lieblinge der Gottheit zu glauben, und ein Verbrechen, Menschen zu mißhandeln,
die es fühlen und es auch sagen, daß es etwas Höheres ist, das
dem Menschen einen wahren Wert gibt.» — Die Mitglieder des
hohen Rats, die Veranlassung zu diesem ihnen gemachten Vorwurf gegeben hatten, würden die Hände gleich an Jesum gelegt
haben, wenn sie es wegen des Volkes gewagt hätten.

Joh. XII, 20. Einige griechische Juden, die auch aufs Fest gekommen waren, wünschten Jesum zu sprechen und wandten sich
daher an einige von den Freunden Jesu, um sich von Jesu, wie
es scheint, eine Privatunterredung auszubitten. Jesus bezeugte,
wie es scheint, keine Lust dazu, weil er dachte, sie bringen die
gewöhnlichen jüdischen Messiasideen und wollen sich ihm, als
dem zukünftigen König und Herrscher der Juden, zum voraus
empfehlen. In Beziehung hieran sagte er bei dieser Gelegenheit
zu seinen Jüngern: «Diese Menschen irren sich, wenn sie mir
den Ehrgeiz zutrauen, mich zu einem Messias aufwerfen zu wollen,
wie sie einen erwarten, wenn sie glauben, ich verlange, daß sie
mir dienen sollen, oder ich finde mich dadurch geschmeichelt,
wenn sie sich anerbieten, mein Gefolge vermehren zu wollen.
Wenn sie dem heiligen Gesetze ihrer Vernunft gehorchen, so
sind wir Brüder, so sind wir von e i n e r Gesellschaft. Wenn sie
Macht und Ruhm für meinen Zweck halten, so verkennen sie
die erhabene Bestimmung des Menschen oder glauben, ich ver-
kenne sie. — Wie ein Saatkorn, das in die Erde gelegt wird, erst
abstirbt, daß sein Keim zu einem Halm aufschieße, so verlange
auch ich nicht die Früchte von dem zu erleben, was der Zweck
meiner Arbeit war, so hat auch mein Geist in der Hülle dieses
Körpers seine Bestimmung nicht vollendet. Um dieses Leben zu
erhalten, sollte ich dem ungetreu werden, was ich als Pflicht er-

kenne; ich sehe es mit Betrübnis, wohin die Anschläge des Regenten dieses Volkes gehen; sie wollen mir das Leben nehmen, aber sollte ich darum wünschen oder bitten: Vater, entreiße mich dieser Gefahr! Nein, mein Bestreben, die Menschen zum wahren Dienste der Gottheit, zur Tugend zu rufen, hat mich in diese Lage gebracht und ich bin bereit, mich jeder Folge, die daraus entspringen mag, zu unterwerfen. Widerspricht dies wieder euern Erwartungen, daß der Messias, auf den ihr hoffet, nicht sterben werde, so ist euch das Leben für sich so etwas Großes und der Tod so etwas Fürchterliches, daß *ihr* diesen an einem Menschen nicht reimen könnet, der eure Achtung verdienen sollte! Verlange ich denn aber Achtung für meine Person? oder Glauben an mich? oder will ich einen Maßstab, den Wert der Menschen zu schätzen, und sie zu richten, als eine Erfindung von mir euch aufdringen? Nein, Achtung für euch selbst, Glauben an das heilige Gesetz eurer Vernunft und Aufmerksamkeit auf den inneren Richter in euerm Busen, auf das Gewissen, einen Maßstab, der auch der Maßstab der Gottheit ist, dies wollte ich in euch erwecken.»

Es wurden jetzt wieder (Luk. XX, 20) von den Pharisäern und Anhängern des Herodischen Hauses einige an Jesum geschickt, um sich mit ihm in ein Gespräch einzulassen, in dem sie einen Grund finden könnten, ihn bei der römischen Obrigkeit anzuklagen. Um einzusehen, wie verfänglich die Frage war und wie leicht Jesus sich in der Antwort entweder gegen diese Obrigkeit oder gegen die Vorurteile der Juden hätte verstoßen können, so muß man sich an die jüdische Denkungsart erinnern, die es ganz unerträglich fand, einem fremden Fürsten Abgaben zu bezahlen, weil sie solche ihrem Gott und seinem Tempel bezahlen wollte. Die an ihn Abgeschickten redeten ihn also an: «Wir wissen, Lehrer, daß du in dem, was du sagst, aufrichtig bist, dich an die unverfälschte Wahrheit hältst und niemand zu Gefallen etwas behauptest. Sage uns, ist es recht, daß wir dem römischen Kaiser Auflagen entrichten?» Jesus merkte ihre Absicht und sagte: «Ihr Heuchler, was suchet ihr mir eine Falle zu legen? Zeiget mir einen Denarius. Wessen ist dies Bild und die Umschrift (Legende)?»
— Sie antworteten: «Des Kaisers». — «Wenn ihr denn dem

Kaiser, sagte Jesus, das Recht einräumet, Münzen zu eurem Gebrauch zu prägen, so gebet denn dem Kaiser, was des Kaisers ist,
und eurem Gotte, was zu seinem Dienste erfordert wird.» Sie
mußten mit dieser Antwort zufrieden sein, ohne ihm etwas an-
haben zu können. Auch die Sadduzäer, eine Sekte unter den
Juden, die nicht an Unsterblichkeit der Seele glaubte, wollten ihre
Einsichten auch gegen Jesum wagen, und sagten ihm daher:
«Nach unsern Gesetzen muß ein Mann, dessen Bruder ohne
Kinder stirbt, die hinterlassene Witwe heiraten. Nun geschah es,
daß eine Frau auf diese Art sieben Brüder nacheinander heiratete,
da einer nach dem andern starb, ohne Kinder mit ihr zu erzeugen.
Wessen sollte nun, wenn die Menschen nach dem Tode fort-
dauerten, die Frau sein?» Jesus antwortete auf diesen abge-
schmackten Einwurf: «In diesem Leben verheiraten sich wohl
die Menschen. Aber die Unsterblichen, die jetzt in die Gesellschaft der reinen Geister getreten sind, werden mit dem Körper
solche Bedürfnisse ablegen.»

Ein Pharisäer, der die guten Antworten Jesu auf die Fragen der
andern mit angehört hatte, tat (wie es scheint mit einer bösen
Absicht) auch eine Frage an Jesum, welches der höchste Grundsatz der Sittlichkeit sei. Jesus antwortete ihm: «Es ist Ein Gott,
und diesen sollst du von ganzem Herzen lieben und ihm deinen
Willen, deine ganze Seele, alle deine Kräfte weihen; dies ist das
erste Gebot. Das zweite ist diesem an Verbindlichkeit ganz gleich
und lautet so: Liebe jeden Menschen, als wenn er du selbst wäre;
ein höheres Gebot gibt es nicht.» Der Pharisäer bewunderte die
Vortrefflichkeit dieser Antwort und erwiderte: «Du hast der
Wahrheit gemäß geantwortet. Gott seine ganze Seele weihen
und den Nächsten als sich selbst lieben ist mehr als alle Opfer
und Räucherungen.» Jesum freute die gute Gesinnung des
Mannes und er sagte ihm: «In dieser Gesinnung bist du nicht
weit entfernt, ein Bürger des Reiches Gottes zu sein, wo nicht
durch Opfer oder Abbüßungen oder Lippendienst oder Entsagung
der Vernunft um seine Gunst geworben werden soll.»

In einem Teile des Tempels war (Luk. XXI, 1) eine Büchse
aufgestellt, wo man die Geschenke für den Tempel einlegte.
Jesus beobachtete unter denen, die ihren Beitrag gaben, neben

den Reichen, die große Summen steuerten, auch eine arme Witwe, die zwei Heller einlegte. Er sagte darüber: «Diese hat mehr eingelegt als alle anderen. Denn alle haben aus ihrem Überflusse gegeben, diese aber gab in diesem Wenigen ihr ganzes Vermögen.» Matth. XXIII. Auf Veranlassung von diesen Versuchen der Pharisäer gegen Jesum nahm er Gelegenheit, das Volk und seine Freunde vor den Pharisäern zu warnen. «Die Pharisäer und Gesetzgelehrten haben sich, sagte er, auf den Stuhl Moses gesetzt. Die Gesetze nun, die sie euch gebieten zu halten, die haltet. Aber ihrem Beispiele, ihrer Handlungsweise folget nicht. Denn sie handhaben zwar die Gesetze des Moses, aber sie selbst halten sie nicht. Ihre Handlungen haben allein den Zweck, sich vor den Menschen einen äußeren Schein der Rechtschaffenheit zu geben.» — «Ihr verzehret das Gut der Witwe und tut euch gütlich bei ihnen, unter dem Vorwand, mit ihnen zu beten. Ihr gleichet übertünchten Gräbern, deren Äußeres bemalt ist, und in deren Innerem die Verwesung haust. Äußerlich gebet ihr euch den Schein der Heiligkeit; euer Inneres ist Heuchelei und Ungerechtigkeit.» Er faßte noch manche Züge zusammen, die er einzeln bei den Gelegenheiten, die sich angeboten hatten, schon an ihnen gerügt hatte.

Matth. XXIV. Unter dem Herumspazieren in den verschiedenen Teilen des Tempels unterhielten sich die Freunde Jesu über die Pracht desselben. Jesus sagte dabei, es ahne ihm, dieser pompvolle Gottesdienst und diese Gebäude selbst werden ihr Ende erreichen. Den Freunden Jesu war dies sehr aufgefallen und als nachher sie allein mit ihm auf dem Ölberg waren, von wo aus sie die Aussicht auf die schönen Tempelgebäude und einen großen Teil der Stadt hatten, so fragten sie ihn: «Wann wird dieses, wovon du uns vorhin sprachst, geschehen? und an welchem Zeichen werden wir die Annäherung der Vollendung des Reiches des Messias erkennen?» Jesus antwortete ihnen: «Diese Erwartung eines Messias wird meine Landsleute noch in große Gefahren stürzen und verbunden mit ihren übrigen Vorurteilen und dieser blinden Hartnäckigkeit ihren völligen Untergang graben; diese chimärische Hoffnung wird *sie* zum Spiel listiger Betrüger oder kopfloser Schwärmer machen. Nehmet euch in acht, daß auch ihr dadurch euch nicht in Irrtum führen lasset. Oft wird es heißen: Hier oder dort ist der erwartete Messias. Viele werden sich für den Messias ausgeben, unter diesem Titel sich zu Anführern von Empörungen machen und Häuptern religiöser Sekten aufwerfen, Weissagungen verkünden und Wunder verrichten, um womöglich auch die Guten irre zu machen. Oft wird es heißen: Dort in der Wüste zeigt sich der erwartete Messias, hier in Grüften hält er sich noch verborgen. Lasset euch dadurch nicht verführen, ihnen nachzulaufen. Solche Anmaßungen und Gerüchte werden zu politischen Aufruhren und Spaltungen des Glaubens Anlaß geben. Man wird Partei nehmen und in diesem Parteigeist einander hassen und verraten und diesem blinden Eifer für Namen und Worte die heiligsten Pflichten der Menschlichkeit aufzuopfern sich berechtigt glauben. Zerrüttung des Staates, Auflösung aller Bande der Gesellschaft und der Menschlichkeit und in ihrem Gefolge Pest und Hungersnot wird dies unglückliche Land leicht zur Beute auswärtiger Feinde machen. Lasset euch in diesen Stürmen nicht verführen, Partei zu nehmen. Viele werden von diesem Schwindelgeiste angetastet, ohne selbst recht zu wissen, wie ihnen geschah, im Wirbel fortgerissen mit jedem Schritte von der Mäßigung sich entfernen und am Ende sich in die Verbrechen und den Ruin ihrer Partei sich ohne Möglichkeit der Rückkehr verwickelt sehen. Fliehet, fliehet vielmehr, wenn ihr könnt, diesen Schauplatz der Zerrüttung und Lieblosigkeit, entreißet euch allen häuslichen Verhältnissen, zaudert nicht, um noch dies oder das zu bewegen oder zu retten. In jedem Fall bleibet unverrückt euren Grundsätzen getreu. Ihr Zelotengeist mag euch anfallen und mißhandeln, prediget Mäßigung und ermahnet zu Liebe und zum Frieden und interessiert euch für keine dieser religiösen und politischen Parteien. Glaubet nicht, in solchen Zusammenrottungen oder in Verbindungen, die auf den Namen und Glauben einer Person schwören, den Plan der Gottheit vollendet zu sehen; er schränkt sich nicht auf ein Volk, einen Glauben ein, sondern umfaßt mit unparteiischer Liebe das ganze menschliche Geschlecht. Dann könnet ihr sagen, er ist vollendet, wenn der Dienst nicht von Namen und Worten, sondern der Dienst der Vernunft und der Tugend auf der ganzen Erde anerkannt und geübt wird. Diese

Hinsicht auf diese Hoffnung der Menschheit, nicht die eitle Nationalhoffnung der Juden wird euch frei von Sektengeist, sowohl als immer aufrecht und mutvoll erhalten. Unter diesen Spaltungen gründe sich eure Ruhe; euer Mut auf unverfälschte Tugend wird wachsen, daß nicht eine falsche, träge Beruhigung sich in euer Herz einschleiche. [Seid immer wachsam, lasset euch nicht in eine träge Ruhe versinken, durch eine falsche Beruhigung], die sich auf Anhänglichkeit an Glaubensformeln, auf Lippendienst und pünktliche Beobachtung der Zeremonien einer Kirche gründet. Es würde (Matth. XXV) dem ähnlich sein, wie wenn zehn Jungfrauen den Bräutigam mit Lampen erwarten, der die Braut heimführt; wovon fünf sich klüglich mit Öl versahen, fünf aber töricht dies vernachlässigten. Nach langem Warten kommt endlich spät in der Nacht der Bräutigam; sie wollen ihm entgegen; die fünf, die kein Öl hatten, wollten in der Eile fort, um sich noch *welches* zu kaufen; die andern konnten ihnen nichts leihen, weil sie gerade für sich genug hatten. In ihrer Abwesenheit kommt indes der Bräutigam an die fünf Klugen; sie begleiten ihn ins Haus zum Hochzeitsmahl; die andern aber, die auf die Einladung sich verließen, aber von ihrer Seite an dem Wesentlichen es fehlen ließen, wurden ausgeschlossen. So glaubet auch ihr es nicht hinreichend, einen Glauben ergriffen zu haben, wenn ihr es am Notwendigsten, an der Übung der Tugend fehlen laßt, und dann etwa in der Not oder beim Herannahen des Todes noch geschwind einige Grundsätze zusammenzuraffen oder mit fremdem Verdienst, woran jeder für sich genug hat und andern nichts zukommen lassen kann, euch auszuschmücken gedächtet. Ihr würdet mit eurem Kirchenglauben allein und der Vertröstung auf fremdes Verdienst vor dem heiligen Richter der Welt nicht bestehen. Ich vergleiche sein Gericht mit dem Gerichte eines Königs, der seine Völker versammelt und wie ein Hirt die Böcke von den Lämmern, die Guten von den Bösen sondert. Zu jenen spricht er: Nähert euch mir, ihr meine Freunde, genießet des Glücks, dessen ihr euch würdig gemacht habt; denn ich hungerte und ihr gabet mir zu essen; ich litt Durst und ihr tränktet mich; wenn ich als Fremder unter euch war, so nahmet ihr mich auf; wenn ich nackt war, kleidetet ihr mich; wenn ich krank war, pfleget ihr mich; im Gefängnis besuchtet ihr mich. Sie werden voll Verwunderung fragen: Herr, wann sahen wir dich hungrig oder durstig, daß wir dich gesättigt hätten, oder nackt, oder als einen Fremden, oder krank, oder im Gefängnisse, daß wir dich bekleidet, aufgenommen oder besucht hätten? Der König aber antwortet ihnen: Was ihr einem der geringsten meiner oder eurer Brüder tatet, das belohne ich, als mir erwiesen. Zu den andern aber wird er sprechen: Entfernet euch und empfanget den Lohn eurer Taten; wenn ich hungerte oder dürstete, speistet, tränktet ihr mich nicht; wenn ich nackt, oder krank oder im Gefängnis war, nahmet ihr euch meiner nicht an. Diese werden ihn auch fragen: Wo sahen wir dich hungrig, oder durstig, oder nackt, oder krank, oder im Gefängnis, daß wir dir einen Dienst hätten erweisen können? Der König wird ihnen die gleiche Antwort geben: Was ihr dem Geringsten nicht getan habt, das vergelte ich, als hättet ihr es mir nicht getan. So spricht auch der Richter der Welt das Urteil der Verwerfung denen, die die Gottheit nur mit den Lippen und andächtigen Mienen, nicht in ihrem Bilde, der Menschheit, ehren.»

Des Tages über pflegte Jesus sich in den Gebäuden und Höfen des Tempels, und des Nachts außerhalb der Stadt bei dem Olivenberge aufzuhalten. Der hohe Rat wagte es nicht, seinen Schluß, Jesum gefangen zu nehmen, öffentlich auszuführen. Nichts kam ihnen daher erwünschter, als das Anerbieten des Judas, eines der zwölf vertrautern Freunde Jesu, ihnen für eine Summe Gelds den Nachtaufenthalt Jesu zu verraten und ihnen behilflich zu sein, ihn da heimlich gefangen zu nehmen. Habsucht scheint die Hauptleidenschaft des Judas gewesen zu sein, die durch seinen Umgang mit Jesu nicht einer bessern Gesinnung Platz gemacht hatte und die wohl sein ursprünglicher Grund, Jesu Anhänger zu werden, gewesen sein mochte, indem er sie befriedigen zu können hoffte, wenn Jesus sein Messiasreich aufgerichtet haben würde. Da Judas einzusehen anfing, daß ein solches Reich der Zweck Jesu nicht sei und daß er sich in seiner Hoffnung betrogen habe, so suchte er noch aus seiner Freundschaft mit Jesu durch Verräterei an demselben den größtmöglichsten Nutzen zu ziehen.

Jesus ließ, nach Gewohnheit der Juden, in Jerusalem ein Passahmahl, wobei ein Schaf das vorzüglichste Gericht war, zubereiten.

Es war der letzte Abend, den er mit seinen Freunden zubrachte, Er widmete ihn denselben ganz, um einen tiefen Eindruck von demselben in ihnen zu hinterlassen.

Joh. XIII. Bei dem Anfang des Essens stand Jesus noch einmal auf, legte seine Oberkleider ab, schürzte sich auf, nahm ein Leintuch und wusch seinen Freunden die Füße, eine Verrichtung, die gewöhnlich von Dienstboten geschah. Petrus wollte dies nicht geschehen lassen. Jesus sagte ihm, er werde den Grund davon gleich erfahren. Als er mit allen fertig war, so sagte er: «Ihr sehet, was ich tat. Ich, den ihr euren Lehrer nennet, habe euch die Füße gewaschen. Ich wollte euch damit ein Beispiel geben, wie ihr euch gegeneinander betragen sollet (Luk. XXII, 25 ff.). Fürsten lieben die Herrschaft und lassen sich dafür Wohltäter des menschlichen Geschlechts nennen. Ihr nicht also; keiner erhebe sich über den andern, nehme sich etwas heraus über ihn, sondern als Freunde sei jeder gefällig und dienstfertig und mache seine Dienste nicht als eine Wohltat oder als eine Herablassung gegen andere geltend. Ihr wisset dies; wohl euch, wenn ihr es auch tut. Ich spreche dabei nicht von euch allen, denn ich kann hier das anwenden, *wie* er irgend heißt: Einer der mit mir Brot ißt, stößt seinen Fuß gegen mich; denn einer unter euch wird mich verraten.» Dieser Gedanke machte Jesum traurig und ebenso seine Freunde verlegen. Johannes, der Jesu zunächst lag, fragte ihn leise, welcher es doch sei? Jesus sagte ihm: «Dem ich dieses Stück Brot gebe, der ist es», und reichte es dem Judas dar mit den Worten: «Was du tun willst, das tue bald.» Von den andern verstand keiner, was dies sagen wollte. Sie meinten, es betreffe sonst einen Auftrag, weil Judas die Kasse der Gesellschaft verwaltete. Judas, vielleicht in der Furcht, von Jesu öffentlich beschämt zu werden, (weil er sah, daß sein Vorhaben Jesu nicht unbekannt sei,) oder durch längere Gegenwart in seinem Vorsatz wankend gemacht zu werden, verließ eilig die Gesellschaft.

Jesus sprach jetzt weiter: «Euer Freund, meine Lieben, hat bald seine Bestimmung vollendet. Ihn nimmt der Vater der Menschen in die Wohnungen seiner Seligkeit auf; nicht lange mehr, so werde ich euch entrissen werden. Als Vermächtnis an

euch hinterlasse ich euch das Gebot, euch untereinander zu lieben,
und das Beispiel meiner Liebe an euch. Nur durch diese gegen-
seitige Liebe sollet ihr euch als meine Freunde auszeichnen.»
Petrus fragte Jesum: «Wo gedenkst du denn hinzugehen, daß du
uns verlassen willst?» — «Auf den Weg, den ich gehe, sagte
Jesus, kannst du mich nicht begleiten.» — «Warum, antwortete
Petrus, sollte ich dir nicht folgen können? Ich bin bereit, es mit
Gefahr meines Lebens zu tun!» — «Dein Leben willst du mir aufopfern? sagte Jesus. Ich kenne dich zu gut, daß du dafür noch nicht
Stärke genug hast. Ehe es wieder Morgen wird, kannst du darüber auf die Probe gesetzt werden. Werdet nicht bestürzt darüber,
daß ich von euch getrennt werde. Ehret den Geist, der in euch
wohnt, höret auf seine unverfälschte Stimme; durch ihn lernet
ihr den Willen der Gottheit kennen, durch ihn seid ihr mit ihr
verwandt, ihres Geschlechts, nur in ihm ist euch der Weg zu ihr
und zur Wahrheit aufgeschlossen. So sind zwar unsere Personen
verschieden und getrennt, aber unser Wesen ist eins und wir
sind einander nicht fern. Bisher war ich euer Lehrer, und meine
Gegenwart leitete eure Handlungen. Da ich euch verlasse, so
lasse ich euch nicht als Waisen zurück. Ich hinterlasse euch
einen Führer in euch selbst. Den Samen des Guten, den die
Vernunft in euch legte, habe ich in euch aufgedeckt, und das
Andenken an meine Lehren und an meine Liebe zu euch *wird*
diesen Geist der Wahrheit und der Tugend in euch aufrecht erhalten, dem die Menschen nur deswegen nicht huldigen, weil
sie ihn nicht kennen und nicht in sich selbst suchen. Ihr seid
Männer geworden, die ohne fremdes Gängelband sich endlich
selbst anzuvertrauen sind. Wenn auch ich nicht mehr bei euch
bin, so sei von nun an eure entwickelte Sittlichkeit euer Weg-
weiser. Ehret mein Andenken, meine Liebe zu euch dadurch,
daß ihr den Weg der Rechtschaffenheit verfolget, auf den ich
euch geleitet habe. Der heilige Geist der Tugend wird euch noch
vollständiger das lehren, für was ihr jetzt noch nicht empfänglich
waret und euch vieles ins Gedächtnis zurückrufen und ihm Bedeutung geben, was ihr noch nicht verstandet. Ich hinterlasse
euch meinen Segen, nicht den Gruß, der bedeutungslos gegeben
wird, sondern der reich an Früchten des Guten sei. Daß ich

euch verlasse, ist selbst für euch besser, denn nur durch eigene
Erfahrung und Übung werdet ihr Selbständigkeit bekommen und
lernen, euch selbst zu führen. Daß ich von euch gehe, soll euch
nicht mit Betrübnis, sondern mit Freude erfüllen, denn ich trete
eine höhere Laufbahn in besseren Welten an, wo der Geist
schrankenloser sich zum Urquell alles Guten emporschwingt und
in seine Heimat, in das Reich der Unendlichkeit eintritt!»

«Mit Verlangen habe ich dem Genusse dieses Mahles in eurer
Gesellschaft entgegengesehen. Lasset die Speisen und den Becher
herumgehen. Lasset uns hier den Bund der Freundschaft er-
neuern.» Und dann teilte er nach der Sitte der Morgenländer
(wie noch heutigentags bei den Arabern durchs Essen vom
gleichen Brot und Trinken aus demselben Kelche unverbrüchliche
Freundschaft gestiftet wird,) einem jeden Brot aus und nach dem
Essen ließ er ebenso den Kelch umhergehen und sagte dabei:
«Wenn ihr wieder so in freundschaftlichem Kreise zusammen-
speiset, so erinnert euch auch eures alten Freundes und Lehrers,
und wie euch das Passah ein Bild des Passahs war, das eure Väter
in Ägypten aßen und das Blut eine Erinnerung des Opferblutes
bei dem Opfer, wodurch Moses einen Bund zwischen Jehova und
seinem Volke stiftete (II. Mos. XXIV, 8), so gedenket in Zukunft bei dem Brote an seinen Leib, den er aufopferte, und bei
dem Becher Weines an sein vergossenes Blut. Behaltet mich in
eurem Angedenken, der sein Leben für euch gab, und mein Andenken, mein Beispiel, sei euch ein kräftiges Stärkungsmittel zur
Tugend. Ich sehe euch um mich wie die Schosse eines Weinstocks, die von ihm genährt Früchte tragen und jetzt bald, von
ihm abgenommen, durch eigne Lebenskraft das Gute zur Reife
bringen. Liebet einander, liebet alle Menschen, wie ich euch
liebte; daß ich mein Leben zum *Wohl* meiner Freunde hingebe,
ist der Beweis meiner Liebe. Ich nenne euch nicht mehr Schüler
oder Zöglinge; diese folgen dem Willen ihrer Erzieher, oft ohne
den Grund zu wissen, warum sie so handeln müssen. Ihr seid
zur Selbständigkeit des Mannes, zur Freiheit eignen Willens er-
wachsen, aus eigner Tugendkraft werdet ihr Früchte tragen, wenn
schon der Geist der Liebe, die Kraft, die euch und mich begeistert,
dieselbe ist.»

«Wenn man euch verfolgt und mißhandelt, so erinnert euch an mein Beispiel, daß es mir und Tausenden nicht besser gegangen ist. Würdet ihr euch auf die Seite der herrschenden Laster und Vorurteile schlagen, so würdet ihr Freunde genug finden, so aber wird man euch hassen, weil ihr Freunde des Guten seid. Das Leben eines Rechtschaffenen ist ein beständiger Vorwurf für den Bösen, der dies fühlt und dadurch erbittert wird; und wenn ihm kein Vorwand übrig bleibt, den guten, vorurteilsfreien Mann zu verfolgen, so wird er die Sache der Vorurteile, der Unterdrückung und des Lasters zur Sache Gottes machen und sich und die Menschen überreden, er tue mit dem Haß des Guten der Gottheit einen Dienst. Aber der Geist der Tugend wird, wie ein Strahl aus bessern Welten, euch beseelen und euch über die kleinlichen und lasterhaften Zwecke der Menschen erheben. Ich spreche euch im voraus hiervon, damit es euch nicht unerwartet kommt. Wie die Angst der Gebärerin in Freude verwandelt wird, wenn sie einen Menschen in die Welt geboren hat, so wird der Kummer, der eurer wartet, einst in Seligkeit übergehen.»

Dann erhob Jesus seine Augen gegen Himmel: «Mein Vater, sagte er, meine Stunde ist gekommen, die Stunde, den Geist, dessen Ursprung Deine Unendlichkeit ist, in seiner Würde zu zeigen, und heimzukehren zu Dir! Seine Bestimmung ist die Ewigkeit und Erhebung über alles, was Anfang und Ende hat, über alles, was endlich ist; meine Bestimmung auf Erden, Dich, Vater, und die Verwandtschaft meines Geistes mit Dir zu erkennen und durch Treue gegen dieselbe mich zu ehren und die Menschen durch das erwachte Bewußtsein dieser Würde zu veredeln. Diese Bestimmung auf Erden habe ich vollendet. Die Liebe zu Dir hat mir Freunde zugeführt, welche es einsehen gelernt haben, daß ich nicht etwas Fremdes oder Willkürliches den Menschen aufdringen wollte, sondern daß es Dein Gesetz ist, was ich sie lehrte, das still und verbannt von den Menschen in aller Busen wohnt. Nicht durch etwas Eigentümliches oder Auszeichnendes mir Ehre zu erwerben, sondern die verlorene Achtung gegen die weggeworfene Menschheit wiederherzustellen, war meine Absicht, und der allgemeine Charakter vernünftiger Wesen, die Anlage zur Tugend, die allen zuteil geworden ist, mein Stolz. Voll-

kommenster, bewahre sie, daß nur Liebe zum Guten das höchste
Gesetz in ihnen sei, das sie beherrsche! So sind sie eins, so bleiben sie vereinigt mit Dir und mit mir. Ich gehe zu Dir, und richte
dies Gebet an Dich, daß die freudige Stimmung, die mich belebt,
auch sie durchströme. Ich habe sie mit Deiner Offenbarung bekannt gemacht, und weil sie sie ergriffen haben, so haßt *sie* die
Welt, wie mich, der ich ihr gehorche. Ich bitte Dich nicht, daß
du sie von der Welt nehmest — eine Bitte dieser Art kann nicht
vor Deinen Thron gebracht werden — aber heilige sie durch
Deine Wahrheit; nur aus Deinem Gesetze strahlt sie. Deinen
hohen Ruf, die Menschen zur Tugend zu bilden, dem ich folgte,
habe ich in ihre Hände niedergelegt. Mögen sie auch in ihrem
Teil ihn vollenden und Freunde erziehen, die vor keinem Götzen
mehr die Knie beugen, keine Worte, keinen Glauben zum Bande
ihrer Vereinigung machen, als die Tugend und Annäherung zu
Dir, dem Heiligsten.»

Luk. XXII. 39; cit. loc. Parallelstellen. Nach diesen Gesprächen
stand die Gesellschaft auf, verließ Jerusalem — die Nacht war an-
gebrochen — wie gewöhnlich, ging über den Bach Kedron, nach
einem Meierhofe, namens Gethsemane, in der Gegend des Öl-
bergs. Dieser Ort des nächtlichen Aufenthalts Jesu war auch dem
Judas bekannt, weil er oft mit Jesu dort gewesen war. Er hieß
seine Jünger beisammen bleiben und er selbst ging mit dreien an
einen abgelegenen Ort, um sich seinen Gedanken zu überlassen.
Hier trat die Natur auf einige Zeit in ihre Rechte ein. Der Gedanke der Verräterei seines Freundes, der Ungerechtigkeit seiner
Feinde und der Härte seines bevorstehenden Schicksals bemäch-
tigte sich des Jesus hier in der Einsamkeit der Nacht, erschütterte
ihn und erfüllte ihn mit Angst. Er bat seine Jünger, bei ihm zu
bleiben und mit ihm zu wachen, ging unruhig hin und her, sprach
bald einiges mit ihnen, ermunterte sie wieder, wenn sie in Schlaf
gefallen waren, ging von Zeit zu Zeit auf die Seite und betete
einigemal: «Mein Vater, laß, wenn es möglich ist, den bitteren
Kelch des Leidens, der mir bevorsteht, bei mir vorübergehen!
Doch nicht mein Wille, sondern Dein Wille geschehe! Wenn
es nicht sein soll, daß ich dieser Stunde überhoben sei, so ergebe
ich mich in Deinen Willen.» Der Schweiß lief ihm in großen

Tropfen herunter. Als er wieder einmal bei seinen Jüngern stand, und ihnen zuredete, zu wachen, so vernahmen sie das Kommen von Menschen: «Wachet auf, lasset uns gehen, rief er zu seinen Jüngern, mein Verräter naht!»

Judas näherte sich jetzt mit Bewaffneten und Fackeln. Jesus hatte seine Standhaftigkeit gesammelt, ging ihnen entgegen: «Wen suchet ihr?» fragte er. Sie sagten: «Jesum den Nazarener.» — «Ich bin's», antwortete Jesus. Sie waren verlegen, ob sie am Rechten seien. Er fragte sie noch einmal und erwiderte das Gleiche mit dem Zusatz: «Wenn ihr mich suchet, so lasset diese meine Freunde verschont.» Jetzt nahte sich Judas und gab seinen Begleitern das Zeichen, das er mit ihnen verabredet hatte, um ihnen Jesum kenntlich zu machen. Er sagte nämlich: «Sei gegrüßt, Lehrer», und umarmte ihn dabei. Jesus erwiderte: «Wie, Freund, mit einem Kusse verrätst du mich?», ward dann von den Soldaten ergriffen. Als Petrus dies sah, zog er sein Schwert, schlug darein und hieb einem Knechte des Hohenpriesters das Ohr ab. Jesus verwies ihn zur Ruhe: «Laß das, und ehre das Schicksal, das die Gottheit mir bestimmt.» Die übrigen Freunde Jesu flohen und zerstreuten sich, als sie sahen, daß die Schar sich Jesu bemächtigt, ihn gebunden hatte und jetzt wegführte, außer ein Jüngling, vom Schlafe aufgeschreckt, der in der Eile nichts als einen Mantel um sich geworfen hatte; *er* wollte Jesu folgen, wurde aber von den Soldaten ergriffen und rettete sich dadurch, daß er ihnen entschlüpfte und den Mantel in den Händen ließ. Im Gehen sagte Jesus zu seinen Führern: «Ihr kommet zu mir gewaffnet, mich wie einen Räuber zu packen und doch saß ich alle Tage unter euch öffentlich im Tempel, und ihr ergriffet mich nicht. Aber die Mitternacht ist eure Stunde und die Finsternis euer Element.» Jesus wurde zuerst zu Hannas, dem alten Hohenpriester und Schwiegervater des Kaiphas, und dann zu dem letzteren, der dieses Jahr Hohepriester war, geführt, wo der ganze hohe Rat von Jerusalem versammelt den Gefangenen erwartete und wo Kaiphas diese Maxime eingeschärft hatte, einen zum Besten des ganzen Volkes aufzuopfern sei Pflicht. Petrus war nur von fern den Häschern gefolgt und hätte es nicht gewagt, in den Palast selbst einzutreten, wenn nicht Johannes, der mit dem Hohen-

priester wohl bekannt war und freien Zutritt in seinem Hause
hatte, der Türhüterin gesagt hätte, den Petrus auch einzulassen.
Diese machte die Bemerkung gegen den letzteren: «Bist du nicht
einer von den Anhängern dieses Mannes?» Petrus leugnete dies
geradezu und stellte sich an das Kohlenfeuer unter die Gerichts-
diener und Knechte, um sich da, wie sie, zu wärmen.

Der Hohepriester, vor dem jetzt Jesus stand, tat verschiedene
Fragen an ihn, die seine Lehre und seine Schüler betrafen. Jesus
antwortete hierauf: «Ich habe frei und öffentlich vor jedermann
geredet, ich habe im Tempel und in den Synagogen gelehrt, wo
die Juden alle hinzugehen pflegen; ich habe keine geheimen
Lehren; warum fragst du also mich? Frage die, die mich gehört
haben, um was ich lehrte; es werden alle es dir sagen können.»
Einem der Häscher schien diese Antwort Jesu gegen den Hohenpriester unbescheiden: «So antwortest du dem Hohenpriester?»
sagte er, und gab ihm einen Schlag. Jesus sagte mit ruhiger
Fassung zu ihm: «Habe ich nicht recht geantwortet, so sage mir
den Fehler; habe ich aber gut geantwortet, warum schlägst du
mich?»* Viele Zeugen waren aufgeboten worden, um Aussagen
gegen Jesum vorzubringen, aber die Priester konnten keinen Gebrauch davon machen, teils weil sie nicht entscheidend genug
waren, teils nicht übereinstimmten. Endlich traten einige auf, die
aussagten, sie haben ihn unehrerbietig vom Tempel sprechen gehört; aber auch diese stimmten in den näheren Ausdrücken nicht
miteinander.

Jesus schwieg zu allen still. Endlich trat der Oberpriester un-
geduldig hervor. «Antwortest du zu allen diesen Anklagen nichts,
so beschwöre ich dich bei dem lebendigen Gotte, uns zu sagen,
ob du ein Geweihter, ein Sohn der Gottheit bist.» — «Ja, ich bin
es», antwortete Jesus, und diesen verachteten Menschen, der der
Gottheit und der Tugend geheiligt war, werdet ihr einst mit
Herrlichkeit bekleidet und über die Sterne erhaben erblicken.»
Der Hohepriester zerriß sein Kleid und rief: «Er hat Gott ge-

---

* Nach Joh. XVIII, 24 schiene dies in dem Palast des Hannas vorgefallen
zu sein; war aber bei Kaiphas der Rat versammelt und geschah dort das eigentliche Verhör, so stimmte der Ort, wo Petrus Jesum verleugnete, nicht zusammen;
bei Kaiphas, allein es heißt überall ἀρχιερεῖς, im Plural.

lästert! Was brauchen wir andere Zeugnisse? Ihr habt sein eigenes
gehört. Was ist eure Meinung?» — «Er hat des Todes sich
schuldig gemacht», war ihr Urteil. Dieser Ausspruch war für die
Häscher ein Signal zu Mißhandlungen und Verhöhnungen Jesu, der
jetzt in ihren Händen blieb, da der hohe Rat jetzt auf einige
Stunden auseinander ging, um früh morgens sich wieder zu ver-
sammeln.

Petrus hatte indessen immer bei dem Feuer gestanden (Mark.
XIV, 66) und noch eine andere Weibsperson, die auch im Dienst
des Hohenpriesters stand, erkannte den Petrus und sagte zu den
Umstehenden: «Gewiß, dieser ist auch einer der Begleiter des
Gefangenen.» Petrus antwortete wieder mit einem unbedingten:
Nein! Aber ein Knecht des Hohenpriesters, ein Anverwandter
dessen, den Petrus einige Stunden später verwundet hatte, sagte:
«Habe ich dich nicht bei Jesu im Meierhofe gesehen?» Auch die
Übrigen stimmten ein, auch seine Mundart verrate ihn, daß er
aus Galiläa sei. Bei so vielen Umständen, die gegen ihn zeugten,
vergaß sich Petrus in der Verlegenheit und Angst so weit, daß er
hoch beteuerte und beschwor, daß er nicht begreife, was sie wollen,
daß er den Menschen, für dessen Freund sie ihn ansehen, ganz
und gar nicht kenne. Indessen fingen die Hähne an, den werden-
den Morgen anzukündigen, und gerade unter diesen Beteuerungen
wurde Jesus an ihm vorbeigeführt, der sich gegen ihn zuwandte
und einen Blick auf ihn warf. Petrus fühlte diesen tief, fühlte
jetzt das Verächtliche seines Betragens, fühlte es, wie sehr Jesus
in der Abendunterredung berechtigt gewesen war, zu zweifeln,
ob die Standhaftigkeit, deren sich Petrus so sehr gerühmt hatte,
die Probe aushalten würde, entfernte sich eilig und vergoß bittere
Tränen der Selbstbeschämung und Reue.

Als jetzt Judas der Verräter sah, daß es mit Jesu so weit ging,
daß er zum Tode verurteilt worden war, so reute ihn seine Tat.
Er brachte sein Geld (dreißig Silberlinge) den Priestern wieder
zurück und sagte: «Ich habe unrecht getan, euch einen Un-
schuldigen in die Hände zu liefern.» Man antwortete ihm aber,
dies sei seine Sache, sie gehe seine Tat nichts an. Judas warf das
Geld in die Tempelbüchse und erhängte sich. Die Priester hatten
nun Gewissensskrupel darüber, dies Geld, weil es Blutgeld sei, zu

dem Gelde des Tempels zu fügen und kauften einen Acker dafür, den sie zum Begräbnisplatz für Fremde bestimmten.

Die wenigen übrigen Stunden der Nacht verflossen und der hohe Rat hatte sich wieder versammelt, und da dieser ihn für des Todes schuldig erkannte, aber das Recht nicht mehr hatte, ein solches Urteil zu fällen und *zu* vollziehen, so verfügte sich die Versammlung gleich des Morgens mit Jesu zu Pilatus, dem römischen Statthalter dieser Provinz, um demselben Jesum zu übergeben und dadurch es unmöglich zu machen, daß *ein Aufruhr* zu Gunsten Jesu unter dem Volke entstünde, wenn er noch in ihren Händen wäre. Sie gingen nicht in den Palast selbst hinein, weil dies noch ein Tag des Festes war, um sich nicht zu verunreinigen. Pilatus kam heraus in den Vorhof und fragte sie: «Welcher Verbrechen klaget ihr diesen Menschen an, daß ihr seine Verurteilung verlangt?» — «Wäre er nicht ein Verbrecher, so hätten wir dir ihn nicht überliefert», antworteten die Priester. Pilatus erwiderte: «Nun, so machet ihm den Prozeß und richtet ihn nach euren Gesetzen.» — «Wir dürfen ja kein Todesurteil fällen», versetzten sie. Als Pilatus also hörte, daß das Verbrechen des Todes würdig sein sollte, so konnte er es nicht mehr ablehnen, der Richter über Jesum zu sein und ließ sich jetzt die Anklagen des Rats gegen ihn vortragen. — Mit dem, was nach jüdischen Begriffen eine Lästerung der Gottheit war, daß Jesus für einen Sohn derselben sich bekannt hatte und was der Rat für das todeswürdige Verbrechen hielt, mit dieser Anklage wußte der jüdische Rat wohl, konnte er von Pilatus kein Verdammungsurteil zum Tode erhalten. Sie klagten Jesum also an, daß er das Volk verführe, es zur Gleichgültigkeit gegen die Staatsverfassung verleite, woraus zuletzt die Weigerung entstehen werde, dem Kaiser den Tribut zu bezahlen, und daß er sich für einen König ausgebe. Als Pilatus diese Anklagepunkte angehört hatte, verfügte er sich in seinen Palast zurück, ließ Jesum vor sich rufen und fragte ihn: «Gibst du dich wirklich für den König der Juden aus?» Jesus fragte ihn dagegen: «Bist du für dich selbst veranlaßt geworden, den Verdacht zu haben, daß ich mich dafür ausgebe, oder fragst du mich nur, weil andere dessen mich beschuldigten?» Pilatus antwortete: «Bin ich denn ein Jude, daß ich für mich selbst einen

König eurer Nation erwartete? Dein Volk und die Hohenpriester haben dich bei mir dessen angeklagt. Was hast du getan, das sie dazu veranlaßte?» Jesus antwortete: «Sie beschuldigen mich, ich maße mir ein Reich an. Aber dieses Reich ist *nicht* das, was man sonst für einen Begriff mit einem Reiche verbindet. Wäre es dies, so würde ich Untergebene und Anhänger haben, die für mich gekämpft hätten, daß ich nicht in die Hände der Juden gefallen wäre.» — «So gibst du dich doch, erwiderte Pilatus, für einen König aus, da du von einem Reiche sprichst?» — «Wenn du es so nennen willst, ja, antwortete Jesus; ich glaube mich dafür geboren, dies für meine Bestimmung in der Welt, Wahrheit zu lehren und ihr Anhänger zu werben. Und wer sie liebte, der hörte auf meine Stimme.» — «Was ist Wahrheit?» erwiderte Pilatus mit der Miene des Hofmanns, die kurzsichtig, doch lächelnd, des Ernstes Sache verdammt, und hielt wohl Jesum für einen Schwärmer, der sich für ein Wort, für eine Abstraktion aufopferte, die in der Seele des Pilatus bedeutungslos war, und betrachtete das Ganze als eine Sache, die bloß auf die Religion der Juden Bezug habe und die weder ein Verbrechen gegen bürgerliche Gesetze betreffe, noch dabei für die Sicherheit des Staates Gefahr sei. Er verließ Jesum und ging hinaus zu den Juden und sagte ihnen, er finde keine Schuld an dem Menschen. Diese wiederholten ihre Anklagen, daß er durch seine Lehre im ganzen Lande, von Galiläa an bis nach Jerusalem, Unruhe stifte. Pilatus, aufmerksam dadurch gemacht, daß sie Galiläa als die Gegend nannten, von wo er zu lehren angefangen habe, erkundigte sich, ob der Mann ein Galiläer sei. Da er dies hörte, so schien er froh zu sein, diesen verdrießlichen Handel sich von dem Halse zu schaffen, weil Jesus, als Galiläer, unter Herodes, dem Fürsten dieser Gegend stand, und schickte ihn daher diesem zu, der sich des Festes wegen gerade in Jerusalem befand.

Dem Herodes machte es Freude, Jesum zu sehen. Er wünschte dies schon längst, weil er so viel von Jesu reden gehört hatte und etwas Außerordentliches von ihm zu sehen hoffte. Er tat viele Fragen an ihn; auch die Hohenpriester und ihre Begleiter wiederholten hier ihre Anklagen. Jesus antwortete nichts zu allem; ebenso gelassen blieb er, als Herodes und seine Höflinge in Spott

sich gegen ihn ergossen und ihm zuletzt ein Kleid, das ein Zeichen
der fürstlichen Würde war, anlegten. Da Herodes nichts mit
ihm zu machen wußte und ihm Jesus nur ein Gegenstand des
Spottes, nicht einer Strafe zu sein schien, so schickte er ihn zu
Pilatus wieder zurück. Übrigens hatte diese Aufmerksamkeit des
Pilatus, die Gerichtsbarkeit des Herodes über Jesum als einen Galiläer zu respektieren, die Wirkung, die Freundschaft zwischen beiden,
die vorher unterbrochen worden war, wieder herzustellen. Pilatus
war in der vorigen Verlegenheit, berief die Hohenpriester und
Ratsglieder zusammen und erklärte ihnen, sie haben diesen
Menschen als einen Unruhstifter bei ihm angeklagt, er finde aber
nichts, aus dem sich eine Schuld ergebe, die den Tod verdiene,
ebensowenig als auch Herodes; weiter als ihn geißeln zu lassen
könne er nichts tun und dann werde er ihm die Freiheit wieder-
geben. Die Juden waren mit dieser Strafe nicht befriedigt, sondern
drangen auf die Todesstrafe. Pilatus, der die Ruhe Jesu bei allen
diesen Verhandlungen bewunderte und äußerst ungern daran kam,
ein Werkzeug zu sein, dem jüdischen Religionshaß Jesum aufzuopfern, schlug einen neuen Ausweg vor. Da auch seine Frau zu
ihm schickte und sich für Jesum interessierte, so brachte Pilatus
einen andern Ausweg auf die Bahn. Es war nämlich eine Gewohnheit, daß der römische Statthalter am Osterfeste einem jüdischen
Gefangenen Freiheit und Leben schenkte. Außer Jesu war noch
ein anderer Jude damals im Gefängnis, namens Barrabas, den die
Juden wegen verübter Räubereien und Totschläge angeklagt hatten.
Pilatus, in der Hoffnung, die Juden werden dies Herkommen aus-
zuüben nicht unterlassen wollen und eher die Freiheit Jesu als
des Mörders verlangen, überließ ihnen die Wahl zwischen beiden,
zwischen Barrabas und dem König der Juden, wie er Jesum
spottend nannte. Die Priesterschaft überredete leicht das um-
stehende Volk, die Loslassung des Barrabas und den Tod des Jesus
zu begehren. Als sie Pilatus noch einmal fragte, zu was sie sich
entschlossen hätten, welchen er ihnen frei geben sollte, so riefen
sie: «Den Barrabas!» Unwillig rief Pilatus: «Und was soll ich
denn mit Jesu anfangen?» — «Laß ihn kreuzigen!» war ihr Ge-
schrei. — «Aber was hat er denn Böses getan?» frug Pilatus wieder.
Sie riefen stärker: «Ans Kreuz, ans Kreuz mit ihm!» Pilatus ließ

hierauf Jesum geißeln. Die Soldaten flochten eine Krone von Dornen (Bärenklau, Heracleum), setzten sie ihm aufs Haupt und riefen: «Sei gegrüßt, König der Juden!» und gaben ihm Stöße dabei.

Pilatus hoffte ihre Wut dadurch gesättigt zu sehen, sagte ihnen: «Ich wiederhole es euch, daß ich nichts Schuldiges an ihm finde», ließ ihn in die *Vorhalle* herausführen und sagte: «Da sehet ihn, weidet eure Augen an diesem Schauspiel!» Dieser Anblick besänftigte sie nicht. Sie verlangten lärmend seinen Tod. «So nehmet ihn, rief Pilatus noch ungeduldiger, kreuziget ihn! Ich finde ihn nicht schuldig.» Die Juden versetzten: «Er ist nach unsern Gesetzen des Todes schuldig, denn er hat sich für einen Sohn der Gottheit ausgegeben.» Den Pilatus, der sich hierbei nach römischen Begriffen einen Göttersohn dachte, wandelte noch mehr Bedenklichkeit *an*, und *er* fragte Jesum: «Woher bist du eigentlich?» Jesus gab aber keine Antwort darauf. «Wie, sagte Pilatus, auch mir antwortest du nicht? Weißt du, daß dein Leben und dein Tod ganz von mir abhängt?» Jesus erwiderte: «Nur soweit, als mein Leben und mein Tod in den Plan der Gottheit paßt. Doch vermindert dies die Schuld derer nicht, die mich überlieferten.» Pilatus war immer mehr für Jesum eingenommen und geneigt, ihn frei zu lassen. Die Juden, die dies sahen, warfen sich jetzt in die Rolle getreuer und für Cäsars Interesse allein besorgter Untertanen, eine Rolle, die ihnen sauer genug ankommen mußte, die aber ihren Zweck nicht leicht verfehlen konnte. «Läßt du diesen los, riefen sie, so bist du nicht ein Freund Cäsars, denn wer sich für einen König ausgibt, ist ein Rebell gegen unsern Fürsten. Pilatus setzte sich jetzt feierlich zu Gericht, ließ Jesum vorführen: «Sehet hier euern König. Soll ich euern König ans Kreuz schlagen lassen.» — «Kreuzige ihn! wir erkennen keinen König als Cäsar!» Als Pilatus den Lärm und das Getümmel immer größer werden sah und Unruhen, vielleicht einen Aufstand zu befürchten hatte, dem die Juden einen für Pilatus höchst gefährlichen Anstrich des Eifers für die Ehre Cäsars geben konnten, und sah, daß die Hartnäckigkeit der Juden unbezwinglich war, ließ er sich ein Gefäß mit frischem Wasser bringen, wusch seine Hände vor dem Volke und sagte: «Ich bin unschuldig an dem Blute dieses Gerechten!

Ihr habt es zu verantworten!» Die Juden riefen: «Ja, sein Tod
werde an uns und unsern Kindern gestraft!» Der Sieg der Juden
war entschieden, Barrabas freigegeben und Jesus zum Tode am
Kreuze verurteilt, (eine römische, aber so entehrende Todesart,
als heutzutage der Tod am Galgen).

Jesus blieb dem rohen Spott und den Mißhandlungen der
Soldaten ausgesetzt, bis er hinaus zum Richtplatz geführt wurde.
Der Verurteilte mußte den Pfahl sonst selbst hinausschleppen.
Doch wurde er Jesu abgenommen und einem Manne mit Namen
Simon, der eben in der Nähe stand, zu tragen gegeben. Der Zulauf der Menge war sehr groß. Seine Freunde wagten es nicht,
sich ihm zu nähern, sondern folgten und sahen der Hinrichtung
nur zerstreut und aus der Ferne zu. Ihm näher waren mehrere
Frauen, die ihn gekannt hatten und jetzt weinten und sein Schicksal bejammerten. Jesus wandte sich im Gehen zu ihnen und
redete sie an: «Beweinet mich nicht, ihr Frauen von Jerusalem,
vielmehr euch selbst und eure Kinder. Es werden Zeiten kommen,
wo man die Kinderlosen, die Brüste, die nie säugten, die Leiber,
die nie gebaren, glücklich preisen wird. Ihr sehet, wie es mir geht;
ziehet den Schluß, wohin ein solcher Geist unter einem Volke es
noch bringen wird.»

Jesus wurde in Gesellschaft zweier Verbrecher gekreuzigt. Sein
Kreuz kam in die Mitte zu stehen. Während man ihn daran be-
festigte (durch Annagelung der Hände und Anbindung der Füße*),
rief Jesus aus: «Vater, vergib ihnen, sie wissen nicht, was sie tun.»
Seine Kleider verteilten wie gewöhnlich die Soldaten unter sich.
Pilatus ließ in hebräischer, griechischer und lateinischer Sprache
die Aufschrift über sein Kreuz heften: Dies ist der König der
Juden. Die Priester verdroß dies und sie meinten, Pilatus hätte
schreiben sollen, dass Jesus sich nur dafür ausgegeben habe. Pilatus,
der unwillig wegen der ganzen Anklage über sie war, sah gern,
daß sie das Demütigende, das für sie in seiner Überschrift lag,
empfanden, und gab ihnen, auf ihr Ansuchen, es zu ändern, zur
Antwort: «Es bleibt bei dem, was ich geschrieben habe.» Indessen
war Jesus außer dem körperlichen Schmerz, dem triumphierenden
Spotte des jüdischen vornehmen und gemeinen Pöbels wie auch

---

* Nur wahrscheinlich; s. Paulus' Memorabilien 2.

dem rohen Witze der römischen Soldaten ausgesetzt. Auch den
einen Verbrecher, der mit Jesu gekreuzigt worden war, machte
die Gleichheit ihres Schicksals nicht freundschaftlicher gegen
Jesum; es hinderte ihn nicht, auch seinen Spott in den Hohn der
Menge zu mischen. Dem andern aber war menschlichere Empfindung und Gewissen bei seinen Verbrechen nicht ganz fremd geworden; er verwies es jenem, daß er noch in solchen Umständen gegen
einen, der in gleichem Leiden mit ihm sich befinde, bitter sein könne
und setzte hinzu: «Unser Los ist gerecht, denn wir empfangen,
was unsere Taten verdienten; und diesem ist schuldlos ein gleiches
Schicksal zuteil geworden! Gedenke meiner, sagte er zu Jesu,
wenn du in deinem Reiche bist.» — «Bald werden uns zusammen, erwiderte Jesus, die Gefilde der Seligkeit aufnehmen.»
Unter dem Kreuz stand in tiefer Betrübnis die Mutter Jesu, mit
einigen ihrer Freundinnen. Johannes allein von allen Vertrauten
Jesu war bei ihnen und teilte ihre Schmerzen. Jesus erblickte sie
beisammen und sagte zu seiner Mutter: «Siehe, da ist ein Sohn
statt meiner», und zu Johannes: «Sieh diese als Mutter an!»
Johannes nahm sie auch dem Wunsche seines sterbenden Freundes
gemäß in sein Haus und in seine Pflege auf.
Nach einigen Stunden, die er schon am Kreuze hing, rief er
überwältigt vom Schmerz aus: «Mein Gott, mein Gott! warum
hast du mich verlassen?» Nachdem er noch gerufen, es durste
ihn und von ein wenig Essig, den man ihm in einem Schwamm
reichte,* zu sich genommen hatte, sprach er noch: «Es ist vollendet», und zuletzt mit lauter Stimme: «Vater, in deine Hände
befehle ich meinen Geist», neigte das Haupt und verschied.
Selbst der römische Hauptmann, der bei der Hinrichtung
kommandierte, bewunderte die ruhige Fassung und die sich gleich
bleibende Würde, mit welcher Jesus starb. Seine Freunde hatten
dem Ende ihres teuern Lehrers von ferne zugesehen.
Weil die Gekreuzigten sonst nur langsam abstarben und oft
noch mehrere Tage am Pfahle lebten und der folgende Tag bei
den Juden ein Festtag war, so baten sie Pilatus, damit morgen die

---

* Λέγων · ἄφετε ἴδωμεν εἰ ἔρχεται Ἠλείας καθελεῖν αὐτόν. Lasset ihn nun,
quälet ihn nicht weiter, daß er etwa zu zeitig stirbt; wir brächten uns ja nur
um den Spaß, wenn Elias kommt und ihm hilft. Mark. XV, 36.

Körper nicht am Kreuze seien, den Gerichteten die Beine zer-
schlagen zu lassen und sie abzunehmen. Bei den Missetätern, die
mit Jesu gerichtet worden waren, geschah dies, weil sie noch lebten.
Bei Jesu selbst sahen sie, daß dies nicht nötig war. Sie stießen ihm
also nur einen Speer in die Seite, woraus ein Wasser (eine Lymphe)
mit Blut vermischt herausfloß. Joseph von Arimathia, ein Mitglied
des hohen Rats zu Jerusalem, ein sonst unbekannter Freund Jesu,
bat es sich von Pilatus aus, ihm den Leichnam Jesu anzuvertrauen. Pilatus erlaubte dies. Joseph in Gesellschaft des Nikodemus, eines andern Freundes, nahm den Toten also ab, balsamierte
ihn mit Myrrhe und Aloe, umwickelte ihn mit Leinwand (Linnen)
und setzte ihn in seiner Familiengruft bei, die in seinem Garten
in Felsen gehauen war und die nahe bei der Gerichtsstätte war,
wo sie also um so eher mit diesen Zurüstungen fertig werden
konnten, noch vor dem Anfang des Festes selbst, an dem es nicht
erlaubt gewesen wäre, mit Toten zu tun zu haben.

24. Juli 95

u der Zeit, da Jesus unter der jüdischen Nation auftrat, befand sie sich in dem Zustande, der die Bedingung einer früher oder später nachfolgenden Revolution ist, und immer die gleichen allgemeinen Charaktere trägt. Wenn der Geist aus einer Verfassung, aus den Gesetzen gewichen ist, und jener durch seine Veränderung zu diesen nicht mehr stimmt, so entsteht ein Suchen, ein Streben nach etwas Anderem, das bald von jedem in etwas anderem gefunden wird, wodurch denn eine Mannigfaltigkeit der Bildungen, der Lebensweise, der Ansprüche, der Bedürfnisse hervorgeht, die, wenn sie nach und nach so weit divergieren, daß sie nimmer nebeneinander bestehen können, endlich einen Ausbruch bewirken und einer neuen allgemeinen Form, einem neuen Bande der Menschen ihr Dasein geben. Je loser dieses Band ist, je mehr es unvereinigt läßt, desto mehr Samen zu neuen Ungleichheiten und künftigen Explosionen liegt darin.

So gibt das jüdische Volk zur Zeit Jesu uns nicht mehr das Bild eines Ganzen. Ein Allgemeines hält sie notdürftig noch zusammen, aber es ist so viel fremdartiger und mannigfaltiger Stoff, so vielerlei Leben und Ideale vorhanden, so viel unbefriedigtes und nach Neuem neugierig umherschauendes Streben, daß jeder mit Zuversicht und Hoffnungen auftretende Reformator sich eines Anhangs für ebenso versichert halten kann, als einer feindlichen Partei.

Die äußere Unabhängigkeit des jüdischen Staates war verloren. Die Römer und von Römern geduldete oder gegebene Könige vereinigten darum ziemlich den allgemeinen, heimlichen Haß der Juden gegen sich. Die Forderung der Unabhängigkeit lag zu tief in ihrer Religion, die andern Völkern kaum das Neben-ihr-Bestehen gönnte; wie sollte sie die Herrschaft eines derselben über ihre Kinder erträglich finden? Das Volk, dessen sonstige Wirklichkeit noch ungekränkt blieb, war noch nicht auf dem Punkt, diese aufopfern zu müssen, und wartete daher auf einen fremden, mit Macht ausgerüsteten Messias, der für dasselbe täte, was es selbst nicht wagte, oder es zum Wagen begeisterte und durch diese Gewalt fortrisse.

Es zeichneten sich viele durch strengere und genauere Beobachtung aller religiösen Pünktlichkeiten aus, und schon daß sie
sich dadurch auszeichneten, zeigt uns den Verlust der Unbefangenheit, die Mühe und einen Kampf, etwas zu erreichen, was nicht
aus sich selbst hervorging. Der Dienst in dem sie standen, war
der Dienst gegen ein blindes, nicht wie das griechische innerhalb
der Natur liegendes Fatum, und ihre größere Religiosität ein be-
ständigeres Anhängen und Abhängen von Mannigfaltigerem, das
sich auf das Eine bezöge, aber jedes andere Bewußtsein ausschlösse.
Die Pharisäer suchten mit Anstrengung vollkommene Juden zu
sein und dies beweist, daß sie die Möglichkeit kannten, es nicht
zu sein. Die Sadduzäer ließen sich ihr jüdisches *Dasein* als ein
Wirkliches in sich bestehen, weil es einmal da war, und waren
mit wenigem zufrieden, aber es schien für sie unmittelbar kein
Interesse zu haben, als nur insofern, als es einmal Bedingung ihres
übrigen Genusses war. Sonst waren sie und ihr Dasein sich selbst
höchstes Gesetz. Auch die Essener ließen sich nicht in Kampf
mit ihm ein, sondern ließen es beiseite liegen, denn dem Streite
zu entfliehen warfen sie sich in ihre einförmige Lebensart.

Es mußte endlich einer auftreten, der das Judentum selbst geradezu angriff; aber weil er in den Juden nichts fand, das ihm ge-
holfen hätte, es zu bestreiten, das er hätte festhalten und mit
welchem er es hätte stürzen können, so mußte er untergehen und
unmittelbar nur eine Sekte gestiftet haben.

Die Wurzel des Judentums ist das Objektive, d. h. der Dienst,
die Knechtschaft des Fremden. Dies greift Jesus an. Nur dann
kann zwischen Zeremonien und moralischen Gesetzen unterschieden werden, wenn Moralität vindiziert ist; in der jüdischen
Religion war Moralität unmöglich, weil keine Freiheit darin war,
sondern durchgängige Herrschaft.

a)' Knechtschaft gegen ihr Gesetz, den Willen des Herrn; —
ihm entgegengesetzt Selbstbestimmung, Selbsttätigkeit. Was ist
Knechtschaft gegen das Gesetz? α. Willenslosigkeit. β. In Beziehung auf andere Menschen Gefühllosigkeit, Mangel schöner
Beziehungen, Trennung. γ. Gottlosigkeit.

b) Der Herr, ein unsichtbarer Herr; — ihm entgegengesetzt
Schicksallosigkeit, entweder der Unschuld, oder der Selbstmacht;

jene nicht möglich; er konnte in sie nicht die beiden Entgegengesetzten vereinigen, weil eigentlich nur eins der Entgegengesetzten ohne Widerstreit herrschte; diese nichts als Gottlosigkeit; also die Herrschaft gemildert in Vaterschaft, Abhängigkeit von einem Liebenden in Ansehung der Not.

c) Andere bestimmt, α. entweder von mir; diesem entgegengesetzt Moralität; — oder β. von einem andern; Verachtung der Menschen, Egoismus und Hoffen auf objektive Hülfe; *diesem entgegengesetzt* Achtung anderer, Berichtigung oder Vernichtung dieser Hoffnung.

Autorität gegen Autorität; allein die Autorität des Glaubens an Menschennatur. Er wußte, welche Kraft im Menschen war.

Wunder. Er hoffte auch auf ihre Wirkung.

Reelles, nicht Polemisches. Die Anregung des Subjekts in mancherlei Rücksichten, eine schöne Religion zu stiften. Das Ideal davon, findet man es?

Im allgemeinen *das* Subjekt gegen das Gesetz. Dem Gesetz setzte er Moralität entgegen. Moralität ist nach Kant die Unterjochung des Einzelnen unter das Allgemeine, der Sieg des Allgemeinen über sein entgegengesetztes Einzelnes. Eher Erhebung des Einzelnen zum Allgemeinen, Vereinigung, Aufhebung der Entgegengesetzten durch Vereinigung. α. Einigkeit im Bestimmten setzt Freiheit voraus; denn ein Beschränktes hat ein Entgegengesetztes, und die Einigkeit selbst *ist* auf diese Art beschränkt. Nicht des Verstandes Einheit, die auch eine unvollständige Einheit ist; durch die Verstandseinheit werden die Getrennten als getrennt gelassen, die Substanzen bleiben getrennt. Die Vereinigung ist objektiv in der Willenseinigkeit. *Da* sind die Getrennten keine Substanzen. Von den Entgegensetzen wird eins völlig ausgeschlossen; das andere wird gewählt, d. h. es geht eine Vereinigung des Vorgestellten und des Vorstellenden vor; das Vorstellende und das Vorgestellte sind eins; dies ist die Handlung. Das Moralische der Handlung ist in der Wahl; die Vereinigung in der Wahl ist, daß das Ausgeschlossene ein Trennendes ist, daß das Vorgestellte, das in der Handlung vereinigt wird mit dem Vorstellenden, der Tätigkeit, selbst schon ein Vereinigtes sei; unmoralisch wenn es ein Trennendes ist. Die Möglichkeit des Entgegensetzens ist Freiheit;

das Entgegensetzen selbst ein Akt der Freiheit. Die moralische
Handlung ist dann unvollständig und unvollkommen, weil sie die
Wahl, weil sie Freiheit, Entgegengesetzte, Ausschließung eines
Entgegengesetzten voraussetzt. Je verbundener dies Ausgeschlossene ist, desto größer die Aufopferung, die Trennung, desto
unglücklicher das Schicksal; desto größer dieses Einzelne, desto
zerrissener die Idee des Menschen; desto intensiver sein Leben,
desto mehr verliert es an Extension und es trennt sich wieder
desto mehr. Moralität *ist* Angemessenheit, Vereinigung mit dem
Gesetz des Lebens; ist dieses Gesetz aber nicht Gesetz des Lebens,
sondern selbst ein Fremdes, so ist *es* die höchste Trennung, Objektivität. β. Einigkeit des ganzen Menschen. γ. Ideal der Einigkeit.

Die Idee des Willens ist das Gegenteil des Willens, *ihr* Zweck,
nicht zu wollen; aber das Objekt der Handlung, der Gedanke, der
Zweck, immer ein Trieb, eine Tätigkeit, eine reflektierte freilich,
aber nicht des passiven Menschen, also eines fremden Willens.
Zur bestimmten Handlung ein bestimmter Wille, Trieb notwendig. Aber dieser bestimmte Wille nicht im passiven Menschen
wirklich, also nicht in der Idee, in der Vorstellung. Dieser fremde
Wille ein objektives Gesetz.

Von moralischen Geboten sind nur die Verbote fähig, objektiv
zu werden. Die moralischen Gebote sind Vereinigungen als
Regeln ausgedrückt. Regeln sind die Beziehungen der Objekte
aufeinander. Die äußere Beziehung Getrennter kann nur negativ,
d. h. als Verbot angesehen werden, und lebendige Vereinigung,
Einigkeit in der moralischen Handlung ist keine äußere, d. h. die
Bezogenen sind keine Getrennten mehr.

Moralität ist Aufhebung von Trennung im Leben. Theoretische
Einheit ist Einheit Entgegengesetzter. Das Prinzip der Moral ist
Liebe. Beziehung in Trennung, Bestimmen oder Bestimmtwerden,
jenes unmoralisch gegen andere, dies gegen sich selbst; denn beides
ist nur Bewirkung einer theoretischen Einheit. Wollen ist das
Ausschließen des Entgegengesetzten; die Tat ist das Aufheben
der Trennung zwischen dem Gewollten, jetzt noch Vorgestellten
und dem Streben, der Tätigkeit, *dem* Trieb, dem Wollenden. Bei
einem positiven Gesetz ist die Handlung keine Vereinigung,
sondern ein Bestimmtwerden, das Prinzip nicht Liebe; das Motiv

ist ein Beweggrund im eigentlichen Sinne; es verhält sich als Ursache, Wirkendes, es ist ein Fremdes, nicht eine Modifikation des Wollenden.

Dadurch, daß er ihnen zeigte, sie haben einen schlechten Willen, zeigte er ihnen, daß sie einen Willen haben. In der Bergpredigt immer ein Gegenüberstellen des objektiven Gebotes und der Pflicht. Ein Opfer nicht deswegen, damit etwas geschenkt und verziehen wird, sondern ihr sollt verzeihen; Eid nicht wegen des Tempels heilig, sondern ihr sollt wahrhaftig sein; die Handlung und eure Absicht sollen eins sein; ihr sollt die Handlung in ihrem ganzen Umfang tun; jede Handlung stammt aus einem Gesetz, dies Gesetz soll euer eignes sein.

Mit der Veränderung des objektiven Gesetzes mußten sich auch die andern Seiten der Verhältnisse der Juden ändern. Hat der Mensch selbst Willen, so steht er in ganz anderm Verhältnis zu Gott als der bloß passive. Zwei unabhängige Willen, zwei Substanzen gibt es nicht; Gott und der Mensch müssen also eins sein. Aber der Mensch *ist* der Sohn und Gott der Vater; der Mensch nicht unabhängig und auf sich selbst bestehend; er ist nur, insofern er entgegengesetzt, eine Modifikation ist, und darum auch der Vater in ihm. In diesem Sohne sind auch seine Jünger, auch sie sind eins mit ihm, eine wirkliche Transsubstantiation, ein wirkliches Einwohnen des Vaters im Sohne und des Sohnes in seinen Schülern. Diese alle nicht Substanzen, schlechthin getrennt und nur im allgemeinen Begriffe vereinigt, sondern wie ein Weinstock und seine Reben; ein lebendiges Leben der Gottheit in ihnen. Diesen Glauben an ihn forderte Jesus, Glauben an den Menschensohn, daß der Vater in ihm wohne; und wer an ihn glaube, in dem wohne auch er und der Vater. Dieser Glaube ist der Objektivität der Passivität unmittelbar entgegen, und unterscheidet *sich* von der Passivität der Schwärmer, die ein Einwohnen Gottes und Christi in sich hervorbringen oder empfinden wollen, indem sie hier sich und dieses in ihnen regierende Wesen unterscheiden, also wieder die von einem Objekt Beherrschten sind. Uns von einem objektiven historischen Christus und der Abhängigkeit von demselben dadurch befreien wollen, daß er so subjektiv gemacht wird, daß er ein Ideal sei, heißt eben, ihm das Leben zu einem

Gedanken machen, dem Menschen gegenüber zur Substanz, und ein Gedanke ist nicht der lebendige Gott.

Ihn zu einem bloßen Lehrer der Menschen machen, heißt die Gottheit aus der Welt der Natur und dem Menschen nehmen. Jesus nannte sich der Messias, ein Menschen-Sohn, und kein anderer konnte er sein; nur Unglaube an die Natur konnte einen andern, einen übernatürlichen erwarten; das Übernatürliche ist nur beim Unternatürlichen vorhanden, denn das Ganze, obzwar getrennt, muß immer da sein.

Gott ist die Liebe, die Liebe ist Gott; es gibt keine andere Gottheit als die Liebe. Nur was nicht göttlich, was nicht liebt, muß die Gottheit in der Idee haben, außer sich. Wer nicht glauben kann, daß Gott in Jesu war, daß er im Menschen wohne, der verachtet die Menschen. Wohnt die Liebe, wohnt Gott unter den Menschen, so kann es Götter geben; wo nicht, so sind keine Götter möglich.*

Die Objektivität der Gebote, der Gesetze zerstören, zeigen, daß etwas auf einem Bedürfnisse des Menschen, auf der Natur gegründet ist, Sünden vergeben (ἀφεῖναι), erlassen, die Strafen der Sünden aufheben, dies *ist* ein Wunder; denn die Wirkung kann nicht von der Ursache getrennt werden; vorzüglich aber kann das Schicksal nicht zernichtet werden. Denkt man sich eine Aufhebung der Strafe, so ist die Strafe etwas ganz Objektives, von einem Objekt Kommendes, nicht ganz notwendig mit der Schuld Zusammenhängendes. Überhaupt, wenn man auch die Strafe als etwas von der Schuld ganz Untrennbares nimmt, so ist sie doch soweit objektiv, dass sie Folge eines Gesetzes ist, von dem man sich in der Übertretung losgemacht hat, aber doch noch von ihm abhängt. Bei einem objektiven Gesetz und Richter ist das Gesetz befriedigt, wenn ich mißhandelt worden bin, wie ich mißhandelt habe, wenn die Trennung, die ich gemacht, ebenso auf mich zurückgewirkt hat. In der moralischen Strafe ist das Getrennte nicht ein Äußeres, dem ich entfliehen, das ich überwältigen kann; die Tat ist die Strafe in sich selbst; soviel ich mit der Tat anscheinend fremdes Leben verletzt habe, so viel habe

---

* Götter sind die einzelnen Ideale der Trennungen; ist alles getrennt, so ist nur e i n Ideal.

ich eignes verletzt. Leben ist als Leben nicht von Leben verschieden; das verletzte Leben steht mir als Schicksal gegenüber;
befriedigt ist es, wenn ich seine Macht, die Macht des Toten gefühlt habe, so wie ich im Verbrechen bloß als Macht handelte.
Versöhnt kann das Gesetz nicht werden, denn es beharrt immer
in seiner furchtbaren Majestät und läßt sich nicht durch Liebe beikommen. Denn es ist hypothetisch und die Möglichkeit kann nie
aufgehoben, die Bedingung, unter der es eintritt, kann nie unmöglich werden. Es ruht, so lange diese Bedingung nicht eintritt,
aber ist nicht aufgehoben. Aber diese Ruhe ist keine Versöhnung,
weil das Gesetz zwar kein so Bestehendes ist, daß es immer wirksam sein und trennen müßte, aber weil es bedingt, weil es nur
unter einer Trennung möglich ist. Das Schicksal hingegen kann
versöhnt werden, weil es selbst eins der Glieder, ein Getrenntes
ist, das nicht als Getrenntes durch sein Gegenteil vernichtet, aber
durch Vereinigung aufgehoben werden kann. Schicksal ist das
Gesetz selbst, das ich in der Handlung (diese sei Übertretung eines
andern Gesetzes) aufgestellt habe, in seiner Rückwirkung auf mich.
Die Strafe ist nur die Folge eines andern Gesetzes; die notwendige
Folge kann nicht aufgehoben werden; die Handlung müßte ungeschehen gemacht werden; wo nichts als Ursachen und Wirkungen,
als Getrennte sind, da ist keine Unterbrechung der Reihe möglich.
Das Schicksal hingegen, d. h. das rückwirkende Gesetz selbst
kann aufgehoben werden; denn ein Gesetz, das ich selbst aufgestellt habe, eine Trennung, die ich selbst gemacht habe, kann ich
auch vernichten. Da Handlung und Rückwirkung eins ist, so
versteht es sich von selbst, daß die Rückwirkung nicht einseitig
aufgehoben werden kann. Die Strafe ist das Bewußtsein einer
fremden Macht, eines Feindseligen; wenn sie ausgewirkt hat unter
der Herrschaft des Gesetzes, so ist dieses Gesetz befriedigt und ich
bin befreit von einem Fremden, das von mir abläßt und sich wieder
in die drohende Gestalt zurückzieht, das ich aber nicht zum
Freunde gemacht habe. Das böse Gewissen ist das Bewußtsein
einer bösen Handlung, eines Geschehenen, eines Teils eines Ganzen,
über das ich keine Macht habe, eines Geschehenen, das nie ungeschehen gemacht werden kann, denn es war ein Bestimmtes,
Beschränktes. Das Schicksal ist das Bewußtsein seiner selbst

(nicht der Handlung), seiner selbst als eines Ganzen, dies Bewußt-
sein des Ganzen reflektiert, objektiviert. Da dieses Ganze ein
Lebendiges ist, das sich verletzt hat, so kann es wieder zu seinem
Leben, zu der Liebe zurückkehren; sein Bewußtsein wird wieder
Glaube an sich selbst; und diese Anschauung seiner selbst ist eine
andere geworden, und das Schicksal ist versöhnt.

Liebe ist aber alsdann Bedürfnis; in sich selbst ist die Ruhe verloren; dies ist die Wunde, die zurückbleibt, die Anschauung seiner
selbst als eines Wirklichen, dem die Anschauung seiner als eines
Strebenden, das von dieser Wirklichkeit sich entfernt, entgegen
ist. Weil aber eben hier nur ein Streben ist, so ist es Bedürfnis
und mit einer Wehmut verknüpft, die in der Liebe, dem befriedigten Streben allein wegfällt.

Vergebung der Sünden ist daher nicht Aufhebung der Strafe
(denn jede Strafe ist etwas Positives, Objektives, das nicht vernichtet werden kann), nicht Aufhebung des bösen Gewissens,
denn keine Tat kann zur Nichttat werden, sondern durch Liebe
versöhntes Schicksal. Daher die Regel Jesu: «Wenn ihr die Fehler
vergebet, so sind euch die eurigen vom Vater auch vergeben».
Andern verzeihen kann nur die Aufhebung der Feindschaft, die
zurückgekehrte Liebe, und diese ist ganz. Die Verzeihung der
Fehler kommt aus ihr; diese Verzeihung ist nicht ein Fragment,
eine einzelne Handlung. «Richtet nicht, daß ihr nicht gerichtet
werdet; stellt ihr keine Gesetze auf, denn diese gelten auch für
euch». Jesu zuversichtlicher Ausspruch: «Dir sind deine Sünden
vergeben», wo er Glauben und Liebe fand, wie bei Maria Magdalena.

Die Vollmacht, die er seinen Freunden gab, zu binden und zu
lösen, wenn er in ihnen den hohen Glauben an ihn *als* einen
Menschen gefunden hatte, — einen Glauben, der die ganze Tiefe
der Menschennatur gefühlt hatte, — dieser Glaube schließt die
Fähigkeit in sich, andere durchzufühlen und die Harmonie oder
Disharmonie ihres Wesens zu empfinden, ihre Schranken und
ihr Schicksal, ihre Bande zu erkennen.   •

Rückkehr zur Moralität hebt die Sünden und ihre Strafen, das
Schicksal nicht auf. Die Handlung bleibt; im Gegenteil wird sie
nur um so zwingender. Je größer die Moralität, um so tiefer wird
das Unmoralische derselben gefühlt. Die Strafe, das Schicksal wird

nicht aufgehoben, weil die Moralität noch immer eine objektive Macht sich gegenüberstehen hat. Die Aufhebung der Handlung, Schadenersatz ist eine ganz objektive Handlung. *(Lücke der Handschrift)*[3])

... Joh. V, 26. Ὥσπερ γὰρ ὁ πατὴρ ἔχει ζωὴν ἐν ἑαυτῷ ,οὕτως καὶ τῷ υἱῷ ἔδωκεν ζωὴν ἔχειν ἐν ἑαυτῷ .καὶ ἐξουσίαν ἔδωκεν αὐτῷ κρίσιν ποιεῖν ,ὅτι υἱὸς ἀνθρώπου ἐστίν. Jener das Einige, Ungeteilte, Schöne; dieser das Modifizierte, υἱὸς ἀνθρώπου, das Herausgegangene aus der Einigkeit. Darum hat er Macht gegen ein Feindliches, Gegenüberstehendes, das Gericht, ein Gesetz gegen solche, die von ihm abtrünnig sind. Reich der Freiheit und Wirklichkeit. Joh. XII, 36. Ὡς τὸ φῶς ἔχετε, πιστεύετε εἰς τὸ φῶς , ἵνα υἱοὶ φωτὸς γένησθε.

In Matthäus, Markus und Lukas Christus mehr im Gegensatz gegen die Juden, mehr Moral. In Johannes mehr er selbst, seine Beziehung auf Gott und seine Gemeine; mehr religiösen Inhalts. Seine Einheit mit dem Vater und wie seine Anhänger mit ihm und unter sich eins sein sollen. Er ist der Mittelpunkt und das Oberhaupt; wie bei der lebendigsten Vereinigung mehrerer Menschen immer noch Trennung stattfindet, so auch in dieser Vereinigung. Dies das Gesetz der Menschheit; im Ideal das völlig vereinigt, was noch getrennt ist, die Griechen in Nationalgöttern, die Christen in Christo.

a) Moral, b) Liebe, c) Religion. Ich Christus, Reich Gottes, Gestalt desselben unter diesen Umständen. Wunder.

Gesinnung hebt die Positivität der Gebote auf, Liebe die Schranken der Gesinnung, Religion die Schranken der Liebe.

In *der* objektiven *Welt* ist *der Mensch* der Macht entgegengesetzt, die ihn beherrscht, und ist insofern leidend, sofern er tätig ist. Er verhält sich ebenso; es ist ihm ein Leidendes gegenüber. Er ist immer Sklave gegen einen Tyrannen und zugleich Tyrann gegen einen Sklaven. Durch die Gesinnung ist nur das objektive Gesetz aufgehoben, aber nicht die objektive Welt. Der Mensch steht einzeln und die Welt *ihm gegenüber*. Die Liebe knüpft Punkte in Momenten zusammen, aber die Welt, in ihr der Mensch und ihre Beherrschung besteht noch.

In einer positiven Religion der Mensch einerseits bestimmt, Gott der Herrscher; auch sein Entgegengesetztes, Objektives nicht allein, einsam, auch ein Beherrschtes von Gott. Die tyrannische Idee zugleich schützend, denn jeder ist der Liebling seiner Idee: die Idee beherrscht mich, ist gegen mich, aber zugleich in meiner Entgegensetzung gegen die Welt ist sie auf meiner Seite.* Die Beherrschung der Juden vom Tyrannen verschieden, weil der Tyrann ein wirklicher ist; ihr Jehova ein Unsichtbares; der wirkliche Tyrann ist feindselig.

Mit dem objektiven Gesetze fällt ein Teil des Beherrschens und des Beherrschtwerdens weg. Ein Gesetz ist eine Tätigkeit als Wirkung, also bestimmte, beschränkte Tätigkeit, die die Wirkung bei einer eintretenden Bedingung ist, oder vielmehr der Zusammenhang selbst zwischen den Bedingungen und der Tätigkeit als Wirkung. Ist der Zusammenhang notwendig, *so ist er ein* Muß; ist die Möglichkeit der Nichtäußerung der Tätigkeit möglich, ein Sollen. Ist der Zusammenhang so notwendig, keine Freiheit. Dies auf zweierlei Art: der vollständige Grund, d. i. der vollständige Zusammenhang in der Bedingung selbst, lebendige Wirkung, oder nicht in der Bedingung, tot zwischen beiden. Freiheit und Gesetz. a) Tauglichkeit zur Bekämpfung des Gesetzes, b) Mangelhaftigkeit.

Das Objekt der Handlung ist im Positiven nicht der reflektierte Trieb selbst, oder der Trieb als Objekt, sondern ein Fremdes, von dem Triebe Verschiedenes.

Kants praktische Vernunft ist das Vermögen der Allgemeinheit, d. h. das Vermögen auszuschließen; die Triebfeder Achtung; dies Ausgeschlossene in Furcht unterjocht; eine Desorganisation, das Ausschließen eines noch Vereinigten; das Ausgeschlossene ist nicht ein Aufgehobenes, sondern ein Getrenntes, noch Bestehendes. Das Gebot ist zwar subjektiv, ein Gesetz des Menschen, aber ein Gesetz, das anderm in ihm Vorhandenen widerspricht, ein Gesetz, das herrscht. Es gebietet nur die Achtung, ist das Gegenteil des

---

* In der Beherrschung das wirkliche A tätig, das wirkliche B leidend; die Synthese C der Zweck; C eine Idee in A und insofern B ein Mittel; aber auch A das dem C Gehorchende, von C Bestimmte; A ist in Rücksicht auf C beherrscht, in Rücksicht auf B beherrschend; da C zugleich ein Zweck A's, so dient C dem A und beherrscht das B.

Prinzips, dem die Handlung gemäß ist; das Prinzip ist allgemein; Achtung ist dies nicht; die Gebote sind für die Achtung immer ein Gegebenes. Moralität ist Abhängigkeit von mir selbst, Entzweiung in sich selbst. Die Moralität hebt nur das Beherrschtwerden des Ich auf, und damit das Herrschen desselben über Lebendige. Aber dadurch ist das Lebendige noch eine Menge schlechthin Getrennter, Unverbundener und *es bleibt* noch ein unendlich toter Stoff übrig, und diese Vereinzelten bedürfen noch eines Herrschers, eines Gottes, und das moralische Wesen selbst insofern eines Herrschers, insofern es nicht moralisch (nicht: unmoralisch) ist; es ist ein Ruhendes, das keine Gewalt tut und keine leidet, auch wo einem Wesen von einem dritten Gewalt geschieht, nicht abhilft. Die Allgemeinheit ist tot, denn sie ist dem Einzelnen entgegengesetzt, und Leben ist Vereinigung beider.

Die Moralität hebt zugleich die rein positiven Gebote auf, indem sie kein Gesetz anerkennt, als ihr eigenes; aber inkonsequent darin, indem sie doch nicht bloß ein Bestimmendes, sondern ein Bestimmbares ist, also noch unter einer fremden Macht steht. Jesus setzt dem Gebote die Gesinnung gegenüber, d. h. die Geneigtheit, so zu handeln. Eine Neigung ist in sich gegründet, hat ihr idealisches Objekt in sich selbst, nicht in einem Fremden (dem Sittengesetz der Vernunft). Er sagt nicht: «Haltet solche Gebote, weil sie Gebote eures Geistes sind, nicht weil sie euern Voreltern gegeben worden sind, sondern weil ihr sie selbst euch gebt.» So sagt er nicht; er setzt der *pflichtmäßigen* Gesinnung gegenüber die Geneigtheit, so zu handeln. Da eine moralische Handlung beschränkt ist, so ist auch das Ganze, aus dem sie kommt, immer beschränkt und zeigt sich nur in dieser Beschränkung; sie ist aber nur durch ihr Objekt, durch die besondere Art der Trennung, die sie aufhebt, bestimmt; sonst ist innerhalb dieser Grenze ihr Prinzip vollständige Vereinigung. Da aber diese Gesinnung bedingt, beschränkt ist, so ruht sie, und handelt nur, wenn die Bedingung eintritt; dann vereinigt sie. Sie ist also einerseits nur im Handeln sichtbar, in dem, was sie tut; man kann von ihr nicht im vollen Sinne sagen: sie ist, weil sie nicht unbedingt ist. Andererseits ist sie in der Handlung nicht vollständig dar-

gestellt; denn die Handlung zeigt nur die bewirkte objektive Beziehung des bei der Handlung Vorhandenen, nicht die Vereinigung, die das Lebendige ist. Aber weil diese Vereinigung nur
in dieser Handlung ist, so steht sie einzeln und isoliert; es ist
nichts mehr vereinigt worden, als in dieser Handlung geschehen ist.
Ist zugleich ein Streben vorhanden, diese Akte zu verviel-
fältigen, so ist das Prinzip nicht mehr eine ruhende Gesinnung;
ein Bedürfnis des Ganzen, der Vereinigung ist vorhanden, das
Bedürfnis der Liebe, allgemeiner Menschlichkeit. Sie sucht das
Ganze in einer unendlichen Mannigfaltigkeit von Handlungen zu
fassen, dem Beschränkten der einzelnen Handlung durch die
Menge und Vervielfältigung den Schein des ganzen Unendlichen
zu geben. Darum *sind* schöne Seelen, die unglücklich sind, entweder daß sie sich ihres Schicksals bewußt oder daß sie nur nicht
in der ganzen Fülle ihrer Liebe befriedigt sind, so wohltätig. Sie
haben schöne Momente des Genusses, aber auch nur Momente,
und die Tränen des Mitleidens, die Rührung über eine solche
Handlung sind Wehmut über ihre Beschränktheit, oder das hartnäckige Ausschlagen der Annehmung des Dankes, der verborgene
Hochmut *sind* eine Scham über die Mangelhaftigkeit des Zu-
standes; der Wohltäter ist immer größer als der Empfangende.

Jesus trat nicht lange vor der letzten Krise auf, welche die
Gärung der mannigfachen Elemente des jüdischen Schicksals
herbeizog. In dieser Zeit der innern Gärung, der Entwickelung
dieses verschiedenen Stoffes, bis er zu einem Ganzen gesammelt
wird, und offener Krieg entsteht, gingen dem letzten Akte mehrere
partielle Ausbrüche vorher. Menschen von gemeinerer Seele,
aber von starken Leidenschaften, faßten das Schicksal des jüdischen Volkes nur unvollständig auf, und waren also nicht ruhig
genug, weder um leidend sich von seinem Willen forttragen zu
lassen, und nur in der Zeit mit fortzuschwimmen, noch um die
weitere Entwickelung abzuwarten, die nötig gewesen wäre, um
sich eine größere Macht beizugesellen; *so* liefen sie der Gärung
des Ganzen zuvor und fielen ohne Ehre und ohne Wirkung. Jesus
bekämpfte nicht nur einen Teil des jüdischen Schicksals, weil er

nicht von einem andern Teil desselben befangen war, sondern stellte sich dem Ganzen entgegen, war also selbst darüber erhaben und suchte sein Volk darüber zu erheben. Aber solche Feindschaften, als er aufzuheben suchte, können nur durch Tapferkeit überwältigt, nicht durch Liebe versöhnt werden. Auch sein erhabener Versuch, das Ganze des Schicksals zu überwinden, mußte darum in seinem Volke fehlschlagen, und er selbst ein Opfer desselben werden. Weil Jesus sich auf keine Seite des Schicksals geschlagen hatte, so mußte zwar nicht unter seinem Volke, denn dies besaß noch zu viel, aber in der übrigen Welt seine Religion einen so großen Eingang bei Menschen finden, die keinen Anteil mehr an dem Schicksal, gar nichts zu verteidigen oder zu behaupten hatten. Vor dem Geiste Christi *(Lücke der Handschrift)*

.... digen Modifikation der Menschennatur gegründet erkennen mögen, waren ihnen geboten, waren für sie durchaus positiv. — Die Ordnung, in welcher hier den verschiedenen Arten von Gesetzgebung der Juden gefolgt wird, ist also eine ihr fremde, eine gemachte Ordnung, und die Unterschiede kommen erst in sie durch die Art, wie verschieden auf sie reagiert wird.

Geboten, die einen bloßen Dienst des Herrn, eine unmittelbare Knechtschaft, einen Gehorsam ohne Freude, ohne Lust und Liebe verlangten, d. h. den gottesdienstlichen Geboten stellte Jesus das ihnen gerade Entgegengesetzte, einen Trieb, sogar ein Bedürfnis des Menschen gegenüber. Da religiöse Handlungen das Geistigste, das Schönste, dasjenige sind, was auch die durch die Entwickelung notwendigen Trennungen noch zu vereinigen strebt, und die Vereinigung im Ideal als völlig seiend, der Wirklichkeit nicht entgegengesetzt darzustellen, also in einem Tun sie auszudrücken, zu bekräftigen sucht, so sind religiöse Handlungen, wenn ihnen jener Geist der Schönheit mangelt, die leerste, die sinnloseste Knechtschaft*, und über diese ist die Befriedigung des gemeinsten menschlichen Bedürfnisses erhaben, weil in ihm doch das Gefühl oder die Erhaltung eines wenn auch leeren Seins liegt. Daß die höchste Not Heiliges verletzt, ist ein identischer Satz,

---

* Ein Bewußtsein seiner Vernichtung fordert ein Tun, in dem der Mensch sein Nichtsein, seine Passivität ausdrückt.

denn die Not ist ein Zustand des Zerrissenseins und eine ein
heiliges Objekt verletzende Handlung ist die Not in Handlung.
Aber durch eine unbedeutende Handlung ein heiliges Objekt zu
entweihen, kann nur aus der Verachtung desselben entspringen,
und eine geringe Ehrfurcht wird sich die Äußerung eines Einfalls
oder einer Willkür *nicht* versagen. Der Kontrast zwischen der
Heiligkeit eines Objekts oder Gebotes und die Entweihung desselben wird desto größer, je geringer die Not, je größer die Willkür in der Entweihung war.

In der Not wird entweder der Mensch zum Objekt gemacht
und unterdrückt oder *er* muß die Natur zu einem Objekt machen
und unterdrücken. Nicht nur die Natur ist heilig; es kann auch
Heiliges geben, das an sich Objekt ist, nicht nur wenn *Objekte*
selbst Darstellungen eines viele vereinigenden Ideals sind, sondern
auf irgend eine Art mit diesem in Beziehung stehen, zu ihm gehören. Die Not kann die Entweihung eines solchen heiligen
Dinges gebieten; aber es ohne Not zu verletzen, ist Mutwille,
wenn das, worin ein Volk vereinigt ist, zugleich ein Gemeinsames,
ein Eigentum aller ist. Denn alsdann ist die Verletzung des
Heiligtums zugleich eine ungerechte Verletzung des Rechtes aller.
Der fromme Eifer, der Tempel und Altäre eines fremden Gottesdienstes zerbricht, seine Priester verjagt, entweiht gemeinsame
und allen gehörige Heiligtümer. Aber ist ein Heiliges nur insofern alle vereinigend, als alle entsagen, als alle dienen, so nimmt
hieran jeder, der sich von anderen trennt, sein Recht wieder auf,
und die Verletzung eines solchen heiligen Dinges oder Gebotes
ist in Rücksicht der andern nur insofern eine Störung, als der
Gemeinschaft mit ihnen entsagt und der willkürliche Gebrauch
seiner Sache, sei dies seine Zeit oder was es ist, wieder vindiziert
wird. Um so geringer aber ein solches Recht und die Aufopferung desselben ist, um so weniger wird *der* Mensch darüber
seinen Mitbürgern in dem, was ihnen das Höchste ist, sich entgegensetzen, die Gemeinschaft mit ihnen im innigsten Punkte
der Verknüpfung zerreißen wollen, nur wenn das Ganze der Gemeinschaft ein Gegenstand der Verachtung ist; und da Jesus aus
der ganzen Existenz seines Volkes heraustrat, so fiel diese Art von
Schonung weg, mit der ein Freund sich in Gleichgültigkeiten

gegen den beschränkt, mit dem er sonst ein Herz und eine Seele ist, und um einer jüdischen Heiligkeit willen versagte er *sich* nicht, schob nicht einmal die Befriedigung eines sehr gemeinen Bedürfnisses, einer Willkür auf, sondern ließ darin seine Trennung von seinem Volk, seine ganze Verachtung gegen die Knechtschaft unter objektiven Geboten lesen.

Seine Begleiter gaben den Juden durch das Ausraufen der Ähren am Sabbat ein Ärgernis. Der Hunger, der sie dazu trieb, konnte in jenen Ähren keine große Befriedigung finden. Die Ehrfurcht für den Sabbat hätte diese geringe Befriedigung wohl um die Zeit aufschieben können, die sie bis zu einem Orte zu kommen brauchten, wo sie zubereitete Speise finden konnten. Jesus hält den Pharisäern, die jene unerlaubte Handlung rügten, die Handlung Davids *entgegen* (Matth. XII); David hatte in der äußersten Not nach den Schaubroten gegriffen. Er führte auch die Entweihung des Sabbats durch priesterliche Geschäfte an; allein sie sind gesetzlich und keine Entweihung desselben. Am gleichen Tage heilt Jesus eine verdorrte Hand. Die eigne Handlungsart der Juden in Ansehung eines in Gefahr sich befindenden Viehs bewies ihnen zwar, wie Davids Verbrauch der heiligen Brote oder die Geschäfte der Priester am Sabbat, daß ihnen selbst die Heiligkeit dieses Tages nicht absolut gelte, daß sie selbst etwas Höheres als die Beobachtung dieses Gebotes kennen; aber auch in dem Falle, den er hier den Juden entgegenhält, ist ein Notfall, und die Not tilgt die Schuld; das Tier, das in den Brunnen fällt, erfordert augenblickliche Hilfe; ob aber jener Mann auch noch bis zum Untergang der Sonne den Gebrauch seiner Hand entbehrte, war ganz gleichgültig. Die Handlung Jesu drückte die Willkür aus, einige Stunden früher diese Handlung zu verrichten und das Primat einer solchen Willkür über ein Gebot, das von der höchsten Autorität ausgeht; und indem er auf einer Seite das Vergehen selbst durch die Bemerkung vergrößert, daß die Priester nur im Tempel den Sabbat entweihen, hier aber noch mehr sei, die Natur heiliger sei als der Tempel, so erhebt er auf der anderen Seite im allgemeinen die für die Juden götterlose unheilige Natur über ihren Ort, *über die* Beschränkung der Welt, die mit Gott in Beziehung stehe, auf einen einzigen, von den Juden gemachten

Ort. Unmittelbar aber setzt er der Heiligung einer Zeit den Menschen entgegen, und erklärt jene für niedriger als eine gleich-
gültige Befriedigung eines menschlichen Bedürfnisses. Dem Gebrauch des Händewaschens vor dem Brotessen setzt Jesus (Matth.
XV, 2) die ganze Subjektivität des Menschen entgegen und über
die Knechtschaft gegen ein Gebotenes, die Reinheit oder Unreinheit eines Objekts, die Reinheit oder Unreinheit des Herzens.
Er macht die unbestimmte Subjektivität, den Charakter zu einer
ganz andern Sphäre, die mit der pünktlichen Befolgung objektiver
Gebote gar nichts gemein habe.

Anders als gegen die rein objektiven Gebote, denen Jesus etwas
ganz Fremdes, das Subjektive im allgemeinen entgegenhielt, verhielt sich Jesus gegen diejenigen Gesetze, die wir nach verschiedener Rücksicht entweder moralische oder bürgerliche Gebote
nennen, [welche insofern subjektiv sind, als sie in einer Tätigkeit
des menschlichen Wesens, in einer seiner Kräfte gegründet sind.
Alle bürgerlichen Gesetze sind zugleich moralische, und sie unterscheiden sich von den rein moralischen, die nicht fähig sind,
bürgerliche Gesetze zugleich zu werden, dadurch, daß sie ihre
Bed]. Da sie natürliche Beziehungen der Menschen in der Form
von Geboten ausdrücken, so besteht die Verirrung in Ansehung
derselben darin, wenn sie entweder ganz oder zum Teil objektiv
werden. Da Gesetze Vereinigungen Entgegengesetzter in einem
Begriffe, der sie also als entgegengesetzt läßt, sind, der Begriff
aber selbst in der Entgegensetzung gegen Wirkliches besteht, so
drückt er ein Sollen aus. Insofern der Begriff nicht seinem Inhalte nach, sondern seiner Form nach, daß er Begriff *ist,* vom
Menschen gemacht und gefaßt ist, ist das Gebot moralisch; insofern bloß auf den Inhalt gesehen wird, als die bestimmte Vereinigung bestimmter Entgegengesetzter und das Sollen also nicht von
der Eigenschaft des Begriffs stammt, sondern durch fremde Macht
-behauptet wird, insofern ist das Gebot bürgerlich. Weil bei der
letzteren Rücksicht die Vereinigung der Entgegengesetzten nicht
begriffen, nicht subjektiv ist, so enthalten bürgerliche Gesetze die
Grenze der Entgegensetzung mehrerer Lebendiger; die rein moralischen aber bestimmen die Grenze der Entgegensetzung in
einem Lebendigen; also jene die Entgegensetzung Lebendiger

gegen Lebendige, diese die Entgegensetzung einer Seite, einer Kraft eines Lebendigen gegen andre Seiten, andre Kräfte ebendesselben Lebendigen, und eine Kraft dieses Wesens ist insofern herrschend gegen eine andre Kraft desselben.

Rein moralische Gesetze, die nicht fähig sind, bürgerliche zu werden, d. h. in denen die Entgegengesetzten und die Vereinigung nicht die Form Fremder haben können, wären solche, welche die Einschränkung solcher Kräfte betreffen, deren Tätigkeit nicht eine Tätigkeit, eine Beziehung gegen andre Menschen ist. Die Gesetze, wenn sie als bloße bürgerliche Gebote wirksam sind, sind positiv, *aber* weil sie ihrer Materie nach moralischen gleich sind, oder weil die Vereinigung Objektiver im Begriff auch eine nicht objektive voraussetzt, oder eine solche werden kann, so wäre es die Aufhebung der Form der bürgerlichen Gesetze, wenn sie zu moralischen gemacht *würden,* wenn ihr Soll nicht der Befehl einer fremden Macht, sondern die Folge des eignen Begriffes, Achtung für die Pflicht ist. Aber auch diejenigen moralischen Gebote, die nicht fähig sind, bürgerliche zu werden, können dadurch objektiv werden, daß die Vereinigung (oder Einschränkung) nicht selbst als Begriff, als Gebot wirkt, sondern *als ein* der eingeschränkten Kraft Fremdes, obzwar auch Subjektives. [Solche Gesetze sind ihrer Natur nach zum Teil positiv, da sie nur die Reflexion über eine einseitige, den übrigen fremde Kraft sind und also diese übrigen durch jene entweder ausgeschlossen oder beherrscht sind. Sie können aber auch durchaus positiv werden, wenn sie nicht einmal als eine Kraft des Menschen, sondern durchaus als eine fremde Macht wirken, wenn der Mensch diesen Herrn nicht einmal in sich, sondern durchaus außer sich hat.] Diese Art von Objektivität könnte nur aufgehoben werden durch Wiederherstellung des Begriffs selbst und der Beschränkung der Tätigkeit durch ihn.

Auf diese Art könnte man erwarten, daß Jesus gegen die Positivität moralischer Gebote, gegen bloße Legalität gearbeitet hätte, daß er gezeigt hätte, das Gesetzliche sei ein Allgemeines und seine ganze Verbindlichkeit liege in seiner Allgemeinheit, weil zwar einesteils jedes Sollen, jedes Gebotene als ein Fremdes sich ankündigt, andernteils aber der Begriff (die Allgemeinheit) ein Subjektives ist, wodurch es als Produkt einer menschlichen Kraft, des Vermögens des Allgemeinen, der Vernunft, Objektivität, Positivität, Heteronomie verliert und das Gebotene *als* in einer Autonomie des menschlichen Willens gegründet sich darstellt. Durch diesen Gang ist aber die Positivität nur zum Teil weggenommen, [denn das Pflichtgebot ist eine Allgemeinheit, die dem Besonderen entgegengesetzt bleibt], und zwischen dem tungusischen Schamanen mit dem Kirche und Staat regierenden europäischen Prälaten oder dem Mogulitzen und zwischen dem seinem Pflichtgebot gehorchenden Puritaner ist nicht der Unterschied, daß jene sich zu Knechten machten, dieser frei wäre, sondern daß jene den Herrn außer sich, dieser aber den Herrn in sich trägt.[4])

Ein Mann, der den Menschen in seiner Ganzheit wieder herstellen wollte, konnte einen solchen Weg unmöglich einschlagen, der der Zerrissenheit der Menschen nur einen hartsinnigen Dünkel zugesellt. Im Geiste der Gesetze handeln konnte ihm nicht heißen, aus Achtung für die Pflicht mit Widerspruch der Neigungen handeln; denn beide Teile des Geistes (man kann bei diesem Zerrissensein des Gemüts nicht anders sprechen) befänden sich ja eben dadurch gar nicht im Geiste, sondern gegen den Geist der Gesetze, der eine, weil er ein Ausschließendes, also von sich selbst Beschränktes, der andere, weil er ein Unterdrücktes ist, zugleich aber sein eigner Knecht ist. Für das Besondere, Triebe, Neigungen, pathologische Liebe, Sinnlichkeit, oder wie man es nennt, ist das Allgemeine notwendig und ewig ein Fremdes, ein Objektives; es bleibt eine unzerstörbare Positivität übrig, die vollends dadurch empörend wird, daß der Inhalt, den das allgemeine Pflichtgebot erhält, eine bestimmte Pflicht, den Widerspruch, eingeschränkt und allgemein zugleich zu sein, enthält und um der Form der Allgemeinheit willen für ihre Einseitigkeit die härtesten Prätensionen macht. Wehe den menschlichen Beziehungen, die nicht gerade im Begriffe der Pflicht sich befinden, der, so wie er nicht bloß der leere Gedanke der Allgemeinheit ist, sondern in Handlung sich darstellen soll, alle andere Beziehungen ausschließt oder beherrscht.

Unmittelbar gegen Gesetze gekehrt zeigt sich dieser über Moralität erhabene Geist in der Bergpredigt, die ein durch mehrere

Beispiele von Gesetzen durchgeführter Versuch ist, den Gesetzen das Gesetzliche, die Form von Gesetzen zu benehmen, der nicht Achtung für dieselben predigt, sondern dasjenige aufzeigt, was sie erfüllt, aber als Gesetze aufhebt, und also etwas Höheres ist als der Gehorsam gegen dieselben und sie entbehrlich macht. [Er erklärt gleich anfangs, daß in dem Reiche, das er zu stiften gekommen sei, und dessen Ideal er den Juden hier vorhalte, alles das geschehen müsse, was die Gesetze fordern, aber seine Absicht sei, das Mangelhafte auszufüllen, das allem anklebe, was die Form von Gesetzen hat; er fordre eine Gerechtigkeit von seinen Freunden, die vollständiger, in welcher mehr sei, als in der Gerechtigkeit der Pharisäer.]

Da die Pflichtgebote eine Trennung voraussetzen und die Herrschaft des Begriffs in einem Sollen sich ankündigt, so ist dagegen dasjenige, was über diese Trennung erhaben ist, ein Sein, eine Modifikation des Lebens, welche nur in Ansehung des Objekts betrachtet ausschließend, also beschränkt ist, indem die Ausschließung nur durch die Beschränktheit des Objekts gegeben ist und nur dasselbe betrifft. Wenn Jesus auch das, was er den Gesetzen entgegen — und über sie setzt, als Gebote ausdrückt, (Meinet nicht, ich wolle das Gesetz aufheben; euer Wort sei *ja, ja, nein, nein;* ich sage euch nicht zu widerstehen, usw.; liebe Gott und deinen Nächsten) so ist diese Wendung in einem ganz andern Sinne Gebot, als das Sollen des Pflichtgebots. Es ist nur die Folge davon, daß das Lebendige gedacht, ausgesprochen, in der ihm fremden Form des Begriffs gegeben wird, da hingegen das Pflichtgebot seinem Wesen nach als ein Allgemeines ein Begriff ist. Und wenn so das Lebendige in der Form eines Reflektierten, Gesagten gegen Menschen erscheint, so hatte Kant sehr unrecht, diese zum Lebendigen nicht gehörige Art des Ausdrucks: «Liebe Gott über alles und deinen Nächsten als dich selbst» als ein Gebot anzusehen, welches Achtung für ein Gesetz fordert, das Liebe befiehlt. Auf dieser Verwechselung des Pflichtgebots, *welches* in der Entgegensetzung des Begriffs und des Wirklichen besteht, und der ganz außerwesentlichen Art, das Lebendige auszusprechen, beruht seine tiefsinnige Zurückführung dessen, was er ein Gebot nennt (Liebe Gott über alles und deinen Nächsten als dich selbst) auf sein

Pflichtgebot. Und seine Bemerkung, daß Liebe, oder in der Bedeutung, die er dieser Liebe geben zu müssen meint, (alle Pflichten
gerne ausüben) nicht geboten werden könne, fällt von selbst hin-
weg, weil in der Liebe aller Gedanke von Pflichten wegfällt. Und
auch die Ehre, die er jenem Ausspruch Jesu dagegen wieder
angedeihen läßt, ihn als das von keinem Geschöpfe erreichbare
Ideal der Heiligkeit anzusehen, ist ebenso überflüssig verschwendet;
denn ein solches Ideal, in dem die Pflichten als gerne getan vorgestellt würden, ist in sich selbst widersprechend, weil Pflichten
eine Entgegensetzung und das Gerntun keine Entgegensetzung
forderten und er kann diesen Widerspruch ohne Vereinigung in
seinem Ideal ertragen, indem er die vernünftigen Geschöpfe (eine
sonderbare Zusammenstellung) jenes Ideal zu erreichen für unfähig erklärt. [5])

Jesus fängt die Bergpredigt mit einer Art von Paradoxen an, in
denen seine volle Seele gegen die Menge erwartender Zuhörer
sogleich unzweideutig erklärt, daß sie von ihm etwas ganz Fremdes, einen andern Genius, eine andre Welt zu erwarten haben.
Es sind Schreie, in denen er sich begeistert von der gemeinen
Schätzung von Tugend entfernt, begeistert ein andres Recht und
Licht, eine andre Region des Lebens ankündigt, deren Beziehung
auf die Welt nur die sein könne, von dieser gehaßt und verfolgt
zu werden. In diesem Himmelreiche zeigt er ihnen aber nicht
die Auflösung der Gesetze, sondern sie müssen durch eine Gerechtigkeit erfüllt werden, die eine andere, vollständigere sei als die
Gerechtigkeit der Pflicht, eine Ausfüllung des Mangelhaften der
Gesetze. Er zeigt hierauf dies Ausfüllende an mehreren Gesetzen.
(Lücke der Handschrift)
. . . werden: Du sollst lieben; die Liebe selbst spricht dein
Sollen aus; sie ist kein einer Besonderheit entgegengesetztes Allgemeines, nicht eine Einheit des Begriffs, sondern Einigkeit des
Geistes, Göttlichkeit; Gott lieben ist sich im All des Lebens,
schrankenlos im Unendlichen fühlen. In diesem Gefühle der
Harmonie ist freilich keine Allgemeinheit; denn in der Harmonie
ist das Besondere nicht widerstreitend, sondern einklingend, sonst
wäre keine Harmonie; und liebe deinen Nächsten als dich selbst
heißt nicht, ihn so sehr lieben als sich selbst, denn sich selbst

lieben ist ein Wort ohne Sinn, sondern liebe ihn als *einen*, der du *selbst* ist, im Gefühl des gleichen, nicht mächtigern, nicht schwächern Lebens.

Erst durch die Liebe wird die Macht des Objektiven gebrochen, denn durch sie wird dessen ganzes Gebiet gestürzt; die Tugenden setzten durch ihre Grenzen außerhalb derselben immer noch ein Objektives, und die Vielheit der Tugenden eine um so größere Mannigfaltigkeit des Objektiven. Nur die Liebe hat keine Grenze; was sie nicht vereinigt hat, ist ihr nicht objektiv; sie hat es übersehen oder noch nicht entwickelt; es steht ihr nicht gegenüber. [Der Lieblosigkeit der Juden konnte Jesus nicht geradezu die Liebe entgegenstellen, denn die Lieblosigkeit als etwas Negatives muß sich notwendig in einer Form zeigen, und diese Form ist *ein* Positives, ist Gesetz und Recht; in dieser rechtmäßigen Gestalt tritt sie auch immer auf, so in der Geschichte der Maria Magdalena, im Munde Simons: Wäre dieser ein Prophet, so würde er wissen, daß diese eine Sünderin ist; so finden die Pharisäer es unschicklich, daß er mit Zöllnern und Sündern umgeht.]

Der Abschied, den Jesus von seinen Freunden nahm, war die Feier eines Mahls der Liebe. Liebe ist noch nicht Religion, dieses Mahl also auch keine eigentlich religiöse Handlung: denn nur eine durch Einbildungskraft objektivierte Vereinigung in Liebe kann Gegenstand einer religiösen Verehrung sein; bei einem Mahl der Liebe aber lebt und äußert sich die Liebe selbst; und alle Handlungen dabei sind nur Ausdrücke der Liebe. Die Liebe selbst ist nur als Empfindung vorhanden, nicht zugleich als Bild; das Gefühl und die Vorstellung desselben sind nicht durch Phantasie vereinigt. Aber bei dem Mahle der Liebe kommt doch auch Objektives vor, an welches die Empfindung geknüpft, aber nicht in ein Bild vereinigt ist, und darum schwebt dieses Essen zwischen einem Zusammenessen der Freundschaft und einem religiösen Akt, und dieses Schweben macht es schwer, seinen Geist deutlich zu bezeichnen.

Jesus brach das Brot: «Nehmet hin, dies ist mein Leib, für euch gegeben, tut's zu meinem Gedächtnis.» Desgleichen nahm er den Kelch: «Trinket alle daraus, es ist mein Blut des neuen

Testaments, für euch und für viele zur Vergebung der Sünden vergossen; tut dies zu meinem Gedächtnis!»

Wenn ein Araber eine Tasse Kaffee mit einem Fremden getrunken hat, so hat er damit seinen Freundschaftsbund mit ihm gemacht; diese gemeinschaftliche Handlung hat sie verknüpft, und durch diese Verknüpfung ist der Araber zu aller Treue und Hülfe mit ihm verbunden. Das gemeinschaftliche Essen und Trinken ist hier nicht das, was man ein Zeichen nennt. Die Verbindung zwischen Zeichen und Bezeichnetem ist nicht selbst geistig, Leben; es ist ein objektives Band; Zeichen und Bezeichnetes sind einander fremd und ihre Verbindung ist außer ihnen nur in einem Dritten und eine gedachte. Mit jemand essen und trinken ist ein Akt der Vereinigung, eine gefühlte Vereinigung selbst, nicht ein konventionelles Zeichen. Es wird gegen die Empfindung natürlicher Menschen sein, die Feinde sind, ein Glas Wein miteinander zu trinken; dem Gefühl der Gemeinschaft in dieser Handlung würde ihre sonstige Stimmung gegeneinander widersprechen.

Das gemeinschaftliche Nachtessen Jesu und seiner Jünger ist an sich schon ein Akt der Freundschaft. Noch verknüpfender ist das feierliche Essen vom gleichen Brote, das Trinken aus dem gleichen Kelche; auch dies ist nicht ein bloßes Zeichen der Freundschaft, sondern ein Akt, eine Empfindung der Freundschaft selbst, des Geistes der Liebe. Aber das Weitere, die Erklärung Jesu: «Dies ist mein Leib, dies ist mein Blut», nähert die Handlung einer religiösen, aber macht sie nicht dazu. Diese Erklärung und die damit verbundene Handlung der Austeilung der Speise und des Trankes macht die Empfindung zum Teil objektiv; die Gemeinschaft mit Jesu, ihre Freundschaft gegeneinander und die Vereinigung derselben in ihrem Mittelpunkte, ihrem Lehrer, wird nicht bloß gefühlt, sondern, indem Jesus das an alle auszuteilende Brot und Wein seinen für sie gegebenen Leib und Blut nennt, so ist die Vereinigung nicht mehr bloß empfunden, sondern sie ist sichtbar geworden; sie wird nicht nur in einem Bilde, einer allegorischen Figur vorgestellt, sondern an ein Wirkliches geknüpft, in einem Wirklichen, dem Brote, gegeben und genossen. Einerseits wird also die Empfindung objektiv, andererseits aber ist dies Brot und Wein und die Handlung des Austeilens zugleich nicht bloß objektiv; es ist mehr in ihr, als gesehen wird; sie ist eine mystische Handlung. Der Zuschauer, der ihre Freundschaft nicht gekannt und die Worte Jesu nicht verstanden hätte, hätte nichts gesehen als das Austeilen von etwas Brot und Wein und das Genießen derselben; sowie, wenn scheidende Freunde einen Ring brachen, und jeder ein Stück behielt, der Zuschauer nichts sieht, als das Zerbrechen eines brauchbaren Ringes und das Teilen in unbrauchbare, wertlose Stücke; das Mystische der Stücke hat er nicht gefaßt.

So ist, objektiv betrachtet, das Brot bloßes Brot, der Wein bloßer Wein; aber beide sind auch noch mehr. Dieses Mehr hängt nicht mit den Objekten als eine Erklärung, durch ein bloßes Gleichwie, zusammen: «Gleichwie die vereinzelten Stücke, die ihr esset, von einem Brot, der Wein, den ihr trinket, aus dem gleichen Kelche ist, so seid ihr zwar Besondere, aber in der Liebe, im Geiste, eins; — gleichwie ihr alle teilnehmet an diesem Brot und Wein, so nehmet ihr auch alle an meiner Aufopferung teil», oder welche Gleichwies man darin finden mag. Der Zusammenhang des Objektiven und des Subjektiven, des Brotes und der Personen ist nicht der Zusammenhang des Verglichenen mit dem Gleichnis, der Parabel, in welcher das Verschiedene, Verglichene als geschieden, als getrennt aufgestellt wird, und nur Vergleichung, das Denken der Gleichheit Verschiedener gefordert wird. Denn in dieser Verbindung fällt die Verschiedenheit weg, also auch die Möglichkeit der Vergleichung. In der Parabel ist die Forderung nicht, daß die verschiedenen Zusammengestellten in Eins gefaßt würden; hier aber soll das Ding und die Empfindung sich verbinden. Die Heterogenen sind aufs innigste verknüpft. In dem Ausdruck (Joh. VI, 56): «Wer mein Fleisch ißt und mein Blut trinkt, bleibt in mir und ich in ihm», oder (Joh. X, 7): «Ich bin die Türe» und ähnlichen harten Zusammenstellungen muß in der Vorstellung das Verbundene notwendig in verschiedene Verglichene getrennt und die Verbindung als eine Vergleichung angesehen werden. Hier aber werden (wie die mystischen Stücke des Rings) Wein und Brot mystische Objekte, indem Jesus sie seinen Leib und Blut nennt und ein Genuß, eine Empfindung unmittelbar sie begleitet. Er zerbrach das Brot, gab es seinen

Freunden: «Nehmet, esset; dies ist mein Leib, für euch hinge-
geben»; so auch den Kelch: «Trinket alle daraus; dies ist mein
Blut, das Blut des neuen Bundes, über viele ausgegossen zur Er-
lassung der Sünden. Nicht nur der Wein ist Blut, auch das Blut
ist Geist, der gemeinschaftliche Becher, das gemeinschaftliche
Trinken der Geist eines neuen Bundes, der viele durchdringt, in
welchem viele Leben zur Erhebung über ihre Sünden trinken
und von diesem Gewächs des Weinstocks werde ich nicht mehr
trinken bis auf jenen Tag der Vollendung, wenn ich ein neues
Leben in dem Reiche meines Vaters mit euch trinken werde.»
Der Zusammenhang des ausgegossenen Blutes und der Freunde
Jesu ist nicht, daß es als ein ihnen Objektives zu ihrem Besten,
zu einem Nutzen für sie vergossen wäre, sondern (wie im Ausdruck: wer mein Fleisch ißt und mein Blut trinkt) ist das Verhältnis des Weins zu ihnen, den alle aus demselben Kelche
trinken, der für alle, und derselbe ist. Sie sind alle Trinkende,
ein gleiches Gefühl ist in allen, vom gleichen Geiste der Liebe
sind alle durchdrungen. Wäre ein aus einer Hingebung des Leibes
und Vergießung des Blutes entstandener Vorteil, Wohltat dasjenige, worin sie gleichgesetzt wären, so wären sie in dieser Rücksicht nur im gleichen Begriffe vereinigt. Indem sie aber das Brot
essen und den Wein trinken, sein Leib und sein Blut in sie über-
geht, so ist Jesus in allen und sein Wesen hat sie göttlich, als
Liebe, durchdrungen. So ist das Brot und der Wein nicht bloß
für den Verstand ein Objekt, die Handlung des Essens und Trinkens nicht bloß eine durch Vernichtung derselben mit sich ge-
schehene Vereinigung, noch die Empfindung ein bloßer Geschmack der Speise und des Trankes; der Geist Jesu, in dem seine
Jünger eins *sind,* ist für das äußere Gefühl, als Objekt gegenwärtig, ein Wirkliches geworden.
    Aber die objektiv gemachte Liebe, dies zur Sache gewordene
Subjektive kehrt zu seiner Natur wieder zurück, wird im Essen
wieder subjektiv. Diese Rückkehr kann etwa in dieser Rücksicht
mit dem im geschriebenen Worte zum Dinge gewordenen Gedanken verglichen werden, der aus einem Toten, einem Objekte,
im Lesen seine Subjektivität wieder erhält. Die Vergleichung
wäre treffender, wenn das geschriebene Wort aufgelesen *würde,*

durch das Verstehen als Ding verschwände, so wie im Genusse
des Brotes und Weines von diesen mystischen Objekten nicht
bloß die Empfindung erweckt, der Geist lebendig wird, sondern
sie selbst als Objekte verschwinden. Und so scheint die Handlung
reiner, ihrem Objekte gemäßer, indem sie nur Geist, nur Empfindung gibt, und dem Verstande das Seinige raubt, die Materie,
das Seelenlose zernichtet. Wenn Liebende vor dem Altar der
Göttin der Liebe opfern und das betende Ausströmen ihres Gefühls ihr Gefühl zur höchsten Flamme begeistert, so ist die Göttin
selbst in ihre Herzen eingekehrt, aber das Bild von Stein bleibt
immer vor ihnen stehen, da hingegen im Mahl der Liebe das
Körperliche vergeht und nur lebendige Empfindung vorhanden ist.

Aber gerade diese Art von Objektivität, die ganz aufgehoben
wird, indem die Empfindung bleibt, diese Art mehr einer objektiven Vermischung als einer Vereinigung, daß die Liebe in etwas
sichtbar, an etwas geheftet wird, das zernichtet werden soll, —
ist es, was die Handlung nicht zu einer religiösen werden ließ.
Das Brot soll gegessen, der Wein getrunken werden; sie können
darum nichts Göttliches sein. Was sie auf der einen Seite voraus
haben, daß die Empfindung, die an sie geheftet ist, wieder von
ihrer Objektivität zu ihrer Natur gleichsam zurückkehrt, das
mystische Objekt wieder zu einem bloß Subjektiven wird, das
verlieren sie eben dadurch, daß die Liebe durch sie nicht objektiv
genug wird. Etwas Göttliches kann nicht, indem es göttlich ist,
in der Gestalt eines zu Essenden und zu Trinkenden vorhanden
sein. [Der Moment der Göttlichkeit könnte nur augenblicklich
sein, so lange die Phantasie die schwere Aufgabe erfüllen kann,
in dem Dinge die Liebe festzuhalten, und in ihrem Anschauen ist
man zugleich von dem Gefühl ewiger Jugendkraft und der Liebe
durchdrungen.] Es ist immer zweierlei vorhanden, der Glaube
und das Ding, die Andacht und das Sehen oder Schmecken.
Im Glauben ist der Geist gegenwärtig, *in* dem Sehen oder
Schmecken das Brot und Wein; es gibt keine Vereinigung für
sie. In der symbolischen Handlung soll das Essen und Trinken
und das Gefühl des Einsseins in Jesu Geist zusammenfließen.
Aber das Ding und die Empfindung, der Geist und die Wirklichkeit vermischen sich nicht. Die Phantasie kann sie nie in e i n e m

7*

Schönen zusammenfassen; das angeschaute und genossene Brot
und Wein können nie die Empfindung der Liebe erwecken, und
diese Empfindung kann sich nie weder in ihnen als angeschauten
Objekten finden, so wie sie auch dem Gefühl des wirklichen Auf-
nehmens in sich, ihres Subjektivwerdens, des Essens und Trinkens
widerspricht. In einem Apoll, einer Venus muß man wohl den
Marmor, den zerbrechlichen Stein vergessen, und sieht in ihrer
Gestalt nur die Unsterblichen. Aber reibt die Venus, den Apoll
zu Staub und sprecht: Dies ist Apoll, dies Venus; so ist wohl vor
mir der Staub und das Bild der Götter in mir; aber der Staub und
das Göttliche treten nimmer in Eins zusammen. Das Verdienst
des Staubes bestand in seiner Form, dieses ist verschwunden, er
ist jetzt die Hauptsache; das Verdienst des Brotes bestand in seinem
mystischen Sinne, aber zugleich in seiner Eigenschaft, daß es
Brot, eßbar ist; auch in der Verehrung soll es als Brot vorhanden
sein. Vor dem zu Staube geriebenen Apoll bleibt die Andacht,
aber sie kann sich nicht an den Staub wenden. Der Staub kann
an die Andacht erinnern, aber nicht *sie* auf sich ziehen. Es entsteht ein Bedauern; dies ist die Empfindung dieser Scheidung,
dieses Widerspruchs, wie die Traurigkeit bei der Unvereinbarkeit
des Leichnams und die Vorstellung der lebendigen Kräfte. Der
Verstand widerspricht der Empfindung, die Empfindung dem
Verstande; für die Einbildungskraft, in welcher beide aufgehoben
sind, ist nichts zu tun; sie hat hier kein Bild, worin sich Anschauung und Gefühl vereinigten.

Nach dem Nachtmahl der Jünger entstand ein Kummer wegen
des bevorstehenden Verlustes ihres Meisters; aber nach echt
religiöser Handlung ist die ganze Seele befriedigt, und nach dem
Genusse des Abendmahls unter den jetzigen Christen entsteht ein
andächtiges Staunen ohne Heiterkeit oder mit einer wehmütigen
Heiterkeit, denn die geteilte Spannung der Empfindung und der
Verstand waren einseitig, die Andacht unvollständig. Es war
etwas Göttliches versprochen und es ist im Munde zerronnen.

(Lücke der Handschrift) welchem Zwecke denn alles Übrige
dient, nichts im Kampfe mit diesem, in gleichem Rechte steht;

wie z. B. Abraham sich und seine Familie und nachher sein Volk, oder die ganze Christenheit sich zum Endzweck setzt. Aber je weiter dieses Ganze ausgedehnt, je mehreres in die Gleichheit der Abhängigkeit versetzt wird, wenn der Kosmopolit das ganze Menschengeschlecht in seinem Ganzen begreift, so kommt von der Herrschaft über die Objekte und von der Gunst des regierenden Wesens desto weniger auf einen. Jeder Einzelne verliert um so mehr an seinem Wert, an seinen Ansprüchen, seiner Selbständigkeit, denn sein Wert war der Anteil an der Herrschaft. Ohne den Stolz, der Mittelpunkt der Dinge zu sein, ist ihm der Zweck des kollektiven Ganzen das Höchste und er verachtet sich als einen so kleinen Teil, wie alle Einzelne.

Weil diese Liebe um des Toten willen nur mit Stoff umgeben, der Stoff an sich ihr gleichgültig ist, und ihr Wesen darin besteht, daß der Mensch in seiner innersten Natur ein Entgegengesetztes, Selbständiges ist, daß ihm alles Außenwelt ist, welche also so ewig ist als er selbst, so wechseln zwar seine Gegenstände, aber sie fehlen ihm nie; so gewiß er ist, sind sie und seine Gottheit. Daher seine Beruhigung bei Verlust und sein gewisser Trost, daß der Verlust ihm ersetzt werde, weil er ihm ersetzt werden kann.

Die Materie ist auf diese Art für den Menschen absolut; aber freilich, wenn er selbst nimmer wäre, so wäre auch nichts mehr für ihn, und warum müßte er auch sein? Daß er sein möchte, ist sehr begreiflich; denn außer seiner Sammlung von Beschränktheiten, seinem Bewußtsein liegt nicht die in sich vollendete, ewige Vereinigung, [sondern] nur das dürre Nichts; aber in diesem sich zu denken kann freilich der Mensch nicht ertragen. Er ist nur als Entgegengesetztes; das Entgegengesetzte ist sich gegenseitig Bedingung und Bedingtes; er muß sich außer seinem Bewußtsein denken. Weder ein Bedingtes ohne ein Bestimmendes und umgekehrt; keins ist unbedingt, keins trägt die Wurzel seines Wesens in sich; jedes ist nur relativ notwendig; das eine ist für das andere, und also auch für sich, nur durch eine fremde Macht; das andere ist ihm durch ihre Gunst und Gnade zugeteilt; es ist überall in einem Fremden ein unabhängiges Sein, von welchem Fremden dem Menschen alles geschenkt ist, und dem er sich und [seine]

Unsterblichkeit zu danken haben muß, um welche er mit Zittern und Zagen bettelt.

Wahre Vereinigung, eigentliche Liebe findet nur unter Lebendigen statt, die an Macht sich gleich und also durchaus füreinander Lebendige, von keiner Seite gegen einander Tote sind. Sie schließt alle Entgegensetzungen aus; sie ist nicht Verstand, dessen Beziehungen das Mannigfaltige immer als ein Mannigfaltiges lassen, und dessen Einheit selbst Entgegensetzung ist; sie ist nicht Vernunft, die ihr Bestimmen dem Bestimmten schlechthin entgegensetzt; sie ist nichts Begrenzendes, nichts Begrenztes, nichts Endliches; sie ist ein Gefühl, aber nicht ein einzelnes Gefühl; aus dem einzelnen Gefühl drängt sich das Leben durch Auflösung zur Zerstreuung in der Mannigfaltigkeit der Gefühle, um sich in diesem Ganzen der Mannigfaltigkeit zu finden; in der Liebe ist dieses Ganze nicht als in der Summe vieler Besonderen enthalten; in ihr findet sich das Leben selbst als eine Verdoppelung seiner selbst und Einigkeit desselben. Das Leben hat von der unentwickelten Einigkeit aus durch die Bildung den Kreis zu einer vollendeten Einigkeit durchlaufen. Der unentwickelten Einigkeit stand die Möglichkeit der Trennung und die Welt gegenüber. In der Entwickelung produzierte die Reflexion immer mehr Entgegengesetztes, das im befriedigten Triebe vereinigt wurde, bis sie das Ganze des Menschen selbst ihm entgegensetzte, bis die Liebe die Reflexion in völliger Objektlosigkeit aufhebt, dem Entgegengesetzten allen Charakter eines Fremden raubt und das Leben sich selbst ohne weiteren Mangel findet. In der Liebe ist das Getrennte noch, aber nicht mehr als Getrenntes, *sondern* als Einiges und das Lebendige fühlt das Lebendige.

Weil die Liebe ein Gefühl des Lebendigen ist, so können Liebende sich nur insofern unterscheiden, als sie sterblich sind, als sie die Möglichkeit der Trennung denken, nicht insofern als wirklich etwas getrennt wäre, als das Mögliche mit einem Sein verbunden, ein Wirkliches wäre. An Liebenden ist keine Materie, sie sind ein lebendiges Ganze. Liebende haben *keine* Selbständigkeit, ihr eignes Lebensprinzip heißt nur: sie können sterben. Die Pflanze hat Salz und Erdteile, die eigne Gesetze ihrer Wirkungsart in sich tragen, *ihr Lebensprinzip* ist die Reflexion eines Fremden und heißt nur: die Pflanze kann verwesen. Die Liebe strebt aber auch diese Unterscheidung, diese Möglichkeit als bloße Möglichkeit aufzuheben und selbst das Sterbliche zu vereinigen, es unsterblich zu machen, *indem sie* unendliche Vereinigungen sich ausfindet, an die ganze Mannigfaltigkeit der Natur sich wendet. Diesen Reichtum des Lebens erwirbt die Liebe in der Auswechselung aller Gedanken, aller Mannigfaltigkeiten der Seele, indem sie unendliche Unterschiede sucht. Das Eigenste, das noch Getrennte vereinigt sich in der Berührung, in der Befühlung bis zur Bewußtlosigkeit, der Aufhebung aller Unterscheidung. Das Sterbliche hat den Charakter der Trennbarkeit abgelegt und ist ein Keim der Unsterblichkeit, ein Keim des ewig aus sich Entwickelnden und Zeugenden, ein Lebendiges geworden. Das Vereinigte trennt sich nicht wieder, denn in der Vereinigung ist nicht ein Entgegengesetztes behandelt worden; sie ist rein von aller Trennung; die Gottheit hat gewirkt, erschaffen.

Dieses Vereinigte aber ist nur ein Punkt, der Keim; die Liebenden können ihm nicht zuteilen, daß in ihm ein Mannigfaltiges sich befände. Alles, wodurch es ein Mannigfaltiges sein, ein Dasein haben kann, muß das Neugezeugte in sich gezogen, entgegengesetzt und vereinigt haben. Es windet sich immer mehr zur Entgegensetzung los; jede Stufe seiner Entwickelung ist eine Trennung, um wieder den ganzen Reichtum des Lebens zu gewinnen. Und so ist nun das Einige die Getrennten und das Wiedervereinigte; die Vereinigten trennen sich wieder, aber im Kinde ist die Vereinigung selbst ungetrennt. [Aus dem Vereinigten geht es durch ein feindliches, durchs Animalische zum Menschenleben. Das Trennbare aber kehrt in den Zustand der Trennbarkeit zurück; aber was vom bestimmten Bewußtsein noch getrennt war, wird alles auf die Seite geschafft, wird ausgeglichen, wird ausgewechselt.]

Das Trennbare, so lange es vor der vollständigen Vereinigung noch ein Eignes ist, macht den Liebenden Verlegenheit. Es ist eine Art von Widerstreit zwischen der völligen Hingebung, der einzig möglichen Vernichtung, der Vernichtung des Entgegengesetzten in der Vereinigung, und der noch vorhandenen Selbständigkeit; jene fühlt sich durch diese gehindert. Die Liebe ist unwillig über das noch Getrennte, über ein Eigentum. Dieses Zürnen der Liebe über Individualität ist die Scham. Sie ist nicht ein Zucken des Sterblichen, nicht eine Äußerung der Freiheit, sich zu erhalten, zu bestehen. Bei einem Angriff ohne Liebe wird ein liebevolles Gemüt durch diese Feindseligkeit selbst beleidigt; seine Scham wird zum Zorn, der jetzt nur das Eigentum, das Recht verteidigt. Wäre die Scham nicht eine Wirkung der Liebe, die nur darüber, daß etwas Feindseliges ist, die Gestalt des Unwillens hat, sondern ihrer Natur nach selbst etwas Feindseliges, das ein angreifbares Eigentum behaupten wollte, so müßte man von den Tyrannen sagen, sie haben am meisten Scham, so wie von Mädchen, die ohne Geld ihre Reize nicht preisgeben, oder von den eiteln, die durch sie fesseln wollen. Beide lieben nicht; ihre Verteidigung des Sterblichen ist das Gegenteil des Unwillens über dasselbe; sie legen ihm in sich einen Wert bei, sie sind schamlos. Ein reines Gemüt schämt sich der Liebe nicht; es schämt sich aber, daß diese nicht vollkommen ist. Sie wirft es sich vor, daß noch eine Macht, ein Feindliches ist, das der Vollendung Hindernisse macht. Die Scham tritt nur ein durch die Erinnerung an den Körper, durch persönliche Gegenwart, beim Gefühle der Individualität; sie ist nicht eine Furcht für das Sterbliche, Eigne, sondern vor demselben, die, so wie die Liebe das Trennbare vermindert, mit ihm verschwindet. Denn die Liebe ist stärker als die Furcht; sie fürchtet ihre Furcht nicht; aber von ihr begleitet hebt sie Trennungen auf, mit der Besorgnis, eine widerstehende, gar eine feste Entgegensetzung zu finden; sie ist ein gegenseitiges Nehmen und Geben. Schüchtern, ihre Gaben möchten verschmäht, schüchtern, ihrem Nehmen möchte ein Entgegengesetztes nicht weichen, versucht sie, ob die Hoffnung sie nicht getäuscht, ob sie sich selbst durchaus findet. Dasjenige, das nimmt, wird dadurch nicht reicher, als das andere; es bereichert sich zwar, aber um eben so viel das andere; ebenso dasjenige, das gibt, macht sich nicht ärmer; indem es dem andern gibt, hat es um eben so viel seine eigenen Schätze vermehrt. Julie in Romeo: «Je mehr ich gebe, desto mehr habe ich usw.»[6])

Diese Vereinigung der Liebe ist zwar vollständig, aber sie kann es nur so weit sein, als das Getrennte nur so entgegengesetzt ist, daß das eine das Liebende, das andere das Geliebte ist, daß also jedes Getrennte ein Organ eines Lebendigen ist. Außerdem stehen die Liebenden aber noch mit vielem Toten in Verbindung; jedem gehören viele Dinge zu, d. h. jedes steht in Beziehung mit Entgegengesetzten, die auch für das Beziehende selbst noch Entgegengesetzte, Objekte sind, und so sind sie noch einer mannigfaltigen Entgegensetzung in dem mannigfaltigen Erwerb und Besitz von Eigentum und Recht fähig. Das unter der Gewalt des einen befindliche Tote ist beiden entgegengesetzt, und es könnte nur die Vereinigung darüber stattfinden, daß es unter die Herrschaft beider käme. Das Liebende, daß das andere im Besitze eines Eigentums erblickt, diese Besonderheit des andern, die es gewollt hat, selbst fühlt, kann diese ausschließliche Herrschaft des andern nicht aufheben, denn dies wäre wieder eine Entgegensetzung gegen [die Macht des andern. In diesem Falle scheut sich das Ärmere, dem Reichern zu nehmen, sich in gleichen Besitz mit ihm zu setzen, weil dieses selbst eine Handlung des Entgegensetzens getan, sich außer den Kreis der Liebe gesetzt, seine Selbständigkeit bewiesen hat]; aber dieser Furcht, die sein Eigentum erweckt, kommt das Besitzende dadurch zuvor, daß es sein Recht des Eigentums, das ihm gegen jedermann zukommt, selbst gegen das Liebende aufhebt, [ihm schenkt].

[Geschenke sind Entäußerungen einer Sache, die schlechterdings den Charakter eines Objekts nicht verlieren kann. Nur das Gefühl der Liebe, der Genuß ist gemeinschaftlich; was Mittel des Genusses, tot ist, ist nur Eigentum, und da die Liebe nichts Einseitiges tut, so kann sie nichts nehmen, was auch in der Bemächtigung, in der Vereinigung der Herrschaft noch ein Mittel, ein Eigentum bleibt. Ein Ding, etwas, das außer dem Gefühl der Liebe ist, kann nicht gemeinschaftlich sein, eben weil es ein Ding ist, und sollte das Haben eines Dinges gemeinschaftlich sein, hätte das Besitzende sein Recht und ausschließendes Eigentum zwar aufgegeben, so gehört es entweder keinem der Liebenden, oder jedem gehört ein besonderer Teil. Gütergemeinschaft heißt das Recht eines jeden an das Ding, der entweder gleiche oder unbestimmte Anteil. Sie *setzt* immer eine Teilung, und zwar Notwendigkeit dieser Teilung, Besonderes, Rechte, Eigentum zwar

nicht der ruhenden Mittel, des Ungenutzten, Toten, aber eine
notwendige Teilung desselben in dem Gebrauch voraus. Durch
jene Nichtabsonderung des Eigentums täuscht die Gütergemeinschaft mit einem Schein der völligen Aufhebung der Rechte.
In der Gütergemeinschaft sind die Sachen kein Eigentum, aber
es ist in ihr das Recht an einen Teil derselben versteckt, so lange
er nicht gebraucht ist, und im Grunde ist auch ein Recht an den
Teil des Eigentums, der nicht unmittelbar gebraucht wird, beibehalten, nur wird davon stillgeschwiegen. Danach ist die gewöhnliche Art, unter Liebenden die Rechte der Liebenden auf Sachen
(Personenrecht schließt sich schon durch seinen Namen von der
Liebe als ein ihr abscheulicher Dienst aus) gegenseitig aufzuheben,
und dies als einen Beweis der Liebe anzusehen, zu beurteilen.]
Wenn der Besitz und Eigentum einen so wichtigen Teil des
Menschen, seine Sorgen und Gedanken ausmacht, so können
auch Liebende sich nicht enthalten, auf diese Seite ihrer Verhältnisse zu reflektieren; und wenn schon der Gebrauch gemeinschaftlich ist, so würde damit das Recht am Besitz unentschieden
bleibt. Der Gedanke des Rechts würde nichts vergessen,
weil alles, in dessen Besitz jetzt die Menschen sind, die Rechts-
form des Eigentums hat; setzt aber das Besitzende das andere
auch ins gleiche Recht des Besitzes, so ist doch die Gütergemeinschaft nur das Recht von beiden an das Ding. *(Lücke der Handschrift)*

... Der Druck erweckte wieder den Haß, und damit wachte
ihr Gott wieder auf. Ihr Trieb nach Unabhängigkeit war eigentlich Trieb nach Abhängigkeit von etwas Eigenem.

b) Diese Veränderung, die andere Nationen oft nur in Jahr-
tausenden durchlaufen, mußte beim jüdischen Volke so schnell
sein. Jeder seiner Zustände war zu gewaltsam, als daß er hätte
lange anhalten können. Der Zustand der Unabhängigkeit, an allgemeine Feindschaft geknüpft, konnte nicht *lange dauern*; er ist
zu sehr der entgegengesetzte der Natur. Der Zustand der Unabhängigkeit anderer Völker ist ein Zustand des Glücks, ein Zustand
schöner Menschlichkeit; der Zustand der Unabhängigkeit der
Juden sollte ein Zustand einer völligen Häßlichkeit sein. Weil

ihre Unabhängigkeit ihnen nur Essen und Trinken, eine dürftige
Existenz sicherte, so war mit der Unabhängigkeit, mit diesem
Wenigen auch alles verloren oder in Gefahr; es blieb nichts
Lebendiges mehr übrig, das sie sich erhalten und dessen sie sich
erfreut hätten, dessen Genuß sie manche Not ertragen, vieles
hätte aufopfern gelehrt. In dem Drucke kam das kümmerliche
Dasein unmittelbar in Gefahr, zu dessen Rettung sie losschlugen.
[Sie konnten nicht, wie spätere Schwärmer, sich dem Beile oder
Hungertode hingeben, weil sie an keiner Idee, sondern an einem
tierischen Dasein hingen.] Dies tierische Dasein war nicht mit
der schönen Form der Menschheit verträglich, die ihnen Freiheit
gegeben hätte, [und sie glaubten an ihren Gott, weil sie mit der
Natur völlig entzweit, in ihm die Vereinigung derselben durch
Herrschaft fanden].

Als die Juden die königliche Gewalt (die Moses für verträglich
mit der Theokratie, Samuel aber für unverträglich hielt), bei sich
einführten, erhielten viele Einzelne eine politische Wichtigkeit,
die sie zwar mit den Priestern teilen, oder gegen sie verteidigen
mußten. Wie in freien Staaten die Einführung der Monarchie
alle Bürger zu Privatpersonen hinabwirft, so erhob sie dagegen
in diesem Staate, in welchem jeder ein politisches Nichts war,
wenigstens Einzelne zu einem mehr oder weniger eingeschränkten
Etwas.

Nach dem Verschwinden des ephemerischen, aber sehr
drückenden Glanzes der Salomonischen Regierung zerrissen die
neuen Mächte, die die Einführung des Königtums noch in die
Geißel ihres Schicksals eingeflochten hatte — unbändige Herrsch-
sucht und ohnmächtige Herrschaft — das jüdische Volk vollends,
und kehrten gegen seine eigenen Eingeweide eben die rasende
Liebe und Gottlosigkeit, die es vorher gegen andere Nationen
gewendet hatte; sie leiteten sein Schicksal auf es selbst. [Seine
Feindschaft wurde zwar nicht gemildert, aber doch insoweit
unterdrückt, daß es aus einem in der Idee herrschenden ein in
der Wirklichkeit beherrschtes Volk wurde, und das Gefühl seiner
äußeren Abhängigkeit erhielt, die es durch Demütigungen].
Fremde Nationen lernte es wenigstens fürchten; es wurde aus
einem in der Idee herrschenden ein in der Wirklichkeit be-

herrschtes Volk und erhielt das Gefühl seiner äußern Abhängigkeit. Eine Zeitlang erhielt es sich durch Demütigungen eine Art
von Staat, bis es am Ende — wie in der Politik der listigen
Schwäche nie der Unglückstag ausbleibt — vollends zu Boden
getreten wurde, ohne die Kraft des Wiederaufstehens zu behalten.
Den alten Genius hatten von Zeit zu Zeit Begeisterte festzuhalten,
den ersterbenden wieder zu beleben gesucht. Doch den ent-
flohnen Genius einer Nation kann die Begeisterung nicht zurück-
beschwören, das Schicksal eines Volkes nicht unter ihren Zauber
bannen, wohl einen neuen Geist aus der Tiefe des Lebens hervor-
rufen, wenn sie rein und lebendig ist, aber die jüdischen Propheten zündeten ihre Flamme an der Fackel eines erschlafften
Dämons an; sie suchten ihm seine alte Kraft und mit der Zerstörung der mannigfaltigen Interessen der Zeit ihm seine alte
schaudernd erhabene Einheit wiederherzustellen. Sie konnten also
nur kalte und bei ihrer Einmischung in Politik und *sonstige* Zwecke
nur eingeschränkte und wirkungslose Fanatiker werden, nur eine
Erinnerung vergangener Zeiten geben, die gegenwärtigen noch
mehr verwirren, aber nicht andere Zeiten herbeiführen. Die Bei-
mischung der Leidenschaften vermochte nie wieder in einförmige
Passivität überzugehen, aber aus passiven Gemütern mußten sie
um so gräßlicher wüten.

Dieser schauderhaften Wirklichkeit zu entfliehen, suchten die
Menschen in Ideen Trost; der gemeine Jude, der sich wohl, aber
nicht seine Objekte aufgeben wollte, in der Hoffnung eines
kommenden Messias; die Pharisäer in dem Treiben des Dienstes
und Tun des gegenwärtigen Objektiven, einer völligen Vereinigung des Bewußtseins mit demselben;* die Sadduzäer in der
ganzen Mannigfaltigkeit ihrer Existenz und der Zerstreuung eines
unwandelbaren Daseins, das nur durch Bestimmtheiten erfüllt
und *dessen* Unbestimmtheit nur als Möglichkeit eines Übergangs
zu andern Bestimmtheiten wäre; die Essener in einem Ewigen,
in einer Verbrüderung, die alles scheidende Eigentum, und was

---

*Weil sie außer dem Kreise ihres Wirkens, in welchem sie Herren waren,
bei seiner Unvollständigkeit noch ihnen fremde Mächte fühlten, so glaubten
sie an die Vermengung eines fremden Schicksals mit der Macht ihres
Willens und ihrer Tätigkeit.

damit zusammenhängt, ausschlösse, und sie zu einem lebendigen
Einen ohne Mannigfaltigkeit machte, in einem gemeinsamen
Leben, das von allen Verhältnissen der Wirklichkeit unabhängig
wäre, dessen Genuß sich auf die Gewohnheit des Zusammenseins
gründete, eines Zusammenseins, das durch die völlige Gleichheit
der Mitglieder von keiner Mannigfaltigkeit gestört würde. Um
so durchgängiger die Abhängigkeit der Juden von ihrem Gesetz
war, um so größer mußte ihr Eigensinn sein in dem, worin sie
noch einen Willen haben konnten, und dies einzige war ihr Dienst
selbst, wenn er eine Entgegensetzung fand. Mit so leichtem Sinn
sie sich verführen ließen, ihrem Glauben untreu zu werden, wenn
das ihm Fremde sich ihnen — wenn sie nicht in Not und ihr
dürftiger Genuß befriedigt war — nicht als Feindliches nahte, so
hartnäckig kämpften sie für ihren Dienst, wenn er angegriffen
wurde. Sie stritten für ihn als Verzweifelte. Sie waren selbst
fähig, im Kampf für ihn seine Gebote, z. B. die Feier des Sabbats
zu übertreten, die sie auf Befehl eines andern mit Bewußtsein zu
verletzen durch keine Gewalt vermocht werden konnten, und so
wie das Leben in ihnen mißhandelt, wie in ihnen nichts
Unbeherrschtes, nichts Heiliges gelassen war, so wurde ihr
Handeln zur unheiligsten Raserei, zum wütendsten Fanatismus.

Das große Trauerspiel des jüdischen Volkes ist kein griechisches
Trauerspiel. Es kann nicht Furcht, noch Mitleiden erwecken,
denn beide entspringen nur aus dem Schicksal des notwendigen
Fehltritts eines schönen Wesens; jenes kann nur Abscheu erwek-
ken. Das Schicksal des jüdischen Volkes ist das Schicksal Mac-
beths, der aus der Natur selbst trat, sich an fremde Menschen
hing und so in ihrem Dienste alles Heilige der menschlichen Natur
zertreten und ermorden, von seinen Göttern endlich verlassen —
denn es waren Objekte, er war Knecht — und an seinem Glauben
selbst zerschmettert werden mußte. *(Lücke der Handschrift)*
. . . und seine Freunde ihm entreißt. So weit Jesus die Welt
nicht verändert sieht, so weit flieht er sie und alle Beziehungen
mit ihr. So viel er mit dem ganzen Schicksal seines Volkes zu-
sammenstößt, verhält er sich, wenn sein Verhalten ihm auch widersprechend scheint, passiv gegen dasselbe. «Gebt dem Kaiser, was
des Kaisers ist», sagte er, als die Juden die Seite ihres Schicksals,

den Römern zinsbar zu sein, gegen ihn zur Sprache brachten. Als es ihm widersprechend schien, daß er und seine Freunde auch den Tribut, der auf die Juden gelegt war, bezahlen sollten, hieß er ihn, um keinen Anstoß zu geben, den Petrus bezahlen. Er stand mit dem Staate in dem einzigen Verhältnis, innerhalb seiner Gerichtsbarkeit sich aufzuhalten, und der Folge dieser Macht über ihn unterwarf er sich mit Widerspruch seines Geistes, mit Bewußtsein leidend. Das Reich Gottes ist nicht von dieser Welt; allein es ist für dasselbe eine große Verschiedenheit, ob ihm diese Welt als entgegengesetzt vorhanden oder nicht existiert, nur möglich ist. Da jenes der Fall war und Jesus mit Bewußtsein vom Staate litt, so ist mit diesem Verhältnis zum Staate schon eine große Seite lebendiger Vereinigung, für die Mitglieder des Reiches Gottes ein wichtiges Band abgeschnitten, ein Teil der Freiheit, des negativen Charakters eines Bandes der Schönheit, eine Menge tätiger Verhältnisse, lebendiger Beziehungen verloren. Die Bürger des Reiches Gottes werden einem feindseligen Staate entgegengesetzte, von ihm sich ausschließende Privatpersonen. Diese Beschränkung des Lebens erscheint übrigens mehr als die Gewalt einer fremden herrschenden Macht über äußere Dinge, die selbst mit Freiheit aufgegeben werden können, als ein Raub am Leben für diejenigen, die nie in einer solchen Vereinigung tätig waren, nie dieses Bundes und dieser Freiheit genossen haben, besonders wenn das staatsbürgerliche Verhältnis vorzüglich nur Eigentum betrifft; was an Menge der Beziehungen, an Mannigfaltigkeit froher und schöner Bande *verloren geht,* ersetzt sich durch Gewinn an isolierter Individualität und dem engherzigen Bewußtsein von Eigentümlichkeiten; aus der Idee des Reiches Gottes sind zwar alle durch einen Staat gegründeten Verhältnisse ausgeschlossen, welche unendlich tiefer stehen als die lebendigen Beziehungen des göttlichen Bundes und von einem solchen nur verachtet werden können; aber wenn er vorhanden war und Jesus oder die Gemeine ihn nicht aufheben konnte, so bleibt das Schicksal Jesu und seiner ihm hierin treu bleibenden Gemeine ein Verlust an Freiheit, eine Beschränkung des Lebens, eine Passivität in der Beherrschung durch eine fremde Macht, die man verachtet, die aber doch das Wenige, das Jesus von ihr

brauchte, Existenz unter seinem Volk, ihm unvermindert überließ.

Außer dieser Seite des Lebens, die vielmehr nicht Leben, nur
Möglichkeit des Lebens genannt werden kann, hatte sich der
jüdische Geist nicht nur aller Modifikationen des Lebens bemächtigt, sondern sich in ihnen auch zum Gesetz als Staat gemacht, und die reinsten, unmittelbarsten Formen der Natur zu
bestimmten Gesetzlichkeiten verkrüppelt. Im Reiche Gottes kann
es keine Beziehung geben, als die aus der rücksichtslosesten Liebe
und damit der höchsten Freiheit hervorgeht, die von der Schönheit allein die Gestalt ihrer Erscheinung und ihr Verhältnis zu
der Welt erhält. Wegen der Verunreinigung des Lebens konnte
Jesus das Reich Gottes nur im Herzen tragen, mit Menschen nur
in Beziehung treten, um sie zu bilden, um den guten Geist, an
den er in ihnen glaubte, zu entwickeln, um erst Menschen zu
schaffen, deren Welt die seinige wäre. Aber in seiner wirklichen
Welt mußte er alle lebendigen Beziehungen fliehen, weil alle unter
dem Gesetze des Todes lagen, die Menschen unter der Gewalt
des Jüdischen gefangen waren. Durch ein von beiden Seiten
freies Verhältnis wäre er in einen Bund mit dem Gewebe jüdischer
Gesetzlichkeiten eingetreten, und um seine eingegangene Beziehung nicht zu entheiligen oder zu zerreißen, hätte er sich von
seinen Fäden müssen umschlingen lassen und so konnte er die
Freiheit nur in der Leere finden, weil jede Modifikation des
Lebens gebunden war.

Darum isoliert sich Jesus von seiner Mutter, seinen Brüdern
und Verwandten. Er durfte kein Weib lieben, keine Kinder zeugen,
nicht Familienvater, nicht Mitbürger werden, der mit den andern
des Zusammenlebens genösse. Das Schicksal Jesu war, vom Schicksal seiner Nation zu leiden, entweder es zu dem seinigen zu
machen und *seine* Notwendigkeit und seine Genüsse zu teilen, und
seinen Geist mit dem ihrigen zu vereinigen, aber das Göttliche
aufzuopfern, oder das Schicksal seines Volkes von sich zu stoßen,
sein Leben aber unentwickelt und ungenossen in sich zu erhalten,
in keinem Falle die Natur zu erfüllen, in jenem nur Fragmente
von ihr, und auch diese verunreinigt zu fühlen, in diesem sie vollständig zum Bewußtsein zu bringen, aber ihre Gestalt nur als einen

glänzenden Schatten, dessen Wesen höchste Wahrheit ist, zu erkennen, aber dem Gefühle derselben, ihrer Belebung in Tat und
Wirklichkeit zu entsagen. Jesus wählte das letztere Schicksal, die
Trennung seiner Natur und der Welt, und verlangte dasselbe von
seinen Freunden: «Wer Vater oder Mutter, Sohn oder Tochter mehr
liebt, als mich, ist meiner nicht würdig.» Je tiefer er aber diese
Trennung fühlte, desto weniger konnte er sie ruhig tragen, und
seine Tätigkeit war die mühevolle Reaktion seiner Natur gegen
die Welt; und sein Kampf war rein und erhaben, weil er das
Schicksal in seinem ganzen Umfang erkannt und sich gegenüber-
gesetzt hatte. Sein und seiner von ihm gestifteten Gemeine Widerstand gegen die Verdorbenheit mußte diese Verdorbenheit sich
selbst und dem von ihr noch freien Geist zum Bewußtsein bringen,
und ihr Schicksal mit sich entzweien. Der Kampf des Reinen
mit dem Unreinen ist ein erhabener Anblick, der sich aber bald
in einen gräßlichen verwandelt, wenn das Heilige selbst vom Unheiligen gelitten und eine Amalgamation beider mit der Anmaßung,
rein zu sein, gegen das Schicksal wütet, indem es selbst noch
unter ihm gefangen liegt. Jesus sah die ganze Gräßlichkeit dieser
Zerrüttung voraus. «Ich kam nicht, sagte er, der Erde Frieden zu
bringen, sondern das Schwert; ich kam, den Sohn gegen seinen
Vater zu entzweien, die Tochter gegen ihre Mutter, die Braut
gegen ihren Schwieger.» Was zum Teil sich vom Schicksal losgesagt hat, zum Teil aber im Bunde damit steht, mit oder ohne
Bewußtsein dieser Vermischung, muß sich und die Natur um so
fürchterlicher zerreißen und bei der Vermischung der Natur und
Unnatur muß der Angriff auf die letztere auch die erstere treffen,
der Weizen mit dem Unkraut zertreten und das Heiligste der
Natur selbst verletzt werden, weil es in das Unheilige verflochten
ist. Die Folgen vor Augen, dachte Jesus nicht daran, seine Wirksamkeit zurückzuhalten, um der Welt ihr Schicksal zu ersparen,
ihre Zuckungen zu mildern und ihr im Untergange den trösten-
den Glauben an Schuldlosigkeit zu lassen.

Die Existenz des Jesus war also Trennung von der Welt und
Flucht von ihr in den Himmel, Wiederherstellung des leer aus-
gehenden Lebens in der Idealität, bei jedem Widerstreitenden Erinnerung und Emporschauen zu Gott, aber zum Teil Betätigung

des Göttlichen und insofern Kampf mit dem Schicksal, teils in Verbreitung des Reiches Gottes, mit dessen Darstellung das ganze Reich der Welt in sich zusammenfiel und verschwand, teils in unmittelbarer Reaktion gegen einzelne Teile des Schicksals, so wie sie an ihm gerade anstießen, außer gegen den Teil des Schicksals, der unmittelbar als Staat erschien, und auch in Jesu zum Bewußtsein kam, gegen welchen er sich passiv verhielt.

Das Schicksal Jesu war nicht ganz das Schicksal seiner Gemeine. Da sie ein aus mehreren Zusammengesetztes war, die zwar in gleicher Trennung von der Welt lebten, so fand jedes Mitglied mehrere ihm gleich Gestimmte; sie hielten sich zusammen und konnten sich in der Wirklichkeit von der Welt entfernter halten und da damit des Zusammentreffens und Widerstoßens an ihr weniger war, so wurden sie weniger von ihr gereizt, lebten in der negativen Tätigkeit des Kampfes und das Bedürfnis nach positivem Leben mußte in ihnen größer werden, denn Gemeinschaftlichkeit des Negativen gibt keinen Genuß, ist keine Schönheit. Aufhebung des Eigentums, eingeführte Gütergemeinschaft, gemeinschaftliches Mahl gehört mehr zum Negativen der Vereinigung, als daß es eine positive Vereinigung wäre. Das Wesen ihres Bundes war Aussonderung von den Menschen und Liebe untereinander; beides ist notwendig verbunden. Diese Liebe sollte und konnte nicht eine Vereinigung der Individualitäten sein, sondern die Vereinigung in Gott; und in Gott allein, im Glauben kann nur das sich vereinigen, was einer Wirklichkeit sich entgegensetzt, von ihr sich aussondert. Damit war diese Entgegensetzung fixiert und ein wesentlicher Teil des Prinzips des Bundes, und die Liebe mußte immer die Form der Liebe, des Glaubens an Gott behalten, ohne lebendig zu werden und in Gestalten des Lebens sich darzustellen, weil jede Gestalt des Lebens entgegensetzbar *ist,* vom Verstand als sein Objekt, als eine Wirklichkeit gefaßt werden kann; und das Verhältnis gegen die Welt mußte zu einer Ängstlichkeit vor ihren Berührungen werden, einer Furcht vor jeder Lebensform, weil in jeder sich, da sie Gestalt hat und nur e i n e Seite ist, ihr Mangel aufzeigen läßt und dies Mangelnde ein Anteil an der Welt ist. So fand also der Bund der Gemeine keine Aussöhnung des Schicksals, aber das entgegengesetzte Extrem des jüdischen Geistes, nicht die Mitte der Extreme in der Schönheit.

Der jüdische Geist hatte die Modifikationen der Natur, die Verhältnisse des Lebens zu Wirklichkeiten fixiert, aber als Gaben des Herrschers schämte er sich der Dürftigkeit derselben nicht nur nicht, sondern sein Stolz und sein Leben war der Besitz von Wirklichkeiten. Der Geist der christlichen Gemeine sah gleichfalls in jedem Verhältnis die sich entwickelnden und darstellenden Lebenswirklichkeiten; aber da ihm als Empfindung der Liebe die Objektivität der größte Feind war, so blieb er ebenso arm, als der jüdische, aber er verschmähte den Reichtum, um dessentwillen der jüdische diente.

Der negativen Seite des Schicksals der christlichen Gemeine, der die Modifikationen des Lebens zu Bestimmtheiten und die Beziehungen mit ihnen also zu Verbrechen machenden Entgegensetzung gegen die Welt, steht die positive Seite, das Band der Liebe gegenüber. Durch die Ausdehnung der Liebe auf eine ganze Gemeine kommt in den Charakter derselben, daß sie nicht eine lebendige Vereinigung der Individualitäten ist, sondern daß ihr Genuß sich aufs gegenseitige Bewußtsein, daß sie sich lieben, beschränkt. Die Schicksallosigkeit durch die Flucht in unerfülltes Leben war den Mitgliedern der Gemeine darin erleichtert, daß sie eine Gemeine ausmachten, die sich aller Formen des Lebens gegeneinander enthielt, oder sie nur durch den allgemeinen Geist der Liebe bestimmte, d. h. nicht in diesen Formen lebte.

Diese Liebe ist ein göttlicher Geist, aber noch nicht Religion. Daß sie dazu würde, mußte sie zugleich in einer objektiven Form sich darstellen; sie, eine Empfindung, ein Subjektives, mußte mit dem Vorgestellten, dem Allgemeinen zusammenschmelzen, und damit die Form eines anbetungsfähigen und würdigen Wesens gewinnen. Dies Bedürfnis, das Subjektive und Objektive, die Empfindung und die Forderung derselben nach Gegenständen, den Verstand durch die Phantasie in einem Schönen, in einem Gotte zu vereinigen, dies Bedürfnis, das höchste des menschlichen Geistes ist der Trieb nach Religion. Diesem Trieb der christlichen Gemeine konnte Glaube an Gott nicht Befriedigung sein. Denn in ihrem Gotte mußte nur ihre gemeinschaftliche Empfindung sich finden. In dem Gotte der Welt sind alle Wesen vereinigt; die Mitglieder der Gemeine sind als solche nicht in ihm; ihre Harmonie ist nicht die Harmonie des Ganzen, sonst machten sie keine besondere Gemeine aus, sonst wären sie nicht untereinander durch Liebe verbunden; die Gottheit der Welt ist nicht die Darstellung ihrer Liebe, ihres Göttlichen. Das Bedürfnis des Jesus nach Religion war in dem Gotte des Ganzen befriedigt; denn sein Aufblick zu ihm war jeder seiner beständigen Anstöße an der Welt, seine Flucht vor ihr. Er bedurfte nur des der Welt Entgegengesetzten, in dem seine Entgegensetzung selbst gegründet war; er war sein Vater, er war einig mit ihm. Aber bei seiner Gemeine fiel der beständige Anstoß an der Welt mehr weg; sie lebte ohne tätigen Kampf gegen sie und war insoweit glücklich, nicht beständig von ihr gereizt zu werden und daher nicht allein nur zum Entgegengesetzten, zu Gott fliehen zu müssen, sondern sie fand in ihrer Gemeinschaft, in ihrer Liebe einen Genuß, ein Reelles, eine Art lebendigen Verhältnisses. Nur da jede Beziehung dem Bezogenen entgegengesetzt, die Empfindung noch die Wirklichkeit, oder, subjektiv ausgedrückt, das Vermögen derselben, den Verstand, als sich entgegengesetzt hat, so muß ihr Mangel in einem beides Vereinigenden ergänzt werden. Die Gemeine hat das Bedürfnis eines Gottes, der der Gott der Gemeine ist, in dem gerade die ausschließende Liebe, ihr Charakter, ihre Beziehung zueinander dargestellt ist, nicht als ein Symbol, oder Allegorie, nicht als eine Personifikation eines Subjektiven, bei welcher man sich der Trennung desselben von seiner Darstellung bewußt wäre, sondern das zugleich im Herzen, zugleich die Empfindung und Gegenstand ist, Empfindung als Geist, der alle durchweht und ein Wesen bleibt, wenn auch jeder Einzelne seiner Empfindung als seiner einzelnen bewußt wird.

Es ist nicht die Knechtsgestalt, die Erniedrigung selbst, an welcher als der Hülle des Göttlichen sich der Trieb nach Religion stieße, wenn die Wirklichkeit sich damit begnügte, Hülle zu sein und vorüberzugehen; aber so soll sie fest und bleibend noch an und in dem Gotte zu seinem Wesen gehören und die Individualität Gegenstand der Anbetung sein; und die im Grabe abgestreifte Hülle der Wirklichkeit *ist* aus dem Grabe wieder emporgestiegen und

hat sich dem Gotterstandenen angehängt. Dies der Gemeine
trauriges Bedürfnis eines Wirklichen hängt tief mit ihrem Geiste
und seinem Schicksale zusammen. Ihre jede Lebensgestalt zum
Bewußtsein eines Objektes bringende und sie somit verachtende
Liebe hatte in dem Erstandenen zwar sich selbst als gestaltet erkannt, er war aber für sie nicht bloß die Liebe; denn da ihre Liebe
von der Welt abgeschieden sich nicht in der Entwickelung des
Lebens, noch in seinen schönen Beziehungen und in der Ausbildung der natürlichen Verhältnisse darstellte, da die Liebe Liebe
sein und nicht leben sollte, so mußte irgend ein Kriterium der
Erkenntnis derselben zur Möglichkeit des gegenseitigen Glaubens
an sie vorhanden sein. Weil die Liebe nicht selbst die durchgängige Vereinigung stiftete, so bedurfte es eines andern Bandes,
das die Gemeine verknüpfte und worin sie zugleich die Gewißheit
der Liebe aller fände. Sie mußte sich an einer Wirklichkeit erkennen. Diese war nun die Gleichheit des Glaubens, die Gleichheit,
eine Lehre empfangen, einen gemeinschaftlichen Meister und Lehrer zu haben. Dies ist eine auszeichnende Seite des Geistes der Gemeine, daß das Göttliche, das sie Vereinigende die Form eines
Gegebenen für sie hat. Dem Geiste, dem Leben wird nichts gegeben; was er empfangen hat, das ist er selbst geworden, das ist
so in ihn übergegangen, daß es jetzt eine Modifikation desselben,
daß es sein Leben ist. Aber in der Lebenslosigkeit der Liebe der
Gemeine blieb der Geist ihrer Liebe so dürftig, fühlte sich so leer,
daß er den Geist, der an ihn ansprach, nicht voll in sich lebendig
erkennen konnte und ihm fremd blieb. Eine Verknüpfung mit
einem fremden und als fremd gefühlten Geist ist Bewußtsein der
Abhängigkeit von ihm. Da die Liebe der Gemeine einesteils sich
selbst übersprungen hatte, indem sie sich auf eine ganze Versammlung von Menschen ausdehnte, und darum anderteils an
idealischem Inhalt zwar voll, an Leben aber verlor, so war das
nicht erfüllte Ideal der Liebe ein Positives für sie, sie erkannte es
als entgegengesetzt und sich als abhängig von ihm; in ihrem
Geiste lag das Bewußtsein der Jüngerschaft und eines Herrn und
Meisters; ihr Geist war nicht in der gestalteten Liebe vollständig
dargestellt; die Seite desselben, *eine Lehre* empfangen zu haben und
zu lernen und tiefer als der Meister zu stehen, fand ihre Darstellung

in der Gestalt der Liebe, wenn mit dieser zugleich eine Wirklichkeit verknüpft war, die der Gemeine gegenüberstand.
Dieses höhere Entgegengesetzte ist nicht die Erhabenheit des
Gottes, die dieser notwendig hat, weil in ihm der Einzelne nicht
sich selbst als ihm gleich erkennt, sondern in ihm der ganze Geist
all der Vereinigten enthalten ist, — sondern sie ist ein Positives,
Objektives, das so viel fremde Herrschaft in sich hat, als im Geist
der Gemeine Abhängigkeit ist. In dieser Gemeinschaft der Abhängigkeit, der Gemeinschaft, durch einen Stifter zu sein, in dieser
Einmischung eines Geschichtlichen, Wirklichen in ihr Leben, erkannte die Gemeine ihr reelles Band, die Sicherheit der Vereinigung, die in der unlebendigen Liebe nicht zum Gefühl kommen
konnte. Dies ist der Punkt, an welchem die Gemeine, die in der
außer allem Bündnis mit der Welt unvermischt sich erhaltenden
Liebe allem Schicksal entgangen zu sein schien, von ihm ergriffen
wurde, von einem Schicksale, dessen Mittelpunkt die Ausdehnung
der alle Beziehungen fliehenden Liebe auf eine Gemeine war, das
sich teils in der Ausdehnung der Gemeine selbst um so mehr entwickelte, teils durch diese Ausdehnung immer mehr mit dem
Schicksal der Welt zusammentraf, sowohl indem es bewußtlos in
sich viele Seiten von ihm aufnahm, als indem es gegen dasselbe
kämpfte, sich immer mehr verunreinigte.
Das ungöttliche Objektive, für welches auch Anbetung gefordert
wird, wird durch den Glanz, der es umstrahlt, nie zu einem Göttlichen. Zwar umgeben auch den Menschen Jesum [göttliche] sinnliche Erscheinungen; um seine Geburt sind höhere Wesen beschäftigt, [um seine Person zeigt sich einigemal ein höherer Glanz],
er selbst wird einmal in eine strahlende Lichtgestalt verklärt.
Aber auch diese Formen von Himmlischem sind nur außer dem
Wirklichen; [der Liebling Gottes bleibt nur ein Mensch, er wandelt
in niedriger Gestalt umher] und dies Göttliche um das Individuum
dient nur, den Kontrast desto mehr in die Augen fallen zu machen.
Noch weniger als solche vorübergehende Nimbusse können die
Tätigkeiten, die für Göttliches angesehen werden und aus ihm
selbst kommen, in die höhere Gestalt ihn erheben. Die Wunder,
die ihn nicht bloß umschweben, sondern aus seiner innern Kraft
hervorgehen, scheinen eines Gottes würdige Attribute, einen Gott

zu charakterisieren; in ihnen scheint das Göttliche aufs innigste mit dem Objektiven vereinigt und somit die harte Entgegensetzung und lose Verknüpfung Entgegengesetzter hier wegzufallen; jene wundersamen Wirksamkeiten vollbringt der Mensch, er und das Göttliche scheinen unzertrennbar. Allein je näher die Verknüpfung ist, die doch keine Vereinigung wird, um so härter fällt das Unnatürliche der verknüpften Entgegengesetzten auf.

Wenn ein Gott wirkt, *so* ist es nur von Geist zu Geist. Die Wirksamkeit setzt einen Gegenstand voraus, auf welchen gewirkt wird, aber die Wirkung des Geistes ist die Aufhebung desselben; das Herausgehen des Göttlichen ist nur eine Entwickelung, indem es das Entgegengesetzte aufhebt, in der Vereinigung darstellt. Aber in den Wundern erscheint der Geist auf Körper wirkend. Die Ursache wäre nicht gestalteter Geist, dessen Gestalt bloß in seiner Entgegensetzung betrachtet, als Körper, einem andern gleich und entgegensetzbar in den Zusammenhang von Ursache und Wirkung treten könnte; dieser Zusammenhang wäre eine Gemeinschaft des Geistes, der nur insofern Geist ist, als er nichts mit dem Körper gemein hat und des Körpers, der Körper ist. [Diese Wirkungsart setzt gerade eine Trennung des Göttlichen selbst voraus, die sogar auch in der Verbindung noch bleibt. Wunder ist die Darstellung des Ungöttlichsten, eine Beherrschung des Toten, nicht eine Vermählung verwandter Wesen und Erzeugung neuer, sondern die Herrschaft des *Geistes,* weil *dem Körper* mit dem Geiste nichts gemein ist. Die Ungleichartigen, die als Ursache und Wirkung verbunden sind, sind in einem Begriffe eins; aber Geist und Körper, Lebendiges und Totes haben nichts gemein; ihre Verbindung ist nicht einmal in einem Begriffe möglich und sie können sich gar nicht als Ursache und Wirkung zusammenverhalten; denn sie sind absolut entgegengesetzt.] Ihre Vereinigung, in welcher ihre Entgegensetzung aufhört, ist ein Leben, das ist gestalteter Geist. Und wenn dieser als Göttliches, Ungetrenntes wirkt, so ist sein Tun eine Vermählung mit verwandtem Wesen, mit Göttlichem, und Erzeugung, Entwickelung von Neuem, die Darstellung ihrer Vereinigung. Sofern aber der Geist in einer andern, entgegengesetzten Gestalt, als Feindliches, Beherrschendes wirkt, so hat er seine Göttlichkeit vergessen. Wunder sind darum die Darstellung des Ungöttlichsten, weil sie das Unnatürlichste sind und die härteste Entgegensetzung des Geistes und Körpers in ihrer ganzen ungeheuren Roheit verknüpft enthalten. Göttliches Tun ist Wiederherstellung und Darstellung der Einigkeit, Wunder die höchste Zerreißung.

In dem Wunder als einer Handlung wird dem Verstand ein Zusammenhang von Ursache und Wirkung gegeben und das Gebiet seiner Begriffe anerkannt. Zugleich aber wird sein Gebiet damit zerstört, daß die Ursache nicht ein so Bestimmtes, als die Wirkung ist, sondern ein Unendliches sein soll, da der Zusammenhang der Ursache und Wirkung im Verstande die Gleichheit der Bestimmtheit ist, ihre Entgegensetzung nur die, daß im einen diese Bestimmtheit Tätigkeit, im andern Leiden ist. Hier soll zugleich in der Handlung selbst ein Unendliches mit unendlicher Tätigkeit eine höchst beschränkte Wirkung haben. Nicht die Aufhebung des Gebiets des Verstands, sondern daß es zugleich gesetzt und aufgehoben wird, ist das Unnatürliche. So wie nun einerseits das Setzen einer unendlichen Ursache dem Setzen einer endlichen Wirkung widerspricht, ebenso hebt das Unendliche die bestimmte Wirkung auf. Dort aus dem Gesichtspunkte des Verstandes angesehen ist das Unendliche nur ein Negatives, das Unbestimmte, an das ein Bestimmtes angeknüpft wird; hier von der Seite des Unendlichen als eines Seienden ist *es* ein Geist, der wirkt, und die Bestimmtheit der Wirkung eines Geistes ist ihre negative Seite; nur aus einem andern Gesichtspunkte in der Vergleichung kann seine Handlung bestimmt erscheinen; an sich, ihrem Sein nach, ist sie die Aufhebung einer Bestimmtheit und in sich unendlich.

[Durch die Erniedrigung des Göttlichen zu einer Ursache ist der Mensch nicht zu ihm emporgehoben. Ein Wunder ist eine wahre creatio ex nihilo, und kein Gedanke paßt so wenig zum Göttlichen als dieser; denn es ist die Vernichtung oder die Erschaffung einer ganz fremden Kraft, die wahre actio in distans; und statt daß im wahren Göttlichen Einigkeit ist, und Ruhe gefunden wird, so ist das Göttliche des Wunders die völligste Zerreißung.]

Die rege gemachte Erwartung also, die mit dem verklärten, zum Gotte erhobenen Jesu vergesellschaftete Wirklichkeit durch wunderbare Tätigkeit dieses Wirklichen zur Göttlichkeit zu erheben, wird also so gar nicht erfüllt, daß sie vielmehr die Härte dieser Beifügung eines Wirklichen um so mehr erhöht. Doch ist sie für uns um so viel größer, als für die Mitglieder der ersten christlichen Gemeine, um so viel mehr wir Verstand haben, als diese, die vom orientalischen Geiste angehaucht, die Trennung des Geistes und des Körpers weniger vollendet, dem Verstand weniger als Objekt überliefert hatten. Wo wir bestimmte Wirklichkeit, geschichtliche Objektivität mit dem Verstande erkennen, da ist oft für sie Geist; und wo wir nur den reinen Geist setzen, da ist er ihnen noch bekörpert. Von der letztern Art der Ansicht ist die Form, in der sie das, was wir Unsterblichkeit und zwar Unsterblichkeit der Seele nennen, ein Beispiel; sie erscheint ihnen als eine Auferstehung des Leibes. Beide Ansichten sind die Extreme *gegen* den griechischen Geist; jenes das Extrem der Vernunft, die eine Seele, ein Negatives gegen allen Verstand und sein Objekt, den toten Körper entgegensetzt, dieses das Extrem sozusagen eines positiven Vermögens der Vernunft, die den Körper als lebendig setzt, während sie zu gleicher Zeit ihn für tot annahm; indes dem Griechen Leib und Seele in ei n e r lebendigen Gestalt bleibt, in den beiden Extremen hingegen der Tod eine Trennung des Leibes und der Seele ist, und in dem einen der Seele der Leib nicht mehr, in dem anderen der Leib bleibt, der auch ohne Leben ist.

In anderem, wo wir nur mit dem Verstande Wirkliches oder, welches ebensoviel ist, etwa fremden Geist erkennen, mischen die ersten Christen ihren Geist bei. In den Schriften der Juden sehen wir vergangene Geschichten, individuelle Lagen und gewesenen Geist der Menschen, in den jüdischen gottesdienstlichen Handlungen befohlenes Tun, dessen Geist, Zweck und Gedanke für uns nicht mehr ist, keine Wahrheit mehr hat. Für sie hatte dies alles noch Wahrheit und Geist, aber ihre Wahrheit, ihren Geist, sie ließen es nicht objektiv werden. Der Geist, den sie Stellen der Propheten und anderer jüdischen Bücher geben, ist in ihrem Sinne weder in Rücksicht auf die Propheten die Meinung, Voraussagungen von Wirklichkeiten in ihnen zu finden, noch von ihrer Seite die Anwendung auf Wirklichkeit. Es ist ein ungewisses, gestaltloses Schweben zwischen Wirklichkeit und Geist; es ist einerseits in der Wirklichkeit nur der Geist betrachtet, andererseits die Wirklichkeit selbst als solche betrachtet, aber nicht fixiert. Um ein Beispiel anzuführen, bezieht Johannes (XII, 14 ff.) auf den Umstand, daß Jesus auf einem Esel nach Jerusalem hineinzog, einen Ausdruck der Propheten, dessen Begeisterung einen solchen Aufzug sah, den Johannes in dem Aufzuge des Jesus seine Wahrheit finden läßt. Die Erweise, daß ähnliche Stellen der jüdischen Bücher teils an sich unrichtig, gegen den Wortsinn des Originaltextes angeführt, teils gegen ihren Sinn, den sie durch ihren Zusammenhang erhalten, erklärt *seien,* teils sich auf ganz andere Wirklichkeiten, den Propheten gleichzeitige Umstände und Menschen beziehen, teils nur isolierte Begeisterung der Propheten seien, — alle diese Erweise treffen nur die Wirklichkeit der Beziehung, die die Apostel zwischen ihnen und Lebensumständen des Jesus aufstellen, nicht ihre Wahrheit und Geist, so wenig als ihre Wahrheit in der strengen objektiven Annahme sichtbar ist, daß die wirklichen Worte und Gesichte der Propheten der frühere Ausdruck späterer Wirklichkeiten seien. Der Geist der Beziehung, die die Freunde Christi zwischen den Gesichten der Propheten und den Begebenheiten des Jesus finden, wäre zu schwach aufgefaßt, wenn sie nur in die Vergleichung von Ähnlichkeit der Situationen gesetzt würde, in eine Vergleichung, wie wir der Darstellung einer Lage oft den bestimmten Ausdruck alter Schriftsteller hinzufügen. Johannes sagt bei dem oben angeführten Beispiel ausdrücklich, daß die Freunde des Jesus erst nachdem Jesus verklärt, nachdem der Geist über sie gekommen war, diese Beziehung erkannten. Hätte Johannes einen bloßen Einfall, eine bloße Ähnlichkeit Verschiedener in dieser Beziehung gesehen, so hätte es dieser Bemerkung nicht bedurft; so *war* aber im Geiste jenes Gesicht des Propheten und dieser Umstand bei einer Handlung Jesu eins; und da die Beziehung nur im Geiste ist, so fällt die objektive Ansicht derselben, als eines Zusammentreffens von Wirklichem, von Individuellem weg. Dieser Geist, der das Wirkliche so wenig fixiert oder es zu einem Unbestimmten macht, und nichts Individuelles, sondern ein Geistiges darin erkennt, ist besonders auch Joh. XI, 51 sichtbar, wo Johannes über die Maxime des Kaiphas und deren Anwendung, daß es besser sei, ein Mensch

sterbe fürs Volk, als dies im ganzen in Gefahr komme, erinnert,
daß Kaiphas dies nicht für sich selbst als Individuum gesprochen
habe, sondern als Hoherpriester in prophetischer Begeisterung
(ἐπροφήτευσεν). Was wir etwa unter dem Gesichtspunkte eines In-
strumentes der göttlichen Vorsehung ansehen würden, darin sah
Johannes ein vom Geiste Erfülltes, da der Charakter der Ansicht
Jesu und seiner Freunde nichts so sehr entgegengesetzt sein konnte,
als dem Gesichtspunkte, alles für Maschine, Werkzeug, Instrument
zu nehmen, sondern vielmehr der höchste Glaube an Geist war;
und da, wo man Einheit des Zusammentreffens von Handlungen
erblickt, denen für sich einzeln diese Einheit, die Absicht des
Ganzen oder Wirkung mangelt, und diese Handlungen (wie die
des Kaiphas) als ihr unterworfen, von ihr ohne Bewußtsein in ihrer
Beziehung auf die Einheit beherrscht, geleitet, als Wirklichkeiten
und Instrumente betrachtet, sieht Johannes Einheit des Geistes
und in dieser Handlung selbst den Geist der ganzen Wirkung
handelnd. Er spricht von Kaiphas als selbst von dem Geiste erfüllt, in dem die Notwendigkeit des Schicksals des Jesus lag.

So verlieren denn auch, mit der Seele der Apostel gesehen, die
Wunder von der Härte, welche die Entgegensetzung des Geistes
und des Körpers in ihnen für uns hat, da es sichtbar ist, daß jenen
der europäische Verstand mangelte, der dem ins Bewußtsein
Kommenden so allen Geist entzieht und es zu absoluten Objek-
tivitäten, dem Geiste schlechthin entgegengesetzten Wirklichkeiten
fixiert, daß jene Erkenntnis vielmehr ein unbestimmtes Schweben
zwischen Wirklichkeit und Geist ist, das beide zwar noch trennte,
aber nicht so unwiderruflich trennte, sondern die *unklare* Entgegensetzung schon gab, die bei größerer Entwickelung eine
Paarung des Lebendigen und Toten, des Göttlichen und Wirklichen werden mußte, das durch die Beigesellung des wirklichen
Jesus zum verklärten, zum Gotte gewordenen, dem tiefsten Triebe
nach Religion Befriedigung zeigte, — aber nicht gewährte und
ihn zu einem unendlichen, unauslöschlichen und ungestillten
Sehnen machte; denn dem Sehnen steht in seiner höchsten
Schwärmerei, in den Verzückungen der feinst organisierten, die
höchste Liebe atmenden Seelen immer das Individuum, ein Objektives, Persönliches gegenüber, nach der Vereinigung mit

welchem alle Tiefen ihrer schönen Gefühle schmachteten, welche Vereinigung aber, weil es ein Individuum ist, ewig unmöglich *ist*, da es ihnen immer gegenüber, ewig in ihrem Bewußtsein bleibt und die Religion nie zum vollständigen Leben werden läßt. In allen Formen der christlichen Religion, die sich im fortgehenden Schicksal der Zeit entwickelt haben, ruht dieser Grundcharakter der Entgegensetzung in dem Göttlichen, das allein im Bewußtsein, nie im Leben vorhanden sein soll. Von den verzückenden Vereinigungen des Schwärmers, der aller Mannigfaltigkeit des Lebens, auch der reinsten, in welcher der Geist seiner selbst genießt, entsagt und nur Gottes sich bewußt ist, also nur im Tode die Entgegensetzung der Persönlichkeit wegschaffen könnte, bis zur Wirklichkeit des mannigfaltigsten Bewußtseins, der Vereinigung mit dem Schicksal der Welt und der Entgegensetzung Gottes gegen dasselbe, entweder der gefühlten Entgegensetzung bei allen Handlungen und Lebensäußerungen, die ihre Rechtmäßigkeit durch die Empfindung der Dienstbarkeit und Nichtigkeit ihrer Entgegensetzung erkaufen (wie in der katholischen Kirche), oder der Entgegensetzung Gottes in bloßen mehr oder weniger andächtigen Gedanken (wie bei der protestantischen Kirche), entweder der Entgegensetzung eines hassenden Gottes gegen das Leben, als eine Schande und ein Verbrechen (bei einigen Sekten derselben), oder eines gütigen gegen das Leben und seine Freuden als lauter empfangene Wohltaten und Geschenke von ihm, als lauter Wirklichkeit, in welche dann auch die über ihr schwebende Geistesform in der Idee eines göttlichen Menschen, der Propheten usw. zu geschichtlicher, objektiver Ansicht herabgezogen wird, — zwischen diesen Extremen von dem mannigfaltigen oder verminderten Bewußtsein, der Freundschaft, des Hasses oder der Gleichgültigkeit gegen die Welt, zwischen diesen Extremen, die sich innerhalb der Entgegensetzung Gottes und der Welt, des Göttlichen und des Lebens befinden, hat die christliche Kirche vor- und rückwärts den Kreis durchlaufen, aber es ist gegen ihren wesentlichen Charakter, in einer unpersönlichen lebendigen Schönheit Ruhe zu finden und es ist ihr Schicksal, daß Kirche und Staat, Gottesdienst und Leben, Frömmigkeit und Tugend, geistliches und weltliches Tun nie in eins zusammenschmelzen können.

Man kann den Zustand der jüdischen Bildung nicht einen Zustand der Kindheit und ihre Sprache eine unentwickelte, kindliche Sprache nennen. Es sind noch einige tiefen, kindlichen Laute in ihr aufbehalten oder vielmehr wiederhergestellt worden, aber die übrige schwere, gezwungene Art, sich auszudrücken, ist vielmehr eine Folge der höchsten Mißbildung des Volkes, mit welcher ein reineres Wesen zu kämpfen hat und von welcher es leidet, wenn es sich in ihren Formen darstellen soll, welche es nicht entbehren kann, da es selbst zu diesem Volke gehört.

Der Anfang des Evangeliums des Johannes enthält eine Reihe thetischer Sätze, die in eigentlicherer Sprache über Gott und Göttliches sich ausdrücken. Es ist die einfachste Reflexionssprache, zu sagen: Im Anfang war der Logos, der Logos war bei Gott, und Gott war der Logos, in ihm war Leben. Aber diese Sätze haben nur den täuschenden Schein von Urteilen, denn die Prädikate sind nicht Begriffe, Allgemeines, wie der Ausdruck einer Reflexion in Urteilen notwendig enthält, sondern die Prädikate sind selbst wieder Seiendes, Lebendiges. Auch diese einfache Reflexion ist nicht geschickt, das Geistige mit Geist auszudrücken. Nirgends mehr als in Mitteilung des Göttlichen ist es für den Empfangenden notwendig, mit eigenem tiefem Geiste zu fassen, nirgend ist es weniger möglich, zu lernen, passiv in sich aufzunehmen, weil unmittelbar jedes über Göttliches in Form der Reflexion Ausgedrückte widersinnig ist und die passive geistlose Aufnahme desselben nicht nur den tieferen Geist leer läßt, sondern auch den Verstand, der es aufnimmt und dem es Widerspruch ist, darum zerrüttet. Diese immer objektive Sprache findet daher allein im Geiste des Lesers Sinn und Gewicht, und einen so verschiedenen, als verschieden die Beziehungen des Lebens und die Entgegensetzung des Lebendigen und des Toten zum Bewußtsein gekommen ist. Von den zwei Extremen, den Eingang des Johannes aufzufassen, ist die subjektivste Art, den Logos als ein Wirkliches, ein Individuum, die objektivste Art, ihn als Vernunft zu nehmen, dort als ein Besonderes, hier als die Allgemeinheit, dort die eigenste, ausschließendste Wirklichkeit, hier das bloße Gedachtsein. Gott und Logos werden unterschieden, weil das Seiende in zweierlei Rücksicht betrachtet werden muß, denn die Reflexion supponiert das, dem sie die Form des Reflektierten gibt, zugleich als nicht reflektiert, einmal als das Einige, in dem keine Teilung, Entgegensetzung ist und zugleich mit der Möglichkeit der Trennung, der unendlichen Teilung des Einigen. Gott und Logos sind nur insofern verschieden, als jener der Stoff in der Form des Logos ist; der Logos selbst ist bei Gott; sie sind eins. Die Mannigfaltigkeit, die Unendlichkeit des Wirklichen ist die unendliche Teilung als wirklich; alles ist durch den Logos; die Welt ist nicht eine Emanation der Gottheit, denn sonst wäre das Wirkliche durchaus ein Göttliches; aber als Wirkliches ist es Emanation, Teil der unendlichen Teilung, zugleich aber im Teile (ἐν αὐτῷ fast besser auf das nächste οὐδὲ ἓν ὃ γέγονεν) oder in dem unendlich Teilenden (ἐν αὐτῷ auf λόγος bezogen) Leben. Jeder Teil, außer dem das Ganze ist, ist zugleich ein Ganzes, ein Leben, und dies Leben wiederum auch als ein reflektiertes, auch in Rücksicht der Teilung, des Verhältnisses als Subjekt und Prädikat, ist Leben (ζωή) und aufgefaßtes Leben (φῶς), Wahrheit. Diese Endlichen haben Entgegensetzungen; für das Licht gibt es Finsternis. Der Täufer Johannes war nicht das Licht; er zeugte nur von ihm; er fühlte das Einige, aber es kam nicht rein, nur in bestimmte Verhältnisse beschränkt, zu seinem Bewußtsein. Er glaubte daran, aber sein Bewußtsein war nicht gleich dem Leben; nur ein Bewußtsein, das dem Leben gleich und nur darin verschieden *ist,* daß dieses das Seiende, jenes dies Seiende als Reflektiertes ist, ist φῶς. Ungeachtet Johannes nicht selbst das φῶς war, so war es doch in jedem Menschen, der in die Menschenwelt tritt (κόσμος, das Ganze der menschlichen Verhältnisse und menschlichen Lebens, beschränkter als πάντα I, 3 und ὃ γέγονεν). Nicht nur wie der Mensch in der Welt ist er φωτιζόμενος; das φῶς ist auch in der Welt selbst; sie ist ganz; alle ihre Beziehungen, Bestimmungen sind das Werk des ἀνθρώπου φωτός, des sich entwickelnden Menschen, ohne daß die Welt, in der diese Verhältnisse leben, ihn, die zum Bewußtsein kommende ganze Natur, erkennte, ohne daß sie ins Bewußtsein der Welt käme. Die Menschenwelt ist sein Eigenstes (τὰ ἴδια), das ihm Verwandteste, und sie nehmen ihn nicht auf, sie behandeln ihn als fremd. Die aber in ihm sich erkennen, erhalten dadurch Macht, die nicht eine neue Kraft, ein Lebendiges ausdrückt, sondern nur den Grad, die

Gleichheit oder Ungleichheit des Lebens. Sie werden nicht ein Anderes, aber sie erkennen Gott und sich als Kinder Gottes, als schwächer als er, aber von gleicher Natur, insofern sie sich jener Beziehung (ὄνομα) des ἀνθρώπου φωτιζομένου φωτὶ ἀληθίνῳ bewußt werden, ihr Wesen in nichts Fremdem, sondern in Gott findend.

Bisher war nur von der Wahrheit selbst und dem Menschen im allgemeinen gesprochen; I, 14 erscheint der Logos auch in der Modifikation als Individuum, in welcher Gestalt er sich auch uns gezeigt hat, (ἄνθρωπος ἐρχόμενος εἰς κόσμον, anders ist nichts da, worauf das αὐτόν des Verses I, 10 und ff. gehen könnte). Nicht bloß vom φῶς (I, 7), auch vom Individuum zeugte Johannes (I, 15).

Die Idee von Gott mag noch so sublimiert werden, so bleibt immer das jüdische Prinzip der Entgegensetzung des Gedankens gegen die Wirklichkeit, des Vernünftigen gegen das Sinnliche, die Zerreißung des Lebens, ein toter Zusammenhang Gottes und der Welt, eine Verbindung, die wahrhaft nur als lebendiger Zusammenhang genommen und bei welcher von den Verhältnissen der Bezogenen nur mystisch gesprochen werden kann.

Der am häufigsten vorkommende und bezeichnendste Ausdruck des Verhältnisses Jesu zu Gott ist, daß er sich Sohn Gottes nennt, und sich als Sohn Gottes sich als dem Sohn des Menschen entgegensetzt. Die Bezeichnung dieses Verhältnisses ist einer der wenigen Naturlaute, die in der damaligen Judensprache zufällig übriggeblieben war und daher unter ihre glücklichen Ausdrücke gehört. Das Verhältnis eines Sohnes zum Vater ist nicht eine Einheit, ein Begriff, wie etwa Einheit, Übereinstimmung der Gesinnung, Gleichheit der Grundsätze und dergleichen, eine Einheit, die nur ein Gedachtes ist und vom Lebendigen abstrahiert, sondern lebendige Beziehung Lebendiger, gleiches Leben, nur Modifikationen desselben Lebens, nicht Entgegensetzung des Wesens, nicht eine Mehrheit absoluter Substantialitäten; also Gottes Sohn, dasselbe Wesen, das der Vater ist, aber für jeden Akt der Reflexion, jedoch auch nur für ein solches, ein besonderes. Auch im Ausdruck: ein Sohn des Stammes Koresch z. B., wie die Araber den Einzelnen, ein Individuum desselben bezeichnen, liegt es, daß dieser Einzelne nicht bloß ein Teil des Ganzen, das Ganze also nicht etwas außer ihm, sondern er selbst eben das Ganze ist, das der ganze Stamm ist. Es ist dies auch aus der Folge klar, die es bei einem solchen natürlichen ungeteilten Volke auf *seine* Art Krieg zu führen hat, indem jeder Einzelne aufs grausamste niedergemacht wird; im jetzigen Europa hingegen, wo jeder Einzelne nicht das Ganze des Staates in sich trägt, sondern das Band nur ein Gedachtes, das gleiche Recht für alle ist, wird darum nicht gegen den Einzelnen, sondern gegen das außer jedem liegende Ganze Krieg geführt; wie bei jedem echt freien Volk, so ist bei den Arabern jeder ein Teil, aber zugleich das Ganze. Nur von Objekten, von Toten gilt es, daß das Ganze ein Anderes ist, als die Teile, im Lebendigen hingegen der Teil desselben eben so wohl und dasselbe Eins, als das Ganze. Wenn die besonderen Objekte als Substanzen, doch zugleich jedes mit seiner Eigenschaft als Individuum (in Zahlen) zusammengefaßt werden, so ist ihr Gemeinsames, die Einheit, nur ein Begriff, nicht ein Wesen, ein Seiendes; aber die Lebendigen sind Wesen als abgesonderte und ihre Einheit ist ebensowohl ein Wesen. Was im Reich des Toten Widerspruch ist, ist es nicht im Reiche des Lebens. Ein Baum, der drei Äste hat, macht mit ihnen zusammen e i n e n Baum, aber jeder Sohn des Baumes, jeder Ast, auch seine andern Kinder, Blätter und Blüten, ist selbst ein Baum; die Fasern, die dem Aste Saft aus dem Stamm zuführen, sind von der gleichen Natur der Wurzeln; ein Baum, umgekehrt in die Erde gesteckt, wird aus den in die Luft gestreckten Wurzeln Blätter treiben und die Zweige werden sich in die Erde einwurzeln; und es ist eben so wahr, daß hier nur e i n Baum ist, als daß es drei Bäume sind.

Diese Weseneinheit des Vaters und des Sohnes in der Göttlichkeit fanden auch die Juden in dem Verhältnisse, das sich Jesus zu Gott gab. Sie fanden (Joh. V, 18), er mache sich selbst Gott gleich, indem er Gott seinen Vater nenne. Dem jüdischen Prinzip der Herrschaft Gottes konnte Jesus zwar die Bedürfnisse des Menschen entgegenstellen (wie das Bedürfnis, den Hunger zu befriedigen, der Feier des Sabbats), aber auch dies nur im allgemeinen. Die tiefere Entwickelung dieses Gegensatzes, etwa ein Primat der praktischen Vernunft, war nicht in der Bildung jener Zeiten. In seiner Entgegensetzung stand er vor den Augen nur als Individuum. Den Gedanken dieser Individualität zu entfernen, beruft sich Jesus, besonders bei Johannes, immer auf seine Einigkeit mit Gott, der dem Sohne Leben in sich selbst zu haben gegeben, wie der Vater selbst Leben in sich selbst habe; daß er und der Vater eins sei; er sei Brot, vom Himmel herabgestiegen, usw.: harte Ausdrücke (σκληροὶ λόγοι), welche dadurch nicht milder werden, daß man sie für bildliche erklärt und ihnen, statt sie mit Geist als Leben zu nehmen, Einheiten der Begriffe unterschiebt. Freilich, sobald man Bildlichem die Verstandesbegriffe entgegensetzt und die letzteren zum Herrschenden annimmt, so muß alles Bild nur als Spiel, als Beiwesen der Einbildungskraft ohne Wahrheit, beseitigt *werden* und statt des Lebens des Bildes bleibt nur Objektives.

Jesus nennt sich aber nicht nur der Sohn Gottes, er nennt sich auch Sohn des Menschen. Wenn Sohn Gottes eine Modifikation des Göttlichen ausdrückt, so wäre ebenso Sohn des Menschen eine Modifikation des Menschen. Aber der Mensch ist nicht e i n e Natur, e i n Wesen, wie die Gottheit, sondern ein Begriff, ein Gedachtes; und der Menschensohn heißt ein dem Begriffe Mensch Subsumiertes. Jesus ist Mensch, ist ein eigentliches Urteil; das Prädikat ist nicht ein Wesen, sondern ein Allgemeines (ἄνθρωπος der Mensch, υἱὸς ἀνθρώπου ein Mensch). Der Gottessohn ist auch Menschensohn; das Göttliche in einer besonderen Gestalt erscheint als ein Mensch. Der Zusammenhang des Unendlichen und des Endlichen ist freilich ein heiliges Geheimnis, weil dieser Zusammenhang das Leben selbst ist. Die Reflexion, die das Leben trennt, kann es in Endliches und Unendliches unterscheiden, und nur die Beschränkung, das Endliche für sich betrachtet, gibt den Begriff des Menschen als der Gottheit entgegengesetzt; außerhalb der Reflexion, in der Wahrheit, findet sie nicht statt. Diese Bedeutung des Menschensohnes tritt da am hellsten hervor, wo der Menschensohn dem Gottessohn entgegengesetzt ist, wie Joh. V, 26, 27. Wie der Vater Leben in sich selbst hat, so gab er auch dem Sohne, Leben in sich selbst zu haben: und er gab ihm auch Macht, Gericht zu halten, weil er Menschensohn ist,» denn (V, 22) «der Vater richtet niemand, sondern hat das Richten dem Sohne gegeben.» Dagegen heißt es Joh. III, 17 (Matth. XVIII, 11): «Gott hat seinen Sohn nicht in die Welt geschickt, daß er die Welt richte, sondern daß die Welt durch ihn gerettet werde.» Richten ist nicht ein Akt des Göttlichen; denn das Gesetz, das im Richten ist, ist das den zu Richtenden entgegengesetzte Allgemeine, und das Richten ist ein Urteilen, ein Gleich- oder Ungleichsetzen, das Anerkennen einer gedachten Einheit oder einer unvereinbaren Entgegensetzung; der Gottessohn richtet, sondert, trennt nicht, hält nicht Entgegengesetztes in seiner Entgegensetzung; eine Äußerung, das Regen des Göttlichen ist kein Gesetzgeben, Gesetz-aufstellen, kein Behaupten der Herrschaft des Gesetzes, sondern die Welt soll durch das Göttliche gerettet werden. Auch Retten ist ein Ausdruck, der nicht gut vom Geiste gebraucht wird; denn er bezeichnet die absolute Unmacht gegen die Gefahr desjenigen, der in Gefahr schwebt; und die Rettung ist insofern die Handlung eines Fremden zu einem Fremden, und die Wirkung des Gött-lichen kann nur insofern als Rettung genommen werden, als der Gerettete nur seinem vorhergehenden Zustande, nicht seinem Wesen fremd wird. Der Vater richtet nicht, auch nicht der Sohn, der Leben in ihm selbst hat, insofern er eins ist mit dem Vater. Aber zugleich hat er auch Macht erhalten, und die Gewalt, Ge-richt zu machen, weil er Menschensohn ist; denn die Modifikation ist als solche, als ein Beschränktes, der Entgegensetzung und der Trennung in Allgemeines und Besonderes fähig; in ihm findet Vergleichung in Rücksicht auf die Materie, Vergleichung der Kraft, also Macht statt, und in Rücksicht auf die Form, die Tätigkeit des Vergleichens, der Begriff, das Gesetz und das Trennen oder Ver-binden desselben mit einem Individuum, Urteilen und Gericht-halten. Zugleich aber könnte wieder der Mensch nicht richten, wenn er nicht ein Göttliches wäre; denn dadurch allein ist in ihm der Maßstab des Richtens, die Trennung möglich; in dem Gött-lichen ist seine Macht, zu binden und zu lösen, gegründet. Das Richten selbst kann wieder von zweierlei Art sein, das Ungött-liche entweder nur in der Vorstellung oder in der Wirklichkeit zu beherrschen. Jesus sagt (Joh. III, 18, 19): «Wer an den Gottes-sohn glaubt, wird nicht gerichtet, wer aber nicht an ihn glaubt, ist schon gerichtet,» weil er diese Beziehung des Menschen zu Gott, seine Göttlichkeit nicht erkannt hat, und: «Ihr Gericht ist ihre größere Liebe selbst zur Finsternis als zur Wahrheit.» In ihrem Unglauben besteht also das Gericht selbst; der göttliche

Mensch naht sich dem Bösen nicht als eine es beherrschende,
unterdrückende Gewalt, denn der göttliche Menschensohn hat
zwar Macht erhalten, aber nicht Gewalt (Unterschied von δύναμις
und ἐξουσία); er behandelt, bekämpft die Welt nicht in der Wirklichkeit; er bringt ihr ihr Gericht nicht als Bewußtsein einer Strafe
bei; was mit ihm nicht leben, nicht genießen kann, was sich abgesondert hat und getrennt steht, dessen selbstgesteckte Grenzen
erkennt er als solche Beschränkungen, wenn sie schon vielleicht
der höchste Stolz der Welt sind und von ihr nicht als Beschränkungen gefühlt werden und ihr Leiden für sie vielleicht nicht die
Form des Leidens, wenigstens nicht die Form der rückwirkenden Beleidigung eines Gesetzes hat. Ihr Unglaube aber ist es, was sie
in eine tiefere Sphäre setzt, ihr eigenes Gericht, wenn sie sich in
ihrem Unbewußtsein des Göttlichen, in ihrer Erniedrigung auch
gefällt.

Das Verhältnis Jesu zu Gott, als eines Sohnes zum Vater, konnte,
je nachdem der Mensch das Göttliche ganz außer sich setzt, oder
nicht, entweder als Erkenntnis oder mit dem Glauben gefaßt werden. Die Erkenntnis setzt für ihre Art, jenes Verhältnis aufzunehmen, zweierlei Naturen, eine menschliche und eine göttliche
Natur, ein menschliches Wesen und ein göttliches Wesen, deren
jedes Persönlichkeit, Substantialität hat, und die in jeder Art von
Beziehung zwei bleiben, weil sie als absolut verschieden gesetzt
sind. Diejenigen, die diese absolute Verschiedenheit setzen, und
zugleich doch fordern, die Absoluten in der innigsten Beziehung
als Eins zu denken, heben nicht in der Rücksicht den Verstand
auf, daß sie etwas ankündigten, das außerhalb seines Gebietes wäre,
sondern er ist es, dem sie zumuten, absolut verschiedene Substanzen aufzufassen und zugleich absolute Einheit derselben; sie zerstören *ihn* also, indem sie ihn setzen. Diejenigen, die die gegebene Verschiedenheit der Substanzialitäten annehmen, aber ihre
Einheit leugnen, sind konsequenter. Zu jenem sind sie berechtigt,
denn es wird gefordert, Gott und Mensch zu denken, und auch
zu diesem, denn die Trennung zwischen Gott und Mensch aufzuheben, wäre gegen das erste ihnen Zugemutete. Sie retten auf
diese Art wohl den Verstand, aber wenn sie bei dieser absoluten
Verschiedenheit der Wesen stehen bleiben, so erheben sie den

Verstand, die absolute Trennung, das Töten zum Höchsten des Geistes. Auf diese Art nahmen die Juden Jesum auf.

Das Wesen des Jesus als ein Verhältnis des Sohnes zum Vater kann in der Wahrheit nur mit dem Glauben aufgefaßt werden, und Glauben an sich forderte Jesus von seinem Volke. Dieser Glaube charakterisiert sich durch seinen Gegenstand, das Göttliche. Der Glaube an Wirkliches ist eine Erkenntnis irgend eines Objekts, eines Beschränkten, und so wie ein Objekt ein Anderes ist als Gott, so sehr ist diese Erkenntnis verschieden von dem Glauben an das Göttliche. Gott ist ein Geist, und die ihn anbeten, müssen ihn «in Geist und Wahrheit anbeten». Wie könnte dasjenige einen Geist erkennen, das nicht selbst ein Geist wäre? Die Beziehung eines Geistes zu einem Geiste ist Gefühl der Harmonie, ihre Vereinigung; wie könnte Heterogenes sich vereinigen? Glaube an Göttliches ist nur dadurch möglich, daß im Glaubenden selbst Göttliches ist, welches in dem, woran es glaubt, sich selbst, seine eigene Natur wiederfindet, wenn es auch nicht das Bewußtsein hat, daß dies Gefundene seine eigne Natur wäre. Denn in jedem Menschen selbst ist das Licht und Leben, er ist das Eigentum des Lichts; und er wird vom Lichte nicht erleuchtet, wie ein dunkler Körper, der nur fremden Glanz trägt, sondern sein eigner Feuerstoff gerät in Brand und ist eine eigne Flamme. Der Mittelzustand zwischen der Finsternis, dem Fernsein von dem Göttlichen, dem Gefangenliegen unter der Wirklichkeit und zwischen einem eignen ganz göttlichen Leben, einer Zuversicht auf sich selbst, ist der Glaube an das Göttliche. Er ist das Ahnen, das Erkennen des Göttlichen und das Verlangen der Vereinigung mit ihm, die Begierde gleichen Lebens; aber er ist noch nicht die Stärke des Göttlichen, das alle Fäden seines Bewußtseins durchdrungen, all seine Beziehungen zu der Welt berichtigt hat, in seinem ganzen Wesen weht. Der Glaube an das Göttliche stammt also aus der Göttlichkeit der eignen Natur; nur die Modifikation der Gottheit kann sie erkennen. Als Jesus seine Jünger fragte: «Wer sagen die Menschen, daß ich, der Menschensohn, sei?», erzählten seine Freunde die Meinungen der Juden, welche auch indem sie ihn verklärten, ihn über die Wirklichkeit der Menschenwelt hinaufsetzten, doch nicht aus der Wirklichkeit herausgehen konnten, sondern in ihm nur *ein* Individuum sahen, das sie auf eine unnatürliche Art mit ihr verbanden. Als aber Petrus seinen Glauben an den Menschensohn, daß er in ihm den Sohn Gottes erkenne, ausgesprochen hatte, so preist ihn Jesus selig, ihn, den Simon, den Sohn des Jona, was er für die andern Menschen war, den Menschensohn; denn der Vater im Himmel habe ihm dies geoffenbart. Einer Offenbarung bedurfte es nicht zu einer bloßen Erkenntnis von göttlicher Natur. Ein großer Teil der Christenheit lernt diese Erkenntnis; den Kindern werden Schlüsse aus den Wundern usw. gegeben, daß Jesus Gott sei; man kann dieses Lernen, dies Empfangen keine göttliche Offenbarung nennen; dieses Glaubens Befehl und Prügel tun es hier. «Mein Vater im Himmel hat es dir geoffenbart; das Göttliche, das in dir ist, hat mich als Göttliches erkannt; du hast mein Wesen verstanden; es hat in dem deinigen wieder getönt.» Den unter den Menschen als Simon, Sohn des Jona, Gangbaren macht er zu Petrus, zum Felsen, der seine Gemeine gründen werde. Er setzt ihn nun in seine eigne Macht ein, zu binden und zu lösen — eine Macht, die nur einer das Göttliche rein in sich tragenden Natur zukommen kann, um jede Entfernung von ihm zu erkennen. «Es ist nunmehr kein anderes Urteil im Himmel als das deinige; was du auf Erden als frei oder gebunden erkennst, ist es auch vor den Augen des Himmels». Nun erst wagt es Jesus, seinen Jüngern von seinem bevorstehenden Schicksal zu sprechen, aber das Bewußtsein des Petrus von der Göttlichkeit seines Lehrers charakterisiert sich sogleich nur als Glauben, der zwar das Göttliche gefühlt, aber noch nicht eine Erfüllung des ganzen Wesens durch dasselbe, noch kein Empfangen des heiligen Geistes ist. Es ist eine oft wiederkehrende Vorstellung, daß der Glaube der Freunde Jesu an ihn Gott zugeschrieben wird. Besonders Joh. XVII, 6, nennt er sie *Menschen*, die ihm von Gott gegeben; so wie Joh. VI, 29, ein Werk Gottes, eine göttliche Wirkung, an ihn zu glauben: ein göttliches Wirken ist ganz etwas anderes als ein Lernen und Unterrichtetwerden. Joh. VI, 65: «Niemand kann zu mir kommen, wenn es ihm nicht von meinem Vater gegeben ist.»

Dieser Glaube ist aber nur die erste Stufe der Beziehung mit Jesu, die in ihrer Vollendung so innig vorgestellt wird, daß seine

Freunde eins seien mit ihm. Bis sie selbst das Licht haben, sollen
sie an das Licht glauben, daß sie Söhne des Lichts werden (Joh.
XII, 36). Zwischen denen, die nur erst den Glauben an das Licht
haben, und denen, die selbst Kinder des Lichts sind, ist der Unterschied wie zwischen dem Täufer Johannes, der nur vom Lichte
zeugte, und Jesu, *dem* individualisierten Lichte. Wie Jesus ewiges
Leben in sich hat, so sollen auch die Gläubigen an ihn (Joh. VI,
40) zum unendlichen Leben kommen. Am klarsten ist die lebendige Vereinigung Jesu in seinen letzten Reden bei Johannes dargestellt: sie in ihnen und er in ihnen, sie zusammen eins, er der
Weinstock, sie die Ranken; in den Teilen dieselbe Natur, das gleiche Leben, das im Ganzen ist. Diese Vollendung seiner Freunde
ist es, worum Jesus seinen Vater bittet, und die er ihnen verheißt,
wenn er von ihnen entfernt sein werde. So lange er unter ihnen
lebte, blieben sie nur Gläubige, denn sie beruhten nicht auf sich
selbst. Jesus war ihr Lehrer und Meister, ein individueller Mittelpunkt, von dem sie abhingen. Sie hatten noch nicht eignes, unabhängiges Leben. Der Geist Jesu regierte sie. Aber nach seiner
Entfernung fiel auch diese Objektivität, diese Scheidewand zwischen ihnen und Gott und der Geist Gottes konnte dann ihr ganzes Wesen beleben. Wenn Jesus (Joh. VII, 38, 39) sagt: «Wer an
mich glaubt, aus dessen Leibe werden Ströme des Lebens quel-
len», so macht Johannes die Anmerkung, daß dies erst von der
noch künftigen durchgängigen Belebung durch den heiligen Geist
gemeint gewesen sei, den sie noch nicht empfangen hatten, weil
Jesus noch nicht verklärt war. Es muß aller Gedanke einer Verschiedenheit des Wesens Jesu und derer, in denen der Glaube an
ihn zum Leben geworden, in denen selbst das Göttliche ist, entfernt werden. Wenn Jesus so häufig von sich als einer eminenten
Natur spricht, so geschieht dies im Gegensatz gegen die Juden.
Von diesen trennt er sich und erhält dadurch die Gestalt eines
Individuums auch in Ansehung des Göttlichen. «Ich bin die
Wahrheit und das Leben; wer an mich glaubt» — dies bestän-
dige, einförmige Vorschieben des Ich bei Johannes ist wohl eine
Absonderung seiner Persönlichkeit gegen den jüdischen Charakter.
Aber so sehr er gegen diesen Geist sich zum Individuum macht,
ebensosehr hebt er alle göttliche Persönlichkeit, göttliche Indivi-

dualität gegen seine Freunde auf, mit denen er nur eins sein will, die in ihm eins sein sollen. Johannes sagt (II, 25) von Jesu: «Er wußte, was im Menschen war», und der treuste Spiegel seines schönen Glaubens an die Natur sind seine Reden beim Anblick unverdorbener Natur (Matth. XVIII, 1 ff., XIX, 3 ff.). «Wenn ihr nicht werdet wie die Kinder, so werdet ihr nicht in das göttliche Reich kommen; der Kindlichste ist der Größte in der himmlischen Welt, und wer ein solches Kind in meinem Namen aufnimmt, nimmt mich in sich auf. Wer in ihm sein reines Leben zu fühlen, das Heilige seiner Natur zu erkennen fähig ist, der hat mein Wesen gefühlt. Wer diese heilige Reinheit besudelt, dem wäre es gut, daß ihm ein Mühlstein an den Hals gehängt und daß er im tiefsten Meer ersäuft würde.» O der schmerzlichen Notwendigkeit solcher Verletzungen des Heiligen! Der tiefste, heiligste Kummer einer schönen Seele, ihr unbegreiflichstes Rätsel, daß die Natur zerstört, das Heilige verunreinigt werden muß! Wie dem Verstande das Göttliche und das Einssein mit Gott das Unbegreifliche ist, so ist es dem edlen Gemüt die Entfernung von Gott. «Sehet zu, verachtet nicht eins dieser Kleinen; denn ich sage euch, ihre Engel in den Himmeln, beständig schauen sie das Angesicht meines Vaters im Himmel.» Unter den Engeln der Kinder können keine objektiven Wesen verstanden werden. Denn (um einen Grund ad hominem anzugeben) auch die Engel der andern Menschen müßte man als in der Anschauung Gottes lebend denken. In der Engel Anschauen Gottes ist sehr glücklich viel vereinigt: das Bewußtlose, die unentwickelte Einigkeit, das Sein und Leben in Gott ist, weil es als eine Modifikation der Gottheit in den existierenden Kindern vorgestellt werden soll, von Gott getrennt; aber ihr Sein, ihr Tun ist eine ewige Anschauung desselben.

Um den Geist, das Göttliche außer seiner Beschränkung und die Gemeinschaft des Beschränkten mit dem Lebendigen darzustellen, trennt Plato das reine Lebendige und das Beschränkte durch die Verschiedenheit der Zeit. Er läßt die reinen Geister ganz in der Anschauung des Göttlichen gelebt haben und sie im spätern Erdenleben, nur mit verdunkeltem Bewußtsein dieses Himmlischen, dieselben sein. Auf eine andere Art trennt und vereinigt hier Jesus die Natur, das Göttliche des Geistes und die

Beschränkung. Als Engel ist der kindliche Geist nicht als ohne alle Wirklichkeit, ohne Existenz, in Gott, sondern zugleich als Söhne Gottes, als Besondere dargestellt. Die Entgegensetzung des Anschauenden und des Angeschauten, daß sie Subjekt und Objekt sind, fällt in der Anschauung selbst weg. Ihre Verschiedenheit ist nur eine Möglichkeit der Trennung; ein Mensch, der ganz in der Anschauung der Sonne versunken wäre, wäre nur ein Gefühl des Lichtes, ein Lichtgefühl als Wesen; der ganz in der Anschauung eines andern Menschen lebte, wäre ganz dieser andere selbst, nur mit der Möglichkeit, ein andrer zu sein.

Was aber verloren ist, was sich entzweit hat, wird durch die Rückkehr zur Einigkeit, zum Werden wie Kinder wiedergewonnen. Was aber diese Wiedervereinigung von sich stößt, fest gegen sie hält, das hat sich abgesondert. «Das sei euch fremd, mit dem ihr nichts gemein habet; was ihr unter seiner Absonderung gebunden erkläret, ist es auch im Himmel; was ihr aber löset, für frei und damit für vereinigt erkläret, ist auch im Himmel frei, in ihm Eins, schaut die Gottheit an.» In einer andern Gestalt stellt Jesus (Matth. XVIII, 19) diese Einigkeit dar: «Wo zwei euer auf etwas einig sind, darum zu bitten, wird es euch der Vater geschehen lassen.» Die Ausdrücke: bitten, gewähren, beziehen sich eigentlich auf Vereinigung über Objekte (πράγματα); für eine solche nur hat die jüdische Wirklichkeitssprache Ausdrücke. Das Objekt kann aber hier nichts anders sein als nur die reflektierte Einigkeit (die συμφωνία τῶν δυοῖν οὐσιῶν); als Objekt ist es ein Schönes, subjektiv die Vereinigung, denn in eigentlichen Objekten können Geister nicht einig sein. Das Schöne, eine Einigkeit euer zwei oder drei, ist es auch in der Harmonie des Ganzen, ist ein Laut, Einklang in dieselbe und ist von ihr gewährt; es ist, weil es in ihr ist, weil es ein Göttliches ist. Und mit dieser Gemeinschaft mit dem Göttlichen sind die Einigen zugleich in der Gemeinschaft des Jesus: «Wo zwei oder drei vereinigt sind in meinem Geist (εἰς τὸ ἐμὸν ὄνομα, wie Matth. X, 41) in der Rücksicht, in der mir Sein und ewiges Leben zukommt, in der ich bin, bin ich in ihrer Mitte; so ist mein Geist.» So bestimmt erklärt sich Jesus gegen Persönlichkeit, gegen eine seinen vollendeten Freunden entgegengesetzte Individualität seines Wesens (gegen den Gedanken eines persönlichen Gottes), von welcher der Grund eine absolute Besonderheit seines Seins gegen sie wäre. Ein Ausdruck über die Vereinigung Liebender (Matth. XIX, 5) gehört auch hierher: «Die zwei, Mann und Weib, werden eins sein, so daß sie nun nicht mehr zwei sind.» Was also Gott vereinigt hat, soll der Mensch nicht trennen. Sollte sich diese Vereinigung nur auf die ursprüngliche Bestimmung des Mannes und des Weibes für einander beziehen, so paßte dieser Grund nicht gegen Scheidung der Ehe, denn durch die Scheidung wird jene Bestimmung, die Vereinigung des Begriffs nicht aufgehoben, welche bliebe, wenn auch eine lebendige Vereinigung zertrennt wird. Von einer solchen ist gesagt, daß sie eine Wirkung Gottes, ein Göttliches ist.

Da Jesus mit dem ganzen Genius seines Volkes in den Kampf trat und mit seiner Welt durchaus gebrochen hatte, so konnte die Vollendung seines Schicksals keine andere sein, als durch den feindlichen Genius des Volkes erdrückt zu werden. Die Verherrlichung des Menschensohns in diesem Untergange ist nicht das Negative, alle Beziehungen an sich mit der Welt aufgegeben zu haben, sondern das Positive, der unnatürlichen Welt seine Natur versagt und sie lieber·im Kampf und Untergang gerettet, als sich entweder mit Bewußtsein unter die Verdorbenheit gebeugt, oder ohne Bewußtsein von ihr beschlichen in ihr sich fortgewälzt zu haben. Jesus hatte das Bewußtsein der Notwendigkeit des Untergangs seines Individuums und suchte auch seine Jünger von ihr zu überzeugen. Aber sie konnten ihr Wesen nicht von seiner Person trennen; sie waren nur noch Glaubende. Als Petrus eben im Menschensohn das Göttliche anerkannt hatte, glaubte Jesus seine Freunde fähig zu sein, ihre Absonderung von ihm ins Bewußtsein zu bringen und ihren Gedanken zu tragen. Er sprach ihnen also, unmittelbar nachdem er von Petrus seinen Glauben gehört hatte, davon. Aber in dem Erschrecken des Petrus darüber zeigte sich der Abstand des Glaubens von der Vollendung. Erst nach der Entfernung seines Individuums konnte ihre Abhängigkeit davon aufhören und eigner Geist, oder der göttliche Geist in ihnen selbst bestehen. «Es ist auch nützlich, daß ich weggehe, sagt Jesus (Joh. XVI. 7); denn wenn ich nicht abginge, so käme der Tröster nicht zu euch, der Geist der Wahrheit (Joh. XIV, 16),

den die Welt nicht aufnehmen kann, weil sie ihn nicht erkennt.
So lasse ich euch nicht als Waisen zurück; ich komme zu euch
und ihr werdet mich schauen, daß ich lebe und daß auch ihr le-
bet. — Wenn ihr das Göttliche nicht mehr nur außer euch, nur
in mir schauet, sondern selbst Leben in euch habt, dann wird es
auch in euch zum Bewußtsein kommen (Joh. XV, 27), daß ihr
von Anbeginn mit mir seid, daß unsere Naturen eins sind in der
Liebe und in Gott. — Der Geist wird euch in alle Wahrheit leiten (Joh. XVI, 13) und euch alles in Erinnerung bringen, was ich
euch sagte. Er ist ein Tröster, wenn Trost geben die Aussicht
auf ein gleiches oder größeres Gut, als das verlorene ist, geben
heißt. So seid ihr nicht als Waisen zurückgelassen, denn so viel
werdet ihr in euch selbst empfangen.»

Das Individuum setzt Jesus auch (Matth. XII, 31, ff.) gegen den
Geist des Ganzen. «Wer einen Menschen (mich als Menschensohn) lästert, dem kann diese Sünde verziehen werden. Wer aber
den Geist selbst, das Göttliche lästert, dessen Sünde wird nicht
in dieser, noch in der kommenden Zeit vergeben. Aus dem Überfluß des Herzens spricht der Mund, aus dem Reichtum eines guten Geistes gibt der Gute Gutes, aus dem bösen Geist gibt der
Böse Böses. — Wer das Einzelne lästert, mich als Individuum,
der schließt sich nur von mir aus, nicht von der Liebe; wer sich
aber vom Göttlichen absondert, die Natur selbst, den Geist in ihr
lästert, dessen Geist hat das Heilige in sich zerstört, und er ist
darum unfähig, seine Trennung aufzuheben und sich zur Liebe,
zum Heiligen zu vereinigen. Durch ein Zeichen könntet ihr er-
schüttert werden, aber die verlorene Natur stellte sich darum
nicht in euch her. Die Eumeniden eures Wesens könnten er-
schreckt werden, aber die Leere, die die vertriebenen Dämonen
euch zurücklassen, würde nicht von der Liebe erfüllt, sondern sie
zöge eure Furien wieder zurück, die nun verstärkt durch euer
Bewußtsein selbst, daß sie Furien der Hölle sind, eure Zerstörung
vollendeten.»

Die Vollendung des Glaubens, die Rückkehr zur Gottheit, aus
der der Mensch geboren ist, schließt den Zirkel seiner Entwickelung. Alles lebt in der Gottheit, alle Lebendigen sind seine Kinder. Aber das Kind trägt die Einigkeit, den Zusammenhang, den

Einklang in die Harmonie unzerstört, aber unentwickelt in sich;
es beginnt mit dem Glauben an Götter außer sich, mit der Furcht,
bis es selbst immer mehr gehandelt, getrennt hat, aber in den Vereinigungen zur ursprünglichen, aber nun entwickelten, selbstpro-
duzierten gefühlten Einigkeit zurückkehrt und die Gottheit erkennt, d. h. der Geist Gottes in ihm ist, aus seinen Beschränkungen tritt, die Modifikation aufhebt und das Ganze wiederher-
stellt. «Gott, der Sohn, der heilige Geist! Lehret alle Völker (es
sind die letzten Worte des verklärten Jesus, Matth. XXVIII, 19),
indem ihr sie in diese Beziehungen der Gottheit, in das Verhältnis des Vaters, des Sohnes und des heiligen Geistes eintaucht.»
Schon aus der Stellung der Worte erhellt, daß unter dem Eintauchen nicht ein Tauchen in Wasser, eine sogenannte Taufe gemeint ist, bei welcher ein Aussprechen von einigen Worten, wie
von einer Zauberformel stattfinden sollte. Dem μαθητεύσατε ist
durch seinen Zusatz auch der Begriff des eigentlichen Lehrens
genommen; Gott kann nicht gelehrt, nicht gelernt werden, denn
er ist Leben, und kann nur mit Leben gefaßt werden. «Erfüllet
sie mit der Beziehung (ὄνομα, wie Matth. X, 41: Wer einen Propheten aufnimmt εἰς ὄνομα προφήτου, insofern ist er ein Prophet) des
Einigen, der Modifikation (Trennung) und der entwickelten Wiedervereinigung in Leben und Geist (nicht im Begriffe).» Matth.
XXI, 25, fragt Jesus: «Woher war das βάπτισμα des Johannes? aus
dem Himmel oder aus dem Menschen?» Βάπτισμα, die ganze Weihe des Geistes und Charakters, wobei an das Eintauchen ins Wasser, aber als Nebensache, auch gedacht werden kann. Aber Mark.
I, 4, fällt der Gedanke an diese Form der Aufnahme des Johannes
in seinen Geistesbund ganz weg; Johannes, heißt es, verkündigte
das βάπτισμα der Sinnesänderung zur Sündenerlassung. III, 11 sagt
Matthäus: «Ich taufte euch mit Wasser; er aber wird *euch* in
den heiligen Geist und Feuer (Luk. III, 16) eintauchen, (ἐν πνεύματι
ἁγίῳ καὶ πυρί, wie Matth. XII, 28: ἐν πνεύματι θεοῦ ἐκβάλλω τὰ δαιμόνια, im
Geiste Gottes, als eins mit Gott). Er wird euch mit Feuer und
göttlichem Geist umdrängen und erfüllen; denn derjenige, der
ἐν πνεύματι (Mark. I, 8), selbst erfüllt vom Geiste, andere weiht, weiht
sie auch εἰς πνεῦμα, εἰς ὄνομα τοῦ πνεύματος (Matth. XXVIII, 19); was sie
empfangen, was in ihnen wird, ist nicht ein Anderes, als in ihm ist.»

Die Gewohnheit des Johannes (von Jesu ist keine solche Handlung bekannt), die zu seinem Geiste Erzogenen in Wasser unter-
zutauchen, ist eine bedeutende symbolische. Es gibt kein Gefühl,
das dem Verlangen nach dem Unendlichen, dem Sehnen, in das
Unendliche überzufließen so homogen wäre, als das Verlangen,
sich in einer Wasserfülle zu begraben; der Hineinstürzende hat
ein Fremdes vor sich, das ihn sogleich ganz umfließt, an jedem
Punkte seines Körpers sich zu fühlen gibt; er ist der Welt genommen, sie ihm; er ist nur gefühltes Wasser, das ihn berührt,
wo er ist, und er ist nur, wo er es fühlt. Es ist in der Wasserfülle
keine Beschränkung, keine Mannigfaltigkeit oder Bestimmung.
Das Gefühl derselben ist das Unzertrennteste, Einfachste. Der
Untergetauchte steigt wieder in die Luft empor, trennt sich vom
Wasserkörper, ist von ihm schon geschieden, aber er trieft noch
allenthalben von ihm. So wie er ihn verläßt, nimmt die Welt
wieder um ihn Bestimmtheit an und er tritt gestärkt in die Mannigfaltigkeit des Bewußtseins zurück. Im Hinaussehen in die un-
schattierte Bläue und die einfache gestaltenlose Fläche eines
morgenländischen Horizonts wird die umgebende Luft nicht gefühlt, und das Spiel der Gedanken ist etwas anderes als das Hinaussehen. Im Untergetauchten ist nur ein Gefühl und die Ver-
gessenheit der Welt, eine Einsamkeit, die alles von sich geworfen,
allem sich entwunden hat. Als ein solches Entnehmen alles Bisherigen, als eine begeisternde Weihe in eine neue Welt, in welcher
vor dem neuen Geist das, was wirklich ist, unentschieden zwischen
Wirklichkeit und Traum schwebt, erscheint die Taufe des Jesus
bei Mark. I, 9 ff. Er wurde von Johannes in den Jordan getaucht
und indem er sogleich aus dem Wasser heraufstieg, sah er die
Himmel zerreißen und den Geist wie eine Taube auf sich herab-
steigen, und eine Stimme geschah aus dem Himmel: «Du bist
mein geliebter Sohn, in welchem ich mich getrennt habe.» Und
sogleich warf ihn der Geist in die Wüste; und er war dort vierzig
Tage, versucht vom Satan, und er war mit den Tieren und die
Engel dienten ihm. Im Emporsteigen aus dem Wasser ist er der
höchsten Begeisterung voll, die ihn in der Welt nicht bleiben läßt,
sondern in die Wüste treibt, wo das Arbeiten seines Geistes das
Bewußtsein der Wirklichkeit noch nicht von sich geschieden hat,

zu welcher Scheidung er erst nach vierzig Tagen völlig erwacht
und sicher in die Welt, aber fest gegen sie eintritt.

Der Ausdruck μαθητεύσατε βαπτίζοντες ist darum von tiefer Bedeutung. «Mir ist gegeben alle Gewalt im Himmel und auf Erden»,
so spricht Jesus bei Joh. XIII, 31 von seiner Verherrlichung, als
Judas die Gesellschaft verlassen hatte, um den Jesus den Juden zu
verraten, in dem Zeitpunkte, wo er der Heimkehr zu seinem Vater, der größer ist, als er, entgegensah, hier, wo er als schon allem
entnommen, was die Welt an ihn fordern, wo sie teil an ihm haben
könnte, vorgestellt wird. «Es ist mir alle Gewalt gegeben, im
Himmel und auf Erden; darum gehet hin in alle Völker und euer
Jüngermachen sei, daß ihr sie in das Verhältnis des Vaters,
Sohnes und heiligen Geistes einweihet, daß es sie, wie das Wasser
den in Wasser Getauchten, in allen Punkten ihres Wesens um-
fließe und umfühle. Und siehe, ich bin mit euch das Ganze der
Tage bis zur Vollendung der Welt.» In diesem Zeitpunkte, wo
Jesus als aller Wirklichkeit und Persönlichkeit enthoben dargestellt
wird, kann am wenigsten an eine Individualität, Persönlichkeit
seines Wesens gedacht werden. Er ist mit ihnen, deren Wesen
vom göttlichen Geiste durchdrungen, die in das Göttliche einge-
weiht, deren Wesen in dem Göttlichen, das in ihm nun vollendet,
lebendig ist.

Das Eintauchen in das Verhältnis des Vaters, Sohnes und Geistes
drückt Lukas viel schwächer aus (XXIV, 47), als eine Verkündigung im Namen Christi der Sinnesänderung und der Entlassung
der Sünden, eine Verkündigung, die in Jerusalem beginnen solle;
sie seien Zeugen des Geschehenen, er werde ihnen das Versprechen
seines Vaters zuschicken, und sie sollen ihr Werk außer Jerusalem
nicht eher beginnen, bis sie mit der Kraft aus der Höhe angekleidet
seien. Eine bloße Lehre kann verkündigt und durch das Zeugnis geschehener Dinge unterstützt werden, ohne eignen heiligen
Geist. Ein solches Lehren wäre aber keine Weihe, kein Eintauchen
des Geistes. In Markus — wenn das letzte Kapitel auch nicht
ganz echt wäre, so ist doch sein Ton charakteristisch — ist dieser
Abschied des Jesus viel objektiver ausgedrückt; das Geistige erscheint in ihm mehr als gewöhnliche Formel; die Ausdrücke,
durch die Gewohnheit einer Kirche verkältete, übliche Worte:

«Verkündet das Evangelium (ohne weiteren Zusatz eine Art von terminus technicus), — der Glaubende und Getaufte wird gerettet, der Nichtglaubende verurteilt werden, — der Glaubende und der Getaufte», — haben schon das Ansehen bestimmter, einer Sekte oder Gemeine zum Abzeichen dienender Worte ohne Seele, deren volle Begriffe vorausgesetzt werden. Statt des Geistvollen: «Ich bin mit euch alle Tage», des Erfülltseins der Gläubigen vom Geiste Gottes und des verherrlichten Jesus spricht Markus trocken, ohne daß es durch Begeisterung gehoben mit Geist anwehte, von wunderbaren Beherrschungen der Wirklichkeit, von Teufelaustreiben und dergleichen Handlungen, die Gläubige vermögen werden, so objektiv als man nur von Handlungen sprechen kann, ohne ihrer Seele zu erwähnen.

Die Entwickelung des Göttlichen in den Menschen, das Verhältnis, in das sie, durch die Erfüllung mit dem heiligen Geiste, mit Gott treten, seine Söhne zu werden und in der Harmonie ihres ganzen Wesens und Charakters, ihrer entwickelten Mannigfaltigkeit zu leben, einer Harmonie, in welcher nicht ihr vielseitiges Bewußtsein in einen Geist, die vielen Lebensgestalten in ein Leben einklingen, sondern durch welche auch die Scheidewände gegen andere gottähnlichen Wesen aufgehoben werden und derselbe lebendige Geist die verschiedenen Wesen beseelt, welche also nicht mehr nur gleich, sondern einig sind, nicht eine Versammlung ausmachen, sondern eine Gemeine, weil sie nicht in einem Allgemeinen, einem Begriffe, etwa als Glaubende, sondern durch Leben, durch die Liebe vereinigt sind, — diese lebendige Harmonie von Menschen, ihre Gemeinschaft in Gott nennt Jesus das Königreich Gottes. Die jüdische Sprache gab ihm das Wort Königreich, das etwas Heterogenes in dem Ausdruck göttlicher Vereinigung gibt, da es nur eine Einheit durch Herrschen, durch Gewalt eines Fremden über ein Fremdes bezeichnet, die aus der Schönheit und dem göttlichen Leben eines reinen Menschenbundes — dem Freisten, was möglich ist — ganz entfernt werden muß. Diese Idee eines Reiches Gottes vollendet und umfaßt das Ganze der Religion, wie sie Jesus stiftete, und es ist noch zu betrachten, ob sie die Natur vollkommen befriedigt, oder welches Bedürfnis seine Jünger zu etwas Weiterem getrieben hat. Im

Reiche Gottes ist das Gemeinschaftliche, daß alle in Gott lebendig sind, nicht das Gemeinschaftliche in einem Begriff, sondern Liebe, lebendiges Band, das die Glaubenden vereinigt, diese Empfindung der Einigkeit des Lebens, in der alle Entgegensetzungen als solche, Feindschaften, und auch die Vereinigungen der bestehenden Entgegensetzungen, Rechte, aufgehoben sind: «Ein neues Gebot gebe ich euch, sagt Jesus, daß ihr euch untereinander liebet; daran soll man erkennen, daß ihr meine Jünger seid.» Diese Seelenfreundschaft, als Seele, als Geist für die Reflexion ausgesprochen, ist der göttliche Geist, Gott, der die Gemeine regiert. Gibt es eine schönere Idee, als ein Volk von Menschen, die durch Liebe aufeinander bezogen sind? eine erhebendere, als einem Ganzen anzugehören, das als Ganzes, Eines der Geist Gottes ist, dessen Söhne die Einzelnen sind? Sollte in dieser Idee noch eine Unvollständigkeit sein, daß ein Schicksal Macht in ihr hätte? oder wäre das Schicksal die Nemesis, die gegen ein zu schönes Streben, gegen ein Überspringen der Natur wütete?

In der Liebe hat der Mensch sich selbst in einem andern wiedergefunden. Weil sie eine Vereinigung des Lebens ist, setzt sie Trennung, eine Entwickelung, gebildete Vielseitigkeit desselben voraus; und in je mehr Gestalten das Leben lebendig ist, in desto mehr Punkten kann es sich vereinigen und fühlen, je ausgedehnter an Mannigfaltigkeit die Beziehungen und Gefühle der Liebenden sind, desto inniger kann die Liebe sein. Je inniger die Liebe sich konzentriert, *desto* ausschließender ist sie, desto gleichgültiger für andere Lebensformen. Ihre Freude vermischt sich mit jedem andern Leben, erkennt es an, aber zieht sich beim Gefühl einer Individualität zurück, und je vereinzelter die Menschen in Ansehung ihrer Bildung und Interesses, ihres Verhältnisses zur Welt stehen, je mehr Eigentümliches jeder hat, desto beschränkter wird die Liebe auf sich selbst, und um das Bewußtsein ihres Glücks zu haben, um sich selbst, wie sie gern tut, es zu geben, ist es notwendig, daß sie sich absondert, daß sie sich sogar Feindschaften erschafft. Eine Liebe unter vielen läßt daher nur einen gewissen Grad der Stärke, der Innigkeit zu, und fordert Gleichheit des Geistes, des Interesses, vieler Lebensverhältnisse, Verminderung der Individualitäten. Diese Gemeinsamkeit des Lebens, diese

Gleichheit des Geistes kann aber, da sie nicht Liebe ist, nur durch ihre bestimmten, stark gezeichneten Äußerungen zum Bewußtsein kommen. Von einer Übereinstimmung in Erkenntnis, in gleichen Meinungen, kann nicht die Rede sein. Die Verbindung vieler beruht auf gleicher Not. Sie stellt sich an Gegenständen dar, die gemeinschaftlich sein können, in Verhältnissen, die darüber entstehen und dann in dem gemeinsamen Bestreben um dieselben und gemeinsamer Tätigkeit und Handlung. Sie kann sich an tausend Gegenstände gemeinschaftlichen Besitzes und Genusses und gleicher Bildung anschließen und sich darin erkennen. Eine Menge gleicher Zwecke, der ganze Umfang der physischen Not kann Gegenstand vereinigter Tätigkeit sein. In dieser *steht* der gleiche Geist dem gleichen Geist *gegenüber*, und dieser gemeinsame Geist gefällt sich dann auch, sich in der Ruhe zu erkennen zu geben, seiner Vereinigung froh zu sein, indem er sich in Freude und Spiel sich selbst genießt.

Die Freunde Jesu hielten sich nach seinem Tode zusammen, aßen und tranken gemeinschaftlich; einige ihrer Verbrüderungen hoben alles Eigentumsrecht gegeneinander auf, andere zum Teil in reichlichen Almosen und Beiträgen zur Gemeine; sie sprachen zusammen von ihrem geschiedenen Freunde und Meister, beteten gemeinschaftlich und stärkten einander in Glauben und Mut. Ihre Feinde beschuldigten einige ihrer Gesellschaften auch der Gemeinschaft der Weiber, eine Beschuldigung, die sie entweder den Mut und die Reinheit nicht hatten, zu verdienen oder sich ihrer nicht zu schämen. Gemeinschaftlich zogen viele aus, ihres Glaubens und ihrer Hoffnungen andere Völker teilhaftig zu machen; und weil dies das einzige Tun der christlichen Gemeinde ist, so ist ihr der Proselytismus wesentlich eigen. Außer diesem gemeinschaftlichen Genießen, Beten, Essen, Freuen, Glauben und Hoffen, außer der einzigen Tätigkeit für die Verbreitung des Glaubens, die Vergrößerung der Gemeinschaftlichkeit der Andacht, liegt noch ein ungeheures Feld von Objektivität, die ein Schicksal von dem vielseitigsten Umfange und gewaltiger Macht aufstellt und mannigfaltige Tätigkeit anspricht. In der Aufgabe der Liebe verschmäht die Gemeine jede Vereinigung, die nicht die innigste, jeden Geist, der nicht der höchste wäre. Der Unnatur und

Schalheit der prächtigen Idee einer allgemeinen Menschenliebe nicht zu gedenken, da sie nicht das Streben der Gemeine ist, muß diese bei der Liebe selbst stehen bleiben; außer der Beziehung des gemeinschaftlichen Glaubens und den Darstellungen dieser Gemeinschaft in darauf sich beziehenden religiösen Handlungen ist jede andere Verbindung in einem Objektiven, zu einem Zwecke, einer Entwickelung einer anderen Seite des Lebens, zu einer gemeinsamen Tätigkeit, jeder zu etwas anderm als der Ausbreitung des Glaubens zusammenwirkende und sich in andern Modifikationen und partiellen Gestalten des Lebens, in Spielen, sich darstellende und seiner sich freuende Geist der Gemeine fremd; sie würde sich in ihm nicht erkennen; sie hätte von der Liebe, ihrem einzigen Geiste, gelassen, wäre ihrem Gotte untreu geworden. Auch würde sie nicht nur die Liebe verlassen haben, sondern sie auch zerstören; denn die Mitglieder setzen sich in Gefahr, mit ihren Individualitäten gegeneinander zu stoßen und müßten dies um so mehr, da ihre Bildung *verschieden* war und sie sich damit in das Gebiet ihrer verschiedenen Charaktere, in die Macht ihrer verschiedenen Schicksale begäben und über einem Interesse für etwas Geringes, über einer verschiedenen Bestimmtheit in etwas Kleinem die Liebe sich in Haß verkehren und eine Abtrünnigkeit von Gott erfolgen würde. Diese Gefahr wird nur durch eine untätige, unentwickelte Liebe abgewendet, daß sie, das höchste Leben, unlebendig bleibt. So verwickelt die widernatürliche Ausdehnung des Umfangs der Liebe in einen Widerspruch, in ein falsches Bestreben, das der Vater des fürchterlichsten leidenden oder tätigen Fanatismus werden mußte. Diese Beschränkung der Liebe auf sich selbst, ihre Flucht von allen Formen, wenn auch schon ihr Geist in ihnen wehte oder sie aus ihm entsprängen, diese Entfernung von allem Schicksal ist gerade ihr größtes Schicksal, und hier ist der Punkt, wo Jesus mit dem Schicksal zusammenhängt, und zwar auf die erhabenste Art, aber von ihm litt.

Der Passivität der Juden hat Jesus den Menschen entgegengesetzt, den Gesetzen und ihren Pflichten die Tugenden, und in diesen die Immoralität des positiven Menschen aufgehoben. Der positive Mensch ist zwar in Rücksicht auf eine bestimmte Tugend, die für ihn und in ihm Dienst ist, weder moralisch noch immoralisch, und der Dienst, in welchem er gewisse Pflichten ausübt, ist nicht unmittelbar eine Untugend gegen dieselben Pflichten; aber mit dieser bestimmten Gleichgültigkeit ist zugleich eine Immoralität von einer andern Seite verknüpft; weil sein bestimmter, positiver Dienst eine Grenze hat, und er über diese nicht hinaus kann, so ist er jenseits ihrer unmoralisch. Diese Immoralität der Passivität geht also auf eine andere Seite der menschlichen Beziehungen als der positive Gehorsam innerhalb eines Kreises; *dieser* ist nicht moralisch, nicht unmoralisch.

[Das Entgegengesetzte der Tugend aber ist Laster. Der spekulative Moralist, der moralische Lehrer macht eine philosophische Beschreibung der Tugend. Seine Beschreibung muß deduziert, es muß in ihr kein Widerspruch sein; eine Beschreibung einer Sache ist immer die vorgestellte Sache; hält er diese Vorstellung, den Begriff an das Lebendige, so sagt er: das Lebendige soll so sein; zwischen dem Begriff und der Modifikation eines Lebendigen soll kein Widerspruch sein, als der allein, daß jener ein Gedachtes, dieses ein Seiendes ist. Eine Tugend, in der Spekulation allein, ist, und ist notwendig, d. h. ihr Begriff, und das Gegenteil kann nicht sein; es ist keine Veränderung, kein Erwerb, kein Entstehen, kein Vergehen in ihr als Begriff. Aber dieser Begriff mit dem Lebendigen zusammengehalten, die Tugend als Modifikation des Lebendigen ist, oder ist auch nicht, kann entstehen und vergehen. Der spekulative Moralist kann sich also wohl hinreißen lassen, in eine warme Betrachtung des Tugendhaften und des Lasterhaften zu verfallen; aber seine Sache ist eigentlich nur, mit dem Lebendigen den Krieg zu führen, gegen dasselbe zu polemisieren oder nur ganz kalt seine Begriffe zu kalkulieren. Aber der Volkslehrer, der Verbesserer der Menschen, der sich an die Menschen selbst wendet, kann zwar nicht von der Entstehung der Tugend, von der Bildung der Tugend, aber von dem Zerstörenden des Lasters und der Rückkehr zur Tugend sprechen. Die Zerstörung des Lasters besteht darin, daß sie dem Menschen Strafe zuzieht. Strafe ist die notwendige üble Folge eines Verbrechens;

aber nicht jede Folge kann eine Strafe genannt werden, z. B. nicht
das, daß der Charakter sich in dem Verbrecher noch mehr ver-
schlimmert; man kann nicht sagen: er hat verdient, noch schlechter zu werden.] Die Strafe liegt unmittelbar in dem beleidigten
Gesetze; des gleichen Rechtes, das durch ein Verbrechen in einem
andern verletzt worden ist, wird der Verbrecher verlustig, [d. h.
er verdient die Strafe; die Notwendigkeit, daß sie erfolgt, liegt in
etwas Äußerem, und ist dem Verbrechen korrespondierend].

In der Setzung der Subjektivität gegen das Positive schwindet
die Gleichgültigkeit des Dienstes und seine Grenze. Der Mensch
steht für sich; sein Charakter und seine Tat wird e r selbst; er hat
nur Schranken da, wo er sie selbst setzt, und seine Tugenden Bestimmtheiten, die er selbst begrenzt. Diese Möglichkeit der Be-
grenzung, der Entgegensetzung ist die Freiheit, das Oder, in Tugend und Laster. In der Entgegensetzung des Gesetzes gegen die
Natur, des Allgemeinen gegen das Besondere sind die beiden Entgegengesetzten gesetzt, wirklich; das eine ist nicht ohne das andere.
In der Freiheit der Entgegensetzung der Tugend und des Lasters
ist durch das eine das andere ausgeschlossen, also, wenn das eine
gesetzt ist, das andere nur möglich.

Die Entgegensetzung der Pflicht und der Neigung hat in den
Modifikationen der Liebe, in den Tugenden ihre Vereinigung gefunden. Da das Gesetz nicht seinem Inhalt, sondern seiner Form
nach der Liebe entgegengesetzt war, so konnte es in sie aufgenommen werden. In dieser Aufnahme aber verlor es seine Gestalt. Dem Verbrechen hingegen ist es seinem Inhalt nach entgegengesetzt; es ist von ihm ausgeschlossen und ist doch; denn
das Verbrechen ist eine Zerstörung der Natur, und da die Natur einig
ist, so ist im Zerstörenden so viel zerstört als im Zerstörten. Wenn
das Einige entgegengesetzt ist, so ist die Vereinigung der Entgegengesetzten nur im Begriffe vorhanden; es ist ein Gesetz gemacht
worden. Ist das Entgegengesetzte zerstört worden, so bleibt der
Begriff, das Gesetz. Aber es drückt alsdann nur das Fehlende,
eine Lücke aus, weil sein Inhalt in der Wirklichkeit aufgehoben
ist, und heißt strafendes Gesetz. Diese Form des Gesetzes ist unmittelbar; es ist seinem Inhalt nach dem Leben entgegengesetzt,
weil *es* die Zerstörung desselben anzeigt. Aber um so schwerer

scheint es zu denken zu sein, wie das Gesetz in dieser Form, als
strafende Gerechtigkeit, könne aufgehoben werden. In der vorigen Aufhebung des Gesetzes durch Tugenden verschwand nur
die Form des Gesetzes, sein Inhalt blieb; aber hier würde mit der
Form auch der Inhalt aufgehoben, denn sein Inhalt ist die Strafe.
Die Strafe liegt unmittelbar in dem beleidigten Gesetze. Des gleichen Rechtes, das durch ein Verbrechen in einem andern verletzt
worden ist, wird der Verbrecher verlustig; der Verbrecher hat sich
außer den Begriff gesetzt, der der Inhalt des Gesetzes ist. Zwar
spricht das Gesetz nur: er soll das im Gesetz begriffene Recht verlieren; weil er unmittelbar nur ein Gedachtes ist, so verliert nur
der Begriff des Verbrechers das Recht; *aber* daß er *es* in der Wirklichkeit verliere, d. h., daß das, was der Begriff des Verbrechers
verloren hat, auch die Wirklichkeit des Verbrechers verliere, muß
dies Gesetz mit Lebendigem verbunden, mit Macht bekleidet werden. Das Gesetz beharrt in furchtbarer Majestät, und daß die
Strafe des Verbrechens verdient ist, dies zwar kann nie aufgehoben
werden. Das Gesetz kann die Strafe nicht schenken, nicht gnädig
sein, denn es höbe sich selbst auf. Das Gesetz ist vom Verbrecher
gebrochen worden, sein Inhalt ist nicht mehr für ihn, er hat ihn
aufgehoben; aber die Form des Gesetzes, die Allgemeinheit verfolgt ihn und schmiegt sich sogar an sein Verbrechen an. Seine
Tat wird allgemein und das Recht, das er aufgehoben hat, ist auch
für ihn aufgehoben.

Also das Gesetz bleibt und das Verdienen einer Strafe bleibt.
Aber das Lebendige, dessen Macht sich mit dem Gesetz vereinigt
hat, der Exekutor, der das im Begriff verlorene Recht dem Verbrecher in der Wirklichkeit nimmt, der Richter, ist nicht die ab-
strakte Gerechtigkeit, sondern ein Wesen, und Gerechtigkeit nur
seine Modifikation. Die Notwendigkeit des Verdienens der Strafe
steht fest, aber die Übung der Gerechtigkeit ist nichts Notwendiges,
weil sie als Modifikation eines Lebendigen auch vergehen, eine
andere Modifikation eintreten kann, und so wird Gerechtigkeit
etwas Zufälliges. Es kann zwischen ihr als allgemein gedacht,
und zwischen ihr als wirklich, d. h. in einem Lebendigen seiend,
ein Widerspruch sein; ein Rächer *kann* es aufheben, sich zu rächen,
ein Richter, als Richter zu handeln; ein Richter kann begnadigen.

Aber damit ist der Gerechtigkeit nicht Genüge geleistet; diese ist unbeugsam, und so lange Gesetze das Höchste sind, so lange kann ihr nicht entflohen werden, so lange muß das Individuelle dem Allgemeinen aufgeopfert, d. h., es muß getötet werden. Darum ist es auch widersprechend zu denken, als ob das Gesetz an einem Repräsentanten vieler gleicher Verbrecher sich befriedigen könnte; denn insofern auch *sie* in ihm die Strafe ausstehen sollten, ist er das Allgemeine, der Begriff derselben, und das Gesetz, als gebietend oder als strafend, ist nur dadurch Gesetz, daß es Besonderen entgegengesetzt ist. Das Gesetz hat die Bedingung seiner Allgemeinheit darin, daß die handelnden Menschen oder Handlungen besondere sind, und die Handlungen sind besondere, insofern sie in Beziehung auf die Allgemeinheit, auf die Gesetze betrachtet werden, als ihnen gemäß oder zuwider, und insofern kann ihr Verhältnis, ihre Bestimmtheit keine Veränderung leiden; sie sind wirklich, sie sind, was sie sind; was geschehen ist, kann nicht ungeschehen gemacht werden. Die Strafe folgt der Tat; ihr Zusammenhang ist unzerreißbar. Gibt es keinen Weg, eine Handlung ungeschehen zu machen, ist ihre Wirklichkeit ewig, so ist keine Versöhnung möglich, auch nicht durch Ausstehen der Strafe. Das Gesetz ist wohl dadurch befriedigt, denn der Widerspruch zwischen seinem ausgesprochenen Soll und zwischen der Wirklichkeit des Verbrechens, die Ausnahme, die der Verbrecher von der Allgemeinheit machen wollte, ist aufgehoben. Allein der Verbrecher ist nicht mit dem Gesetz — dies sei für den Verbrecher ein fremdes Wesen, oder subjektiv in ihm, als böses Gewissen — versöhnt. In jenem Fall hört die fremde Macht, welche der Verbrecher gegen sich selbst geschaffen und bewaffnet hat, dieses feindselige Wesen, auf, wenn *es* gestraft hat, auf ihn zu wirken; wenn es auf eben die Art, auf welche der Verbrecher wirkte, auf ihn zurückgewirkt hat, läßt es zwar ab, zieht sich aber in die drohende Stellung zurück und seine Gestalt ist nicht verschwunden oder freundlich gemacht. An dem bösen Gewissen, dem Bewußtsein einer bösen Handlung, seiner selbst als eines Bösen, ändert die erlittene Strafe nichts, denn der Verbrecher schaut sich immer als Verbrecher; er hat über seine Handlung als eine Wirklichkeit keine Macht, und diese seine Wirklichkeit ist im

Widerspruch mit seinem Bewußtsein des Gesetzes. Und doch kann der Mensch diese Angst nicht aushalten; der schrecklichen Wirklichkeit des Bösen und der Unveränderlichkeit des Gesetzes kann er nur zu der Gnade entfliehen; der Druck und Schmerz des bösen Gewissens kann ihn wieder zu einer Unredlichkeit treiben, sich selbst und damit dem Gesetz und der Gerechtigkeit zu entlaufen zu suchen; er wirft sich dem Handhaber der abstrakten Gerechtigkeit, seine Güte zu erfahren, in den Schoß, von welcher er hofft, daß sie ein Auge bei ihm zudrücken, ihn anders ansehen möchte, als er ist; er selbst leugnet zwar sein Vergehen nicht, aber er tut den unredlichen Wunsch, daß die Güte sich selbst seine Vergehen leugne und findet Trost in dem Gedanken, in der unwahren Vorstellung, die *ein* anderes Wesen sich von ihm macht.

Und so gäbe es keine Rückkehr zur Einigkeit des Bewußtseins auf einem reinen Wege, keine Aufhebung der Strafe des drohenden Gesetzes und des bösen Gewissens, als ein unendliches Betteln, wenn die Strafe nur als etwas Absolutes angesehen werden muß, wenn sie unter keiner Bedingung stünde, und keine Seite hätte, von welcher sie mit einer Bedingung eine höhere Sphäre vor sich hätte. Gesetz und Strafe kann nicht versöhnt, aber in der Versöhnung des Schicksals aufgehoben werden. Die Strafe ist Wirkung eines übertretenen Gesetzes, von dem der Mensch sich losgesagt hat, aber von welchem er noch abhängt und welchem — weder der Strafe, noch seiner Tat — er nicht entfliehen kann. Denn da der Charakter des Gesetzes Allgemeinheit ist, so hat der Verbrecher zwar die Materie des Gesetzes zerbrochen, aber die Form, die Allgemeinheit bleibt und das Gesetz, über das er Meister geworden zu sein *glaubt,* bleibt, erscheint aber seinem Inhalt nach entgegengesetzt; es hat die Gestalt der dem vorigen Gesetze widersprechenden Tat; der Inhalt der Tat hat jetzt die Gestalt der Allgemeinheit und ist Gesetz. Diese Verkehrtheit desselben, daß er das Gegenteil dessen wird, was er vorher war, ist die Strafe. Indem sich der Mensch vom Gesetz losgemacht hat, bleibt er ihm noch untertan; und da das Gesetz als Allgemeines bleibt, so bleibt auch die Tat, denn sie ist das Besondere. Die Strafe als Schicksal vorgestellt ist ganz anderer Art. Das Schicksal ist eine feindliche Macht, ein Individuelles, in dem Allgemeines und Besonderes auch

in der Rücksicht vereinigt ist, daß in ihm das Sollen und die Aus-
führung dieses Sollens nicht getrennt ist, wie beim Gesetz, das
nur eine Regel, ein Gedachtes ist und eines ihm Entgegengesetzten,
eines Wirklichen bedarf, von dem es Gewalt erhält. In dieser
feindlichen Macht ist auch das Allgemeine vom Besonderen nicht
in der Rücksicht getrennt, wie das Gesetz als Allgemeines dem
Menschen oder seinen Neigungen als dem Besonderen entgegengesetzt ist. Das Schicksal ist nur der Feind, und der Mensch steht
ihm ebensogut als kämpfende Macht gegenüber, da hingegen das
Gesetz als Allgemeines das Besondere beherrscht und diesen Menschen unter seinem Gehorsam hat. Das Verbrechen des Menschen,
der unter dem Schicksal befangen betrachtet wird, ist dann nicht
eine Empörung des Untertanen gegen seinen Regenten, das Entlaufen des Knechts von seinem Herrn, das Freimachen von einer
Abhängigkeit, nicht ein Lebendigwerden aus einem toten Zustande, denn der Mensch ist, und vor der Tat ist keine Trennung,
kein Entgegengesetztes, viel weniger ein Beherrschendes, [sondern
ein Töten des Lebens]. Erst die Tat hat ein Gesetz erschaffen,
dessen Herrschaft nun eintritt; dies Gesetz ist die Vereinigung im
Begriffe, die Gleichheit des anscheinend fremden, verletzten Lebens und des eignen. Jetzt erst tritt das verletzte Leben als eine
feindselige Macht gegen den Verbrecher auf und mißhandelt ihn,
wie er mißhandelt hat.

So ist die Strafe als Schicksal die gleiche Rückwirkung der Tat
des Verbrechers selbst, einer Macht, die er selbst bewaffnet, eines
Feindes, den er selbst sich zum Feinde machte. Keine Möglichkeit denkbar, wie die Strafe aufgehoben werde und das Bewußtsein der bösen Wirklichkeit verschwinden könnte, weil das Gesetz eine Macht ist, über welche nichts, welcher das Leben untertan, über welche selbst nicht die Gottheit ist. Denn sie ist nur die
Gewalt des höchsten Gedankens, nur das Handhaben des Gesetzes.
Aber bei der Strafe als Schicksal ist das Gesetz später als das Leben
und das Leben kann seine Wunden wieder heilen, das getrennte
feindliche Leben in sich selbst zurückkehren und das Machwerk
eines Verbrechers, das Gesetz und die Strafe aufheben. Nur durch
ein Herausgehen aus dem einigen, weder durch Gesetz regu-
lierten, noch gesetzwidrigen Leben, durch Töten des Lebens, wird

ein Fremdes geschaffen. Vernichtung des Lebens ist nicht ein
Nichtsein desselben, sondern seine Trennung, und die Vernichtung besteht darin, daß es umgeschaffen worden ist. Es ist unsterblich, und getötet erscheint es als sein schreckendes Gespenst,
das alle seine Zweige geltend macht, seine Eumeniden losläßt. Die
Täuschung des Verbrechens, das fremdes Leben zu zerstören und
sich damit erweitert glaubt, löst sich dahin auf, daß der abge-
schiedene Geist des verletzten Lebens gegen es auftritt, wie Ban-
quo, der als Freund zu Macbeth kam, in seinem Morde nicht vertilgt war, sondern im Augenblick darauf doch seinen Stuhl ein-
nahm, nicht als Genosse des Mahls, sondern als böser Geist. Der
Verbrecher meinte, es mit fremdem Leben zu tun zu haben; aber
er hat nur sein eignes Leben zerstört; denn Leben ist vom Leben
nicht verschieden, weil das Leben in der einigen Gottheit ist, und
in seinem Übermut hat er zwar zerstört, aber nur die Freundlichkeit des Lebens; er hat es in einen Feind verkehrt; es ist nur die
Lücke desselben, das mangelnde Leben als Macht. Die Tat eines
Verbrechers ist, auf diese Art betrachtet, kein Fragment; die Handlung, die aus dem Leben, aus dem Ganzen kommt, stellt auch
das Ganze dar. Das Verbrechen, das die Übertretung eines Gesetzes ist, ist nur ein Fragment, denn außer ihr ist schon das Gesetz, das nicht zu ihr gehört. Das Verbrechen, das aus Leben
kommt, stellt dieses Ganze, aber geteilt, dar, und die feindseligen
Teile können wieder zum Ganzen zusammengehen.

[Verbrechen und Strafe stehen *nicht mehr* im Verhältnis der
Ursache und Wirkung, deren bestimmendes Band ein Objektives,
ein Gesetz wäre; in diesem Falle könnte Ursache und Wirkung
als schlechthin getrennt nicht mehr vereinigt werden; das Schicksal hingegen, das auf den Verbrecher rückwirkende Gesetz, kann
aufgehoben werden, weil er das Gesetz selbst aufgestellt hat; die
Trennung, die er gemacht hat, kann vereinigt werden; diese Vereinigung ist in der Liebe.] Mit dem Schicksal scheint eine Versöhnung noch schwerer denkbar zu sein, als mit dem strafenden
Gesetze, da, um das Schicksal zu versöhnen, die Vernichtung aufgehoben werden zu müssen scheint. Aber das Schicksal hat vor
dem strafenden Gesetz in Ansehung der Versöhnbarkeit das voraus, daß es innerhalb des Gebiets des Lebens sich befindet, ein

Verbrechen aber unter Gesetz und Strafe im Gebiete unüberwind-
licher Entgegensetzung, absoluter Wirklichkeiten. Eine Wirklichkeit kann nur vergessen werden, d. h. in einer andern Schwäche
sich als Vorgestelltes verlieren, wodurch ihr Sein doch als bleibend
gesetzt würde.

Von da an, wo der Verbrecher die Zerstörung seines eignen
Lebens fühlt (Strafe leidet), oder sich (im bösen Gewissen) als
zerstört erkennt, hebt die Wirkung seines Schicksals an, und dies
Gefühl des zerstörten Lebens muß eine Sehnsucht nach dem
Verlorenen werden. Das Mangelnde wird erkannt als sein Teil,
als das, was in ihm sein sollte und nicht in ihm ist, Diese Lücke
ist nicht ein Nichtsein, sondern das Leben als nichtseiend erkannt
und gefühlt. Dies Schicksal als möglich empfunden ist die Furcht
vor ihm und ist ein ganz andres Gefühl, als die Furcht vor der
Strafe. Jenes ist die Furcht vor der Trennung, eine Scheu vor
sich selbst; die Furcht vor der Strafe ist die Furcht vor einem
Fremden; denn wenn auch das Gesetz als eignes Gesetz erkannt
wird, so ist in der Furcht vor der Strafe die Strafe ein Fremdes,
wenn sie nicht als Furcht vor Unwürdigkeit vorgestellt wird; aber
in der Strafe kommt zur Unwürdigkeit auch die Wirklichkeit
eines *Glücks hinzu,* das der Begriff des Menschen verloren, d. h.
dessen der Mensch unwürdig geworden ist; die Strafe setzt also
einen fremden Herrn dieser Wirklichkeit voraus und die Furcht
vor der Strafe ist Furcht vor ihm. Im Schicksal hingegen *ist* die
feindliche Macht die Macht des verfeindeten Lebens, also Furcht
vor dem Schicksal nicht die Furcht vor einem Fremden.

Auch bessert die Strafe nicht, weil sie nur ein Leiden ist, ein
Gefühl der Ohnmacht gegen einen Herrn, mit dem der Verbrecher
nichts gemein hat und nichts gemein haben will. Sie kann nur
Eigensinn bewirken, Hartnäckigkeit im Widerstand gegen einen
Feind, von welchem unterdrückt zu werden Schande wäre, weil
der Mensch sich darin selbst aufgäbe. Im Schicksal aber erkennt
der Mensch sein eignes Leben und sein Flehen zu demselben ist
nicht das Flehen zu einem Herrn, sondern ein Wiederkehren und
Nahen zu sich selbst. Das Schicksal, in welchem der Mensch
das Verlorene fühlt, bewirkt eine Sehnsucht nach dem verlorenen
Leben. Diese Sehnsucht kann, wenn von Bessern und Gebessert-

werden gesprochen werden soll, schon eine Besserung heißen,
weil sie, indem sie ein Gefühl des Verlusts des Lebens ist, das
Verlorene als Leben, als ihr einst Freundliches erkennt; und dies
ist schon selbst Erkenntnis, ist schon selbst ein Genuß des Lebens
und die Sehnsucht kann so gewissenhaft sein, d. h. im Widerspruch des Bewußtseins ihrer Schuld und des wiederangeschauten
Lebens sich von der Rückkehr zu diesem zurückhalten, so sehr
das böse Bewußtsein und das Gefühl des Schmerzes verlängern
und jeden Augenblick es aufreizen, um sich nicht leichtsinnig
mit dem Leben, sondern aus tiefer Seele sich wieder zu vereinigen,
es wieder als Freund zu begrüßen. In Opfern und Büßungen
haben Verbrecher sich selbst Schmerzen gemacht, als Wallfahrer
im härenen Hemde und barfuß bei jedem Tritt auf den heißen
Sand, das Bewußtsein des Bösen, den Schmerz verlängert und
vervielfältigt und einesteils ihren Verlust, ihre Lücke ganz durch-
gefühlt, andernteils zugleich dies Leben, obwohl als Feindliches,
ganz darin angeschaut und sich so die Wiederaufnahme ganz
möglich gemacht. Denn die Entgegensetzung ist die Möglichkeit
der Wiedervereinigung und soweit es im Schmerz entgegengesetzt
war, ist es fähig, wieder aufgenommen *zu* werden. Weil auch
das Feindliche als Leben gefühlt wird, darin liegt die Möglichkeit
der Versöhnung des Schicksals. Diese Versöhnung ist weder die
Zerstörung der Unterdrückung eines Fremden, noch ein Widerspruch zwischen Bewußtsein seiner selbst und der gehofften Verschiedenheit der Vorstellung von sich in einem andern, oder ein
Widerspruch zwischen dem Verdienen dem Gesetze nach und
der Erfüllung desselben, dem Menschen als Begriff und dem
Menschen als Wirklichem. Dies Gefühl des Lebens, das sich selbst
wiederfindet, ist die Liebe, und in ihr versöhnt sich das Schicksal.
Die Gerechtigkeit ist befriedigt, denn der Verbrecher hat das
gleiche Leben, das er verletzt hat, in sich als verletzt gefühlt.
Die Stacheln des Zerreißens sind stumpf geworden, denn aus der
Tat ist ihr böser Geist gewichen; es ist nichts Feindseliges mehr
im Menschen und sie bleibt höchstens als ein seelenloses Gerippe
im Beinhause der Wirklichkeit, im Gedächtnis liegen.

[So ist das Schicksal nichts Fremdes, wie die Strafe, nicht ein
Festbestimmtes, Wirkliches, wie die böse Handlung im Gewissen.

Das Schicksal ist das Bewußtsein seiner selbst, aber als eines Feindlichen. Das Ganze kann in sich die Freundschaft wiederherstellen,
es kann zu seinem reinen Leben durch Liebe zurückkehren. So
wird sein Bewußtsein wieder Glaube an sich selbst; die Anschauung
seiner selbst ist eine andere geworden und das Schicksal ist versöhnt. Vergebung der Sünden ist daher unmittelbar nicht Aufhebung der Strafen, denn jede Strafe ist etwas Positives, Wirkliches,
das nicht vernichtet werden kann; nicht Aufhebung des bösen
Gewissens, denn keine Tat kann ungeschehen gemacht werden,
sondern durch Liebe versöhntes Schicksal.

Das Schicksal ist entweder aus eigner, oder andrer Tat entstanden.] Wer einen ungerechten Angriff leidet, kann sich wehren
und sich und sein Recht behaupten, oder auch sich nicht wehren.
Mit seiner Reaktion, sie sei duldender Schmerz oder Kampf, fängt
seine Schuld, sein Schicksal an. In beiden Fällen leidet er keine
Strafe, aber auch nicht Unrecht. Im Kampf hält er an seinem
Rechte fest und behauptet es; auch im Dulden gibt er sein Recht
nicht auf; sein Schmerz *ist* der Widerspruch, daß er sein Recht
erkennt, aber die Kraft nicht hat, es festzuhalten, und sein Schicksal ist seine Willenlosigkeit; er streitet nicht dafür. Wer für das
kämpft, was in Gefahr ist, hat das nicht verloren, für was er streitet
[und läßt es in der Idee auch nicht fahren und sein Leiden ist gerechtes Schicksal. Aber er kann dies Leiden, dies Schicksal übertreffen, wenn er das angegriffene Recht aufgibt, wenn er dem
Beleidiger seinen Fehler verzeiht. Daß beides, der Kampf für
Rechte und das Aufgeben der Rechte ein unnatürlicher Zustand ist, erhellt daraus, daß in beiden ein Widerspruch ist]. Durch
die Selbstverteidigung des Beleidigten wird der Angreifende gleichfalls angegriffen, und dadurch in das Recht der Selbstverteidigung
gesetzt, so daß beide Recht haben, beide im Kriege sich befinden,
der beiden das Recht, sich zu verteidigen, gibt, und entweder
lassen sie auf Gewalt und Stärke die Entscheidung des Rechts ankommen, *oder,* da doch das Recht und die Wirklichkeit nichts
miteinander gemein haben, *sie* vermischen beide und machen jenes
von dieser abhängig, sie unterwerfen sich einem Richter, d. h., insofern sie feindselig sind, geben sie sich wehrlos, tot an; sie tun
auf ihre eigne Beherrschung der Wirklichkeit, auf Macht Verzicht,

und lassen ein Fremdes, ein Gesetz im Munde des Richters über
sich sprechen; sie unterwerfen sich also einer Behandlung, gegen
welche doch jeder Teil protestierte, indem sie der Kränkung ihres
Rechtes widersprachen, d. h. sich gegen die Behandlung durch
einen andern setzten. Derjenige, der das fahren läßt, dem ein anderer feindselig sich naht, das sein zu nennen aufhört, was der
andere antastet, entgeht dem Schmerz über Verlust, er entgeht dem
Behandeltwerden durch den andern oder durch den Richter, er
entgeht der Notwendigkeit, den andern so zu behandeln. Welche
Seite an ihm berührt wird, aus der zieht er sich zurück und überläßt nur eine Sache, die er im Augenblick des Angriffs zu einer
fremden gemacht hat, dem andern. Diese Aufhebung einer Beziehung, die eine Abstraktion von sich selbst ist, hat aber seine
Grenzen. Um sich zu retten, tötet der Mensch sich; um das Seinige nicht in fremder Gewalt zu sehen, nennt er es nicht mehr
das Seinige, und so vernichtet er sich, indem er sich erhalten
wollte, denn was unter fremder Gewalt wäre, wäre nicht mehr er.
Je lebendiger die Beziehungen sind, aus denen eine edle Natur
sich zurückziehen muß, weil sie befleckt sind, da sie, ohne sich
selbst zu verunreinigen, nicht darin bleiben könnte, desto größer
ist ihr Unglück. Dies Unglück aber ist weder ungerecht noch gerecht. Es wird nur dadurch ihr Schicksal, daß sie mit eignem
Willen, mit Freiheit jene Beziehungen verschmäht. Alle Schmerzen,
die ihr daraus entstehen, sind alsdann gerecht und sind jetzt ihr
unglückliches Schicksal, das sie selbst mit Bewußtsein gemacht
hat, und ihre Ehre ist es, gerecht zu leiden; denn sie ist über diese
Rechte so sehr erhaben, daß sie sie zu Feinden haben wollte. Und
weil dies Schicksal in ihr selbst liegt, so kann sie es ertragen, ihm
gegenüber stehen, denn ihre Schmerzen sind nicht eine reine
Passivität, die Übermacht eines Fremden, sondern ihr eigenes Produkt. Das Unglück kann so groß werden, daß sein Schicksal,
diese Selbsttötung im Verzichttun auf Leben *den Menschen* so weit
treibt, daß er sich ganz ins Leere zurückziehen muß.

[Beides, der Kampf und das Vergeben, sollte seine Grenze haben,
und es ist nichts, das nicht angegriffen und das nicht aufgegeben
werden könnte. Und so schwankt auch Jesus, mehr in seinem
Betragen als in seiner Lehre, zwischen beidem.

Wird der Mensch durch andere Tat in ein Schicksal verflochten,
so kann er dieses versöhnen, wenn er von seiner Seite die Feindschaft gar nicht stattfinden läßt oder sie aufhebt, dem Beleidiger
verzeiht und sich mit ihm versöhnt.] Diese Verzeihung der Fehler,
die Bereitwilligkeit, sich mit dem andern zu versöhnen, macht
Jesus so bestimmt zur Bedingung der Verzeihung für seine eignen
Fehler, der Aufhebung eines eignen feindseligen Schicksals. Beide
sind nur verschiedene Anordnungen desselben Charakters der
Seele. In der Versöhnung gegen *den* Beleidiger besteht das Gemüt
nicht mehr auf der rechtlichen Entgegensetzung, die es gegen jenen
erwarb, und indem es sich als sein feindliches Schicksal, den bösen
Genius des andern aufgibt, versöhnt es sich mit ihm und hat für
sich selbst ebenso viel Leben, das ihm feindlich war, sich zum
Freunde gemacht, das Göttliche mit sich versöhnt und das durch
eigene Tat gegen sich bewaffnete Schicksal ist in die Lüfte der
Nacht zerflossen.

Indem sich aber so der Mensch das vollständigste Schicksal selbst
gegenübersetzt, so hat er sich zugleich über alles Schicksal erhoben. Das Leben ist ihm untreu geworden, aber er nicht dem
Leben. Er hat es geflohen, aber nicht verletzt, und er mag sich
nach ihm als einem abwesenden Freunde sehnen, aber es kann
ihn nicht als ein Feind verfolgen und er ist auf keiner Seite verwundbar; wie die schamhafte Pflanze zieht er sich bei jeder Berührung in sich, und ehe er das Leben sich zum Feind machte,
ehe er ein Schicksal gegen sich aufreizte, entflieht er dem Leben.
So verlangte Jesus von seinen Freunden Vater, Mutter und alles
zu verlassen, um nicht in einen Bund mit der entwürdigten Welt
und so in die Möglichkeit eines Schicksals zu kommen. Ferner:
«Wer dir deinen Rock nimmt, dem gib auch den Mantel. Wenn
ein Glied dich ärgert, so haue es ab.» Die höchste Freiheit ist das
negative Attribut der Schönheit der Seele, d. h. die Möglichkeit,
auf alles Verzicht zu tun, um sich zu erhalten. Wer aber sein
Leben retten will, der wird es verlieren. So ist mit der höchsten
Schuldlosigkeit die höchste Schuld, mit der Erhabenheit über alles
Schicksal das höchste, unglücklichste Schicksal vereinbar.

Ein Gemüt, das so über die Rechtsverhältnisse erhaben, von
keinem Objektiven befangen ist, hat dem Beleidiger nichts zu ver-

zeihen, denn dieser hat ihm kein Recht verletzt, denn es hat es aufgegeben, wie sein Objekt angetastet wurde. Es ist für die Versöhnung offen, denn es ist ihm möglich, sogleich jede lebendige
Beziehung wieder aufzunehmen, in die Verhältnisse der Freundschaft, der Liebe wieder einzutreten, da es in sich kein Leben verletzt hat. Von seiner eigenen Seite steht ihm keine feindselige
Empfindung im Wege, kein Bewußtsein, keine Forderung an den
andern, das verletzte Recht wiederherzustellen, kein Stolz, der
vom andern das Bekenntnis verlangte, in einer niedrigern Sphäre,
dem rechtlichen Gebiete, unter ihm gewesen zu sein.

Außer dem persönlichen Haß, der aus der Beleidigung ent-
springt, die dem Individuum widerfahren ist, und welcher das
daraus gegen den andern erwachsene Recht in Erfüllung zu
bringen strebt, außer diesem Haß gibt es noch einen Zorn der
Rechtschaffenheit, eine hassende Strenge der Pflichtgemäßheit,
welche nicht über eine Verletzung ihres Individuums, sondern
über eine Verletzung ihrer Begriffe, der Pflichtgebote zu zürnen
hat. Dieser rechtschaffene Haß, indem er Pflichten und Rechte für
andere erkennt und setzt und im Urteile über sie sie als denselben
unterworfen darstellt, setzt eben da seine Rechte und Pflichten
für sich, und indem er in seinem gerechten Zorn über die Verletzer
derselben ihnen ein Schicksal macht und ihnen nicht verzeiht,
hat er damit auch sich selbst die Möglichkeit, Verzeihung für
Fehler zu erhalten, mit einem Schicksal, das ihn darüber träfe,
ausgesöhnt zu werden, benommen, denn er hat Bestimmtheiten
befestigt, die ihm über seine Wirklichkeiten, über seine Fehler sich
emporzuschwingen nicht erlauben. Hieher gehören die Gebote:
«Richtet nicht, so werdet ihr nicht gerichtet, denn mit welchem
Maß ihr messet wird euch wieder gemessen.» Das Maß sind
Gesetze und Rechte. Jenes Gebot kann doch nicht heißen: Was
ihr andern wider die Gesetze nachseht und erlaubt, wird euch
auch nachgesehen werden, *wie* ein Bund schlechter Menschen
jedem Einzelnen die Erlaubnis erteilt, schlecht zu sein. [Es kann
nicht heißen: Dispensiert andre von dem Rechttun und der Liebe,
so seid ihr davon dispensiert], sondern: Hütet euch, das Rechttun
und die Liebe als eine Abhängigkeit von Gesetzen und Gehorsam
gegen Gebote zu nehmen und sie nicht als aus dem Lebendigen

kommend zu betrachten; ihr erkennt eine Herrschaft über euch, über die ihr nichts vermögt, die stärker ist als ihr; ihr setzt für euch sowie für andre *ein* vor der Tat Fremdes; ihr erhebt zu einem Ganzen ein Fragment des menschlichen Gemüts und stellt darin eine Herrschaft der Gesetze und Knechtschaft der Sinnlichkeit oder des Individuums auf und setzt auf diese Art *die* Möglichkeit von Strafen, nicht eines Schicksals, jene von außen her, von einem Unabhängigen kommend, dieses durch seine Natur, obzwar als ein jetzt Feindseliges bestimmt, aber doch nicht über *dem Menschen*, sondern nur gegen ihn.

Ein Schicksal, in das der Mensch durch die Tat andrer verwickelt würde, wenn er den Fehdehandschuh aufnähme und sich in sein Recht gegen den Beleidiger setzte, wird abgewendet durch Aufgebung des Rechts und Festhalten an der Liebe. Aber das Schicksal hat ein ausgedehnteres Gebiet als die Strafe; auch von der Schuld ohne Verbrechen wird es aufgereizt und ist darum unendlich strenger als die Strafe. Seine Strenge scheint oft in die schreiendste Ungerechtigkeit überzugehen, wenn es der erhabensten Schuld, der Schuld der Unschuld gegenüber um so fürchterlicher auftritt. Weil nämlich die Gesetze nur gedachte Vereinigungen von Entgegensetzungen sind, so erschöpfen diese Begriffe bei weitem die Vielseitigkeit des Lebens nicht und die Strafe übt nur soweit ihre Herrschaft aus, als das Leben zum Bewußtsein gekommen, wo eine Trennung im Begriffe vereinigt worden ist. Aber über die Beziehungen des Lebens, die nicht aufgelöst, über die Seiten des Lebens, die lebendig vereinigt gegeben sind, über die Grenzen der Tugenden hinaus übt sie keine Gewalt. Das Schicksal hingegen ist unbestechlich und unbegrenzt wie das Leben; es kennt keine gegebenen Verhältnisse, keine Verschiedenheit der Standpunkte, der Lage, keinen Bezirk der Tugend. Wo Leben verletzt ist, sei es auch noch so rechtlich, so mit Selbstzufriedenheit geschehen, da tritt das Schicksal auf, und man kann darum sagen: nie hat die Unschuld gelitten, jedes Leiden ist Schuld. Aber die Ehre einer reinen Seele ist um so größer, mit je mehr Bewußtsein sie Leben verletzt hat, um das Höchste zu erhalten, um so viel schwärzer das Verbrechen, mit je mehr Bewußtsein eine unreine Seele Leben verletzt. Ein Schicksal scheint nur durch fremde Tat entstanden; diese ist nur die Veranlassung; wodurch es aber entsteht, ist die Art der Reaktion gegen die fremde Tat. Dadurch, daß *der Mensch* sich in Gefahr begibt, hat er sich dem Schicksal unterworfen, denn er tritt auf den Kampfplatz Macht gegen Macht und wagt sich gegen ein Anderes. Die Tapferkeit aber ist größer als schmerzendes Dulden, weil jene, wenn sie auch unterliegt, diese Möglichkeit vorher erkannte, also mit Bewußtsein die Schuld übernahm, die schmerzende Passivität hingegen nur an ihrem Mangel hängt und ihm nicht eine Fülle von Kraft entgegensetzt. Das Leiden der Tapferkeit aber ist auch gerechtes Schicksal, weil der Tapfere sich ins Gebiet des Rechts und der Macht einließ und darum ist schon der Kampf der Rechte ein unnatürlicher Zustand, so gut als das passive Leiden, in welchem der Widerspruch zwischen dem Begriffe vom Rechte und seiner Wirklichkeit ist; denn auch im Kampfe für Rechte liegt ein Widerspruch. Das Recht, das ein Gedachtes, also ein Allgemeines ist, ist in dem Angreifenden ein anderes Gedachtes. Also gäbe es hier zwei Allgemeine, die sich aufhöben und doch sind. Ebenso sind die Kämpfenden als Wirkliche entgegengesetzt, zweierlei Lebende, Leben im Kampfe mit Leben, welches sich wiederum widerspricht.

Das Wahre beider Entgegengesetzten, der Tapferkeit und der Passivität, vereinigt sich so in der Schönheit der Seele, daß von jener das Leben bleibt, die Entgegensetzung aber wegfällt, von dieser der Verlust des Rechts bleibt, der Schmerz aber verschwindet. Und so geht eine Aufhebung des Rechts ohne Leiden hervor, eine lebendige, freie Erhebung über den Verlust des Rechts und über den Kampf.

(Lücke der Handschrift) [die Tochter gegen die Mutter, die Braut gegen die Schwiegermutter. Wer Vater oder Mutter, Sohn oder Tochter mehr liebt, als mich, ist meiner nicht würdig. Er konnte dem gräßlichen Zerreißen aller Bande der Natur ins Auge sehen; denn diese schönen, freien Beziehungen waren zugleich Fesseln, die sich an das Unheiligste knüpften und in die Tyrannei selbst verflochten waren. Nur ganz reine Gemüter können ohne Schmerz und Bedauern das Reine und das Unreine scheiden. Un-

reine Gemüter halten an beiden fest. In der Zerstörung dieser Amalgamation des Reinen mit dem Unreinen wird denn auch das Reine beschädigt und mit dem Unreinen zu Boden getreten. Aber wegen dieser Vermischung konnte Jesus für sich nicht im Reiche Gottes leben; er konnte es nur in seinem Herzen tragen; mit Menschen konnte er nicht in Beziehung treten, um sie zu bilden; durch ein einziges, von beiden Seiten gleiches, freies Verhältnis wäre er in einen Bund mit dem ganzen Gewebe jüdischer Gesetzlichkeiten getreten, und um seine Beziehung nicht zu zerreißen oder zu beleidigen, hätte er *sich* von seinen Fäden umschlingen lassen müssen. Darum isolierte sich Jesus von seiner Mutter, seinen Brüdern und Verwandten. Er durfte kein Weib lieben, keine Kinder zeugen, nicht Familienvater, nicht Bürger des Staats werden. Nur dadurch, daß er auf alle diese Formen des Lebens Verzicht tat, konnte er sich rein erhalten, denn alle diese Formen waren entweiht], und weil sein Reich Gottes nicht auf Erden noch Platz finden konnte, so mußte er es in den Himmel verlegen. Die lebenverachtende Schwärmerei kann sehr leicht in Fanatismus übergehen; denn um sich in ihrer Beziehungslosigkeit zu erhalten, muß sie dasjenige, von dem sie gestört wird und das, sei es auch das Reinste, für sie unrein ist, zerstören, und einen Inhalt, oft die schönsten Beziehungen verletzen. Schwärmer späterer Zeiten haben das Verschmähen aller Formen des Lebens, weil sie verunreinigt sind, zu einer unbedingt leeren Gestaltlosigkeit gemacht, und jedem Trieb der Natur, bloß weil er eine äußere Form sucht, den Krieg angekündigt, und um so schrecklicher war die Wirkung dieser versuchten Selbstmorde, dieses Festhalten an der leeren Einheit, je fester in den Gemütern die Fessel der Mannigfaltigkeit war; so blieb ihnen nichts übrig, als eine durch Greueltaten und Verwüstungen bewerkstelligte Flucht ins Leere. Als aber das Schicksal der Welt zu groß wurde und sich neben und in der Kirche, die mit ihm unverträglich ist, erhielt, so war an keine Flucht mehr zu denken. Große Heuchler gegen die Natur haben es daher versucht, eine widernatürliche Verbindung der Mannigfaltigkeit der Welt und der lebenlosen Einheit, aller beschränkten, gesetzlichen Verhältnisse und menschlichen Tugenden mit dem einfachen Geist zu finden und zu erhalten. Sie erdachten für jede

bürgerliche Handlung oder für jede Äußerung der Lust und der
Begierde einen Schlupfwinkel in der Einheit, um so durch Betrug
jede Beschränkung zugleich sich zu erhalten und sie zu genießen
und ihr zugleich zu entgehen.

Indem Jesus es verschmähte, mit den Juden zu leben, aber mit
seinem Ideal zugleich immer ihre Wirklichkeiten bekämpfte, so
konnte es nicht fehlen, er mußte unter diesen erliegen. Er wich
dieser Entwickelung seines Schicksals nicht aus, aber er suchte
sie freilich auch nicht auf. Jedem Schwärmer, der nur für sich
schwärmt, ist der Tod willkommen; aber wer für einen großen
Plan schwärmt, der kann nur mit Schmerz den Schauplatz verlassen, auf welchem er sich entwickeln sollte. Jesus starb mit der
Zuversicht, daß sein Plan nicht verloren gehen würde.

Nach dem Tode Jesu waren seine Jünger wie Schafe, die keinen
Hirten haben. Es war ihnen ein Freund gestorben, aber sie hatten
auch gehofft, er sei der, der Israel befreien werde (Luk. XXIV, 21),
und diese Hoffnung war mit seinem Tode dahin. Er hatte alles
mit sich ins Grab genommen; sein Geist war nicht in ihnen zu-
rückgeblieben. [Zwei Tage nach seinem Tode stand Jesus von
dem Tode auf und der Glaube kehrte in ihre Gemüter zurück;
und bald kam der heilige Geist über sie selbst und die Auferstehung wurde der Grund ihres Glaubens und ihres Heils. Da die
Wirkung dieser Auferstehung so groß, da diese Begebenheit der
Mittelpunkt ihres Glaubens wurde, so mußte das Bedürfnis derselben sehr tief ihnen sein.] Ihre Religion, ihr Glaube an reines
Leben hatte an dem Individuum Jesus gehangen. Er war ihr lebendiges Band und das geoffenbarte, gestaltete Göttliche; in ihm
war ihnen Gott auch erschienen; sein Individuum vereinigte ihnen
das Unbestimmte der Harmonie und das Bestimmte in einem Lebendigen.

Mit seinem Tode waren sie in die Trennung des Sichtbaren und
Unsichtbaren, des Geistes und des Wirklichen zurückgeworfen.
Zwar das Andenken an dies göttliche Wesen wäre ihnen geblieben,
aber die Gewalt, die sein Sterben über sie ausübte, hätte sich mit
der Zeit in ihnen gebrochen; der Tote würde ihnen nicht ein
bloßer Toter geblieben, der Schmerz über den modernden Körper
nach und nach dem Anschauen seiner Göttlichkeit gewichen sein,

und der unverwesliche Geist und das Bild reinerer Menschheit wäre aus einem Grabe ihnen hervorgegangen; aber der Verehrung dieses Geistes, dem Genuß des Anschauens dieses Bildes wäre das Andenken an das Leben dieses Bildes zur Seite gestanden, dieser erhabene Geist hätte an seiner verschwundenen Existenz immer seinen Gegensatz gehabt. Und die Gegenwart desselben vor der Phantasie wäre mit einem Sehnen verbunden gewesen, das nur das Bedürfnis der Religion bezeichnet hätte, aber die Gemeine hätte noch keinen eignen Gott gehabt. Ein Kreis der Liebe, ein Kreis von Gemütern, die ihre Rechte an alles Besondere gegeneinander aufgeben und nur durch gemeinschaftlichen Glauben und Hoffnung vereinigt sind, deren Genuß und Freude allein diese reine Einmütigkeit der Liebe ist, ist ein kleines Reich Gottes. Aber ihre Liebe ist nicht Religion, denn die Einigkeit, die Liebe der Menschen enthält nicht zugleich die Darstellung dieser Einigkeit. Liebe vereinigt sie, aber die Geliebten erkennen diese Vereinigung nicht; wo sie erkennen, erkennen sie Abgesondertes. Daß der göttliche Geist erscheine, muß der unsichtbare Geist mit Sichtbarem vereinigt sein, daß alles in einem Erkennen und Empfinden, daß eine vollständige Synthese, eine vollendete Harmonie, daß Harmonie und das Harmonische eins sei. Sonst bleibt [Liebe, was sie ist,] in Beziehung auf das Ganze der trennbaren Natur ein Trieb, der für die Unendlichkeit der Welt zu klein und für ihre Objektivität zu groß ist und nicht gesättigt werden kann; es bleibt der unauslöschliche, unbefriedigte Trieb nach Gott.

Zur Schönheit, zur Göttlichkeit fehlt dem Bilde das Leben, dem Göttlichen in der Gemeinschaft der Liebe, diesem Leben Bild und Gestalt. Aber in dem Auferstandenen und dann gen Himmel Erhobenen fand das Bild wieder Leben und die Liebe die Darstellung ihrer Einigkeit. In dieser Wiedervermählung des Geistes und des Körpers ist der Gegensatz des Lebendigen und des Toten verschwunden und hat sich in einem Gotte vereinigt. Die sehnende Liebe hat sich als lebendiges Wesen, dessen Verehrung nun die Religion der Gemeine ist, gefunden und kann nun sich selbst genießen. Das Bedürfnis der Religion findet seine Befriedigung in diesem auferstandenen Jesus, in dieser gestalteten Liebe. Die Betrachtung der Auferstehung des Jesus als einer Begebenheit ist der

Gesichtspunkt des Geschichtsforschers, der mit der Religion nichts zu tun hat. Der Glaube oder Unglaube an dieselbe, als bloße Wirklichkeit, ohne das Interesse der Religion, ist eine Sache des Verstandes, dessen Wirksamkeit, Fixierung der Objektivität gerade der Tod der Religion ist und auf welchen sich zu berufen von der Religion abstrahieren heißt. Aber freilich scheint der Verstand ein Recht zu haben, mitzusprechen, da die objektive Seite des Gottes nicht bloß eine Gestalt der Liebe ist, sondern für sich selbst besteht und als eine Wirklichkeit in der Welt der Wirklichkeit einen Platz behauptet. Und darum ist es schwer, die religiöse Seite des auferstandenen Jesus, die gestaltete Liebe in ihrer Schönheit festzuhalten; denn erst durch eine Apotheose ist er Gott geworden, seine Göttlichkeit ist eine Deifikation eines auch aus Wirklichem Vorhandenen. Er hatte als menschliches Individuum gelebt, war am Kreuz gestorben und begraben worden. Dieser Makel der Menschlichkeit ist etwas ganz anderes als die Gestalt, die dem Gotte eigentümlich ist. Das Objektive des Gottes, seine Gestalt ist nur insoweit objektiv, als er nur die Darstellung der die Gemeinde vereinigenden Liebe, nur die reine Entgegensetzung derselben ist und nichts enthält, was nicht selbst in der Liebe, aber hier nur als Entgegengesetztes, was nicht zugleich Empfindung wäre. So aber kommt zum Bild des Auferstandenen, der zum Wesen gewordenen Vereinigung noch anderes Beiwesen, vollkommen Objektives, Individuelles hinzu, das mit der Liebe gepaart werden, aber als Individuelles, als Entgegengesetztes fest für den Verstand fixiert bleiben soll, das dadurch eine Wirklichkeit ist, die dem Vergötterten immer wie Blei an den Füßen hängt, das ihn zu der Erde zieht, da der Gott zwischen dem unendlichen Himmel und zwischen der Erde, dieser Versammlung von lauter Beschränkungen, in der Mitte schweben sollte. Sie ist nicht aus der Seele zu bringen, die Zweierleiheit der Naturen. Wie Herkules durch den Holzstoß, hat der Vergötterte auch nur durch ein Grab zum Heros sich emporgeschwungen. Aber dort sind der gestalteten Tapferkeit allein, dem zum Gott gewordenen, nicht mehr kämpfenden, noch dienenden Helden, hier nicht dem Heros allein die Altäre geweiht, werden die Gebete gebracht; nicht der Erstandene allein ist das Heil der Sünder und ihres Glaubens Ent-

zückung; auch der Lehrende und Wandelnde und am Kreuz
Hängende wird angebetet. Diese ungeheure Verbindung ist es,
über welche seit so vielen Jahrhunderten Millionen Gottsuchender
Seelen sich abgekämpft und gemartert haben.

B MORAL

[Bergpredigt, Matth. V — Jesus fängt mit Schreien an, in denen
er vor der versammelten Menge seinem Herzen *und* seiner andren
Beurteilungsart menschlicher Werte Luft macht. Begeistert schreit
er aus, daß es nun um eine andre Gerechtigkeit, um andern Wert
des Menschen zu tun sei. Begeistert entfernt er sich sogleich von
der gemeinen Schätzung der Tugenden und kündigt eine andre
Region des Lebens an, in der eine ihrer Freuden sein müsse, von
der Welt verfolgt zu werden, der sie ihre Entgegensetzung gegen
sie zeigen müssen. Dies neue Leben zerbreche aber nicht die
Materie der Gesetze, sondern es sei vielmehr ihre Erfüllung, die
Ergänzung dessen, was unter der Form eines Entgegengesetzten,
als Gesetz bisher vorhanden war. Diese Form des Gebotenseins
soll durch ihr neues Leben vertilgt werden, und vor der Fülle
ihres Geistes, ihres Wesens verschwinden (Matth. V, 21—26).
Das Gesetz gegen Totschlag wird durch den höheren Genius der
Versöhnlichkeit erfüllt und zugleich für ihn aufgehoben; für ihn
gibt es kein solches Gebot.

id. 27—30. Erfüllt wird das Gesetz gegen den Ehebruch durch
die Heiligkeit der Liebe und durch die Fähigkeit, wenn *man auf*
die vielen Seiten des Menschen sich einläßt, sich zu seiner Ganzheit zu erheben.

id. 31—32. Ehescheidung. Aufhebung der Liebe, der Freundschaft gegen ein Weib, in der sie noch ist, macht sie sich selbst
ungetreu werden und sündigen, und die Beobachtung der rechtlichen Pflicht und Dezenz ist eine elende Beschönigung, eine neue
Härte dieser Verletzung ihrer Liebe.

id. 33—37. Bist du wahrhaftig, so brauchst du den Zusammenhang zwischen deiner Rede und der Tat oder Gedanken nicht an
ein Fremdes zu knüpfen, in die Hand eines Fremden zu legen,
ihn als Herrn dieses Zusammenhangs zu erklären. Du selbst bist

über alle fremde Macht erhaben. Das Gesetz, nicht falsch zu schwören, Gott aber zur Macht über sein Wort zu machen, ist durch die Wahrhaftigkeit erfüllt und sie *ist* darüber erhaben.

id. 38—42. Gerechtigkeit, gänzliche Erhebung über die Sphäre des Rechts oder Unrechts durch Aufhebung alles Eigentums.

id. 43 ff. Zusammenfassung des Ganzen.

Kap. VI, 1—4. Almosen, nicht vor den Leuten, nicht vor dir selbst.]

id. 5—15. Gebet. Auch hier sei nur das Beten rein. Mischet nicht Fremdes ein, gesehen zu werden, sondern betet in euerm Kämmerlein und ein solches einsames und einzelnes Gebet ist das Vaterunser. Es ist nicht das Gebet eines Volkes zu seinem Gotte, sondern das Gebet eines Isolierten, Unsichern, Ungewissen. Dein Reich komme, dein Name werde geheiligt; — der Wunsch des Einzelnen, *denn* ein Volk kann nicht wünschen. Dein Wille geschehe; — ein Volk von Ehre und Stolz tut seinen eignen Willen und weiß von keinem andern, als einem Feindlichen; der Einzelne kann den Willen Gottes und den allgemeinen entgegengesetzt sehen. Gib uns heute unser täglich Brot; — eine Bitte der stillen Einfalt, die im Munde eines Volkes nicht paßte, das sich seiner Herrschaft über die Nahrungsmittel bewußt ist oder unmöglich nur den Gedanken an die Speise e i n e s Tages haben kann, sondern wohl um Gedeihen des Ganzen, um freundliche Natur beten kann; beten ist nicht bitten. Vergib uns; — auch ein Gebet des Einzelnen; Nationen sind Getrennte, Abgesonderte; es ist nicht denkbar, wie sie einer andern Nation verzeihen sollen; es könnte *nicht* durch eine Vereinigung, sondern durch das Gefühl der Gleichheit oder des Übergewichts der Macht, Furcht, geschehen. Das Bewußtsein eigner Sünden, diese Reflexion kann *eine Nation* nur durch Schwert erhalten, denn sie kann ihren Willen nicht unter einem Gesetz anerkennen. Aber der Einzelne kann beten: So viel Liebe ich habe, so viel möge ich erfahren.

[id. 16—18. Fasten. Wie beim Beten und Almosengeben nichts Fremdes einmischen.

id. 20—34. Sich nicht zerstreuen und das Ganze nicht in Sorge und Abhängigkeit verlieren. Solche partiellen Dinge, Bedürfnisse, Reichtum, Nahrung, Kleidung bringen Bestimmtheiten in

den Menschen, die ihn objektiv des reinen Lebens unfähig
machen.

Kap. VII, 1—5. Richten über andere, sie seiner Rede unterwerfen im Urteil, die Tyrannei in Gedanken.

id. 7—15. Die Vereinigung der Menschen in Bitten und Geben.

id. 13 ff. Allgemeines Bild des vollendeten Menschen.

Matth. XII, 31 ff: ὅς ἐὰν εἴπῃ λόγον κατὰ τοῦ υἱοῦ τοῦ ἀνθρώπου, ἀφεθήσεται
αὐτῷ· ὃς δ' ἂν εἴπῃ κατὰ τοῦ πνεύματος τοῦ ἁγίου, οὐκ ἀφεθήσεται αὐτῷ οὔτε ἐν τούτῳ τῷ
αἰῶνι οὔτε ἐν τῷ μέλλοντι.

id. 34. Aus dem Überfluß des Herzens spricht der Mund; der
gute Mensch gibt aus dem guten Schatz seines Herzens das Gute,
der böse das Böse aus dem bösen Herzen. Wer den Menschen
lästert, der lästert den Einzelnen, den Besonderen; wer aber den
heiligen Geist lästert, *lästert* die Natur und ist unfähig, Sünden-
vergebung zu erlangen, denn er ist unfähig, mit dem Ganzen sich
zu vereinigen; er bleibt isoliert und ausgeschlossen. Eine solche
Lästerung kommt aus der Fülle des Herzens und zeigt seine Zerstörung, seine Zerrüttung; seine Unheiligkeit ist des Heiligen unfähig, das er gelästert hat, und das Heilige nach Trennung und
Vereinigung ist die Liebe. Ein Zeichen könnte euch etwa erschüttern. Aber der ausgetriebene Geist kommt mit sieben andern
zurück, und der Mensch wird zerrütteter als vorher.

C RELIGION

Matth. XVIII, 1—10. Der Größte ἐν τῇ βασιλείᾳ τῶν οὐρανῶν der
dem Kinde am nächsten kommt. Ihre Engel (id. 10) im Himmel
sehen beständig das Angesicht des Vaters, der im Himmel ist.
Unter den Engeln der Kinder kann kein objektives Wesen verstanden werden, denn auch von den Engeln der andern Menschen
(um in diesem Ton zu sprechen) müßte gedacht werden, daß sie
Gott anschauen. Ihre unentwickelte Einigkeit, das Bewußtlose,
ihr Sein und Leben in Gott *ist* in einer Gestalt vorgestellt; dann
ist auch diese wieder substantialisiert, isoliert, ihre Beziehung auf
Gott eine ewige Anschauung desselben. Um den Geist, das Göttliche außer der Form dieser Beschränkung und die Gemeinschaft
dieses Beschränkten *mit dem* Lebendigen zu bezeichnen, setzt

Plato das reine Leben und das beschränkte in eine Verschiedenheit
der Zeit; er läßt die reinen Geister vorhin ganz in der Anschauung des Göttlichen gelebt haben und sie im Erdenleben dieselben
sein, nur mit verdunkeltem Bewußtsein jenes Himmlischen. Auf
eine andre Art bezeichnet Jesus die Natur, das Göttliche, als Kinder des Geistes, als Engel, die immer im Anschauen Gottes leben.
Auch in dieser Form sind sie nicht als Gott, sondern als Söhne
Gottes, als Besondere dargestellt. Die Entgegensetzung des Anschauenden gegen das Angeschaute, daß sie *als* ein Subjekt und
ein Objekt entgegengesetzt sind, fällt in der Anschauung weg.
Ihre Verschiedenheit ist nur die Möglichkeit der Trennung; ein
Mensch, der die Sonne immer anschaute, wäre nur ein Gefühl
des Lichts, das Gefühl als Wesen; wer ganz in der Anschauung
eines andern Menschen lebte, wäre dieser andere selbst, nur mit
der Möglichkeit eines Andersseins. Unmittelbar damit in Verbindung gesetzt: ἦλθεν ὁ υἱὸς τοῦ ἀνθρώπου σῶσαι τὸ ἀπολωλός, und das Gebot, sich zu versöhnen, Entzweiung aufzuheben und einig zu
werden; diese Einigkeit ist das Anschauen Gottes, das Werden
wie Kinder. Wenn der Beleidiger nicht auf die Gemeine hört, so
sei er als Heide und Zöllner. Wer sich absondert, die versuchte
Vereinigung verschmäht, fest dagegen hält *(Der Satz ist unvollendet geblieben.)* Ferner stellt Jesus diese Einigkeit in andrer
Form dar (XVIII, 19): Wenn zwei von euch über etwas einig sind
und ihr bittet darum, so wird es euch der Vater gewähren, und
fügt bei: Was ihr binden oder lösen werdet, ist im Himmel gelöst
oder gebunden; was euch entgegengesetzt ist, ist der Gottheit
fremd, schaut sie nicht an. Die Ausdrücke: bitten, gewähren, sind
so gemein geworden und werden *(Lücke der Handschrift)*]

D GESCHICHTE

Die Form, wie er als Einzelner gegen Einzelne, und Einzelne
gegen ihn stehen. Ausbreitung seiner Lehre.

Der Anfang seines Predigens. Matth. IV, 17: μετανοεῖτε · ἤγγικεν γὰρ
ἡ βασιλεία τῶν οὐρανῶν.

Ibid. 19. Anwerbung Simons und Andreas': ποιήσω ὑμᾶς ἁλεεῖς
ἀνθρώπων.

Matth. VIII, 20: ὁ υἱὸς τοῦ ἀνθρώπου οὐκ ἔχει ποῦ τὴν κεφαλὴν κλίνῃ.

VIII, 22: ἀκολούθει μοι. καὶ ἄφες τοὺς νεκροὺς θάψαι τοὺς ἑαυτῶν νεκρούς.
In beiden Fällen das Verzichttun auf das Gewebe menschlicher
Verhältnisse und Bedürfnisse. Trennung von ihrem Leben. Aber
nicht Absonderung von Zöllnern und Sündern (Matth. IX, 11).
Zustand des jüdischen Volkes; wie Schafe ohne Hirten (IX, 36).
— Zu den Pharisäern: «Könnet ihr nicht die Zeichen der Zeit
beurteilen?» — Ausschickung der Zwölf (Matth. X, 5). Ihre In-
struktionspredigt: ἤγγικεν ἡ βασιλεία τῶν οὐρανῶν. Das Übrige negativ:
Sorget für Reisebedürfnisse; sehet, wo ihr Würdige findet; wenn
das Haus würdig ist, komme euer Gruß, εἰρήνη, (er befahl vorher
ein Haus zu grüßen) über es; wo nicht, so kehre er zu euch selbst
zurück. Der Gruß ist in beiden Fällen dasselbe; es kommt auf die
Würdigkeit des Hauses an, ob er als Wort in ihm erschallt oder
dieselbe Fülle ihm in den Gemütern anschlägt, mit der er gegeben
ist; sonst kehrt er zu euch zurück; ihr habt den Frieden nicht
verschwendet, er hört sich in euch.
Also kein Belehren und Behandeln. Haß der Welt, Verfolgung.
Der Geist wird aus euch sprechen; seid nicht bekümmert, was
ihr sagen wollt. Furchtlosigkeit, teils wegen eignen Leidens, teils
wegen der Zerrüttungen, die ihre Sendung der Welt bringen wird.
Matth. X. 41: Wer einen Propheten als Propheten (εἰς ὄνομα προφήτου,
wem ein Prophet ein Prophet ist), einen Gerechten als Gerechten,
einen Jünger als solchen aufnimmt, der hat den Lohn, den Wert
eines Propheten; wie der Mensch den Menschen auffaßt, so ist
er selbst.
Unwille über die Art der Aufnahme seiner Lehre von seinem
Zeitalter (Matth. XI, 25), Beschränkung ihrer Wirksamkeit auf
νηπίοι, κοπιῶντες καὶ πεφορτισμένοι. Matth. XII, 49: ἐκτείνας τὴν χεῖρα ἐπὶ
τοὺς μαθητὰς αὐτοῦ εἶπεν· ἰδοὺ ἡ μήτηρ μου καὶ οἱ ἀδελφοί μου. Trennung Jesu
von den Beziehungen des Lebens. Von hier beginnen seine hef-
tigen Ausdrücke gegen die Pharisäer. Seine Antworten über
Fragen, Anlässe, gehen nur darauf, sie zum Schweigen zu bringen,
nur polemisch; das Wahre richtet er an andre Zuhörer.
Parabeln. Matth. XIII.
Über die Art der Ausbreitung seiner Lehre, das Schicksal derselben, alle (vom Sämann, Weizen und Unkraut, Senfkorn, Hefen-
teig, gefundenen Schatz usw.) ganz analog mit den Mythen, aber

freilich *in* jüdische Wirklichkeiten [eingehüllt]. Es ist in ihnen
kein fabula docet; keine Moral kommt aus ihnen, sondern das
Geschichtliche, das Werden, der Fortgang des Seienden, des
Ewigen, des Lebendigen. Das Werden des Seins ist das Geheimnis
der Natur; und alles fade Geschwätz von innigerer Überzeugung
vom Guten usw. ist unendlich sinnloser, als die übernatürliche
Erleuchtung, Wiedergeburt usw. Die Menge der Parabeln zeigt
das Unvermögen, das darzustellen, auf was sie deuten sollen; nur
daß dies kostbar, ein Großes, Wünschenswertes, aber ein Anderes
ist, als sie kennen. Matth. XIII, 55: οὐχ οὗτός ἐστιν ὁ τοῦ τέκτονος υἱός;
οὐχ ἡ μήτηρ αὐτοῦ λέγεται Μαριάμ; — Οὐκ ἔστιν προφήτης ἄτιμος εἰ μὴ ἐν τῇ πατρίδι
καὶ ἐν τῇ οἰκίᾳ αὐτοῦ. Sie sehen nichts als die Wirklichkeit, nicht den
Geist, nichts, als was sie selbst sind. So auch Matth. XXV. Diese
Parabeln sind weder morgenländische Allegorien, noch griechische
Mythen. Diese beiden sprechen von der Sache selbst, von dem
Sein, von dem Schönen, dessen Entwickelung, aus sich Herausgehen, Veränderungen bei den Orientalen meist ungeheure und
unnatürliche Geburten werden, weil sie für sich, von der Phantasie
allein, also als Ungeheuer gehalten werden, bei den Griechen zwar
auch als Substanzen, als Modifikationen in einem lebendigen
Wirklichen auftreten, aber von der Phantasie doch an eine natürliche Handlung, an eine Menschenform geheftet werden; sie verlieren das Idealische dadurch nicht, das ihnen die orientalischen
Ungeheuer behalten wollen, es wird doch kein individuelles Leben
(Ceres, Venus usw.); das Unmenschliche dieser Göttergestalten
ist nur Befreiung von dem ihnen Heterogenen, z. B. Schwere,
Arbeit, Not usw. Die Parabeln Christi sind eigentliche Gleichnisse,
moderne Fabeln, in denen es ein tertium comparationis gibt, d. h.
wo das Gleiche gedacht ist. In den alten äsopischen Fabeln waren
es selbst Triebe, Instinkte, das gleich modifizierte Leben. In den
Parabeln ganz wirkliche Geschichten; daher immer ein: Gleich
wie —

(Lücke der Handschrift) Der Pharisäer dankt Gott dafür.
Er ist so bescheiden, nicht die Kraft seines Willens darin zu erkennen, daß er nicht wie viele andere Menschen *ist,* die Räuber,

Ungerechte, Ehebrecher sind, oder wie der Zöllner hier neben ihm; er faste nach der Regel, er bezahle als ein rechtschaffener Mann gewissenhaft seinen Zehnten. Diesem Bewußtsein der Rechtschaffenheit, von welchem gar nicht gesagt ist, daß es nicht wahr gewesen sei, setzt Jesus den niedergesunkenen Blick, der sich nicht zum Himmel zu erheben wagt, des Zöllners entgegen, welcher an seine Brust schlägt: Gott sei mir gnädig. Das Bewußtsein des Pharisäers, seine Pflicht erfüllt zu haben, wie auch das Bewußtsein des Jünglings, ein treuer Beobachter aller Gesetze gewesen zu sein (Matth. XIX, 20), dies gute Gewissen ist darum eine Heuchelei, weil es teils, wenn es schon mit der Absicht der Handlung verbunden ist, eine Reflexion über sich selbst, über die Handlung, ein Unreines, nicht zur Handlung Gehöriges ist, teils, wenn es eine Vorstellung seiner selbst als eines moralischen Menschen ist, *wie* beim Pharisäer und bei jenem Jüngling, eine Vorstellung *ist,* deren Inhalt die Tugenden sind, d. h. beschränkte, denen ihr Kreis gegeben, *die* in ihrem Stoffe begrenzt sind, also alle zusammen ein Unvollständiges sind, da das gute Gewissen, das Bewußtsein, seine Pflichten erfüllt zu haben, sich zum Ganzen heuchelt.

In eben diesem Geist spricht Jesus vom Beten und Fasten. Beides entweder ganz objektive, durchaus gebotene Pflichten, oder nur in einem Bedürfnis gegründet. Sie sind nicht fähig, als moralische Pflichten vorgestellt zu werden, weil sie keine Entgegensetzung voraussetzen, die in einem Begriff vereinigt zu werden fähig wäre. Jesus rügt bei beiden den Schein, den man sich vor den Menschen damit gibt und beim Gebet besonders auch das viele Schwätzen, wodurch es das Ansehen einer Pflicht und der Ausübung derselben erhält. Das Fasten beurteilt Jesus (Matth. VI, 18) nach der Empfindung, die dabei zugrunde liegt, nach dem Bedürfnis, das dazu treibt. Außer der Entfernung der Unreinheit beim Gebet gibt Jesus auch eine Art zu beten an. Die Rücksicht auf das Wahre des Gebets gehört nicht an diese Stelle.

Über die folgende Forderung von Abwerfung der Lebenssorgen und Verachtung der Reichtümer, sowie über: «Wie ist es möglich, daß ein Reicher ins Reich Gottes komme (Matth. XIX, 23)?» ist wohl nichts zu sagen. Es ist eine Litanei, die nur in Predigten

oder in Reimen verziehen wird. Denn eine solche Forderung hat
keine Wahrheit für uns. Das Schicksal des Eigentums ist uns zu
mächtig geworden, als daß Reflexionen darüber erträglich, seine
Trennung von uns denkbar wäre. Aber so viel ist doch einzusehen, daß der Besitz von Reichtum, mit allen den Rechten, so
wie mit allen Sorgen, die damit zusammenhängen, Bestimmtheiten
in den Menschen bringt, deren Schranken den Tugenden ihre
Grenzen setzen, ihnen Bedingungen und Abhängigkeiten geben,
innerhalb deren wohl für Pflichten und Tugenden Raum ist, die
aber kein Ganzes, kein vollständiges Leben zulassen, weil es an
Objekte gebunden *ist,* Bedingung seiner außer sich selbst hat, weil
dem Leben noch etwas als eigen zugegeben ist, was doch nie sein
Eigentum sein kann. Der Reichtum verrät sogleich seine Entgegensetzung gegen die Liebe, gegen die Ganzheit dadurch, daß er
ein Recht und in einer Reihe von Rechten begriffen ist, wodurch
teils seine unmittelbar auf ihn sich beziehende Tugend, die Rechtschaffenheit, teils die anderen innerhalb seines Kreises möglichen
Tugenden notwendig mit Ausschließung verbunden und jeder
Tugendakt an sich selbst ein Entgegengesetztes ist. An einen
Synkretismus, einen Zweiherrendienst ist nicht zu denken, weil
das Unbestimmte und das Bestimmte mit Beibehaltung ihrer Formen nicht verbunden werden können. Jesus mußte nicht bloß das
Komplement der Pflichten, sondern auch das Objekt dieser Prinzipien, das Wesen der Sphäre der Pflichten aufzeigen, um das der
Liebe entgegengesetzte Gebiet zu zerstören. Lukas(XII,13 ff.)bringt
die Ansicht, nach welcher Jesus sich gegen die Reichtümer erklärt,
in einer Verbindung vor, wodurch sie noch deutlicher wird. Ein
Mann hatte ihn darum angesprochen, sich bei seinem Bruder über
die Teilung ihrer Erbschaft zu verwenden. Eine Bitte um eine
solche Verwendung abzuschlagen, wird nur *als* die Verfahrungs-
art eines Egoisten beurteilt. Jesus scheint in seiner Antwort gegen
den, der die Bitte an ihn getan hatte, unmittelbar nur seine In-
kompetenz dazu entgegenzuhalten. Aber in seinem Geiste liegt
mehr, als daß er nur kein Recht zu jener Teilung habe, denn er
wendet sich sogleich zu seinen Jüngern mit einer Ermahnung gegen die Begierde zu haben, und fügt eine Parabel bei von einem
reichen Mann, den Gott mit der Stimme aufschreckt: «Tor! diese

Nacht wird man deine Seele von dir fordern; was du erworben hast, wem wird es gehören?» So ist es mit dem, der sich Schätze sammelt und nicht in Gott reich ist. So wendet Jesus nur jenem Profanen die Rechtsseite zu: gegen seine Jünger fordert er Erhebung über das Gebiet des Rechts, der Gerechtigkeit, der Billigkeit, der Freundschaftsdienste, die Menschen in diesem Gebiete sich leisten können, über die ganze Sphäre des Eigentums.

Dem Gewissen, dem Bewußtsein der eignen Pflichtgemäßheit oder Nichtgemäßheit steht die Anwendung der Gesetze auf andere im Urteile gegenüber: «Richtet nicht, sagt Jesus, auf daß ihr nicht gerichtet werdet. Mit welchem Maße ihr messet, mit dem wird euch dagegen gemessen werden (Matth. VII, 1—2).» Dieses Subsumieren andrer unter einen Begriff, der im Gesetze dargestellt ist, kann darum eine Schwäche genannt werden, weil der Urteilende nicht stark genug ist, sie ganz zu ertragen, sondern sie teilt und gegen ihre Unabhängigkeit nicht auszuhalten vermag, nicht wie sie sind, aber wie sie sein sollen, durch welches Urteil er sie sich (denn der Begriff der Allgemeinheit ist sein) im Gedanken unterjocht hat. Mit diesem Richten aber hat er ein Gesetz anerkannt und sich selbst der Herrschaft desselben unterzogen, ein Maß des Richtens auch für sich aufgestellt und mit der liebreichen Gesinnung für seinen Bruder, ihm den Splitter aus dem Auge zu ziehen, ist er selbst unter das Reich der Liebe gesunken.

Das noch Folgende ist nicht mehr eine Entgegenstellung dessen, was höher ist als die Gesetze, gegen sie, sondern die Aufzeigung einiger Äußerungen des Lebens in seiner schönen, freien Region, als die Vereinigung der Menschen im Bitten, Geben und Nehmen. Das Ganze schließt mit dem Bestreben, das Bild des Menschen, wie es im Vorherigen in der Entgegensetzung gegen die Bestimmtheiten gezeichnet ist, weswegen auch das Reine mehr in seinen Modifikationen, in besonderen Tugenden, als Versöhnlichkeit, eheliche Treue, Wahrhaftigkeit usw. erschien, rein außer dieser Sphäre darzustellen, welches denn freilich nur in unvollständigen Parabeln geschehen kann.

Einen Kontrast mit dieser Gesetz- und Pflichtlosigkeit in der Liebe, die Jesus als das Höchste bezeichnet, macht die Art des Iohannes des Täufers, von welcher Lukas (III, 7 ff.) einige Pro-

ben aufbehalten hat. Wie sie [hoffen könnten], sagt er zu den
Juden, ungeachtet sie Abraham zum Vater haben, ihrem erzürnten
Schicksal zu entgehen? «Die Axt liegt schon an der Wurzel der
Bäume.» Und da die Juden ihn nun fragten, was sie zu tun haben,
so sagte er: «Wer zwei Röcke oder überflüssige Speise hat, gebe
es dem, der nichts hat.» Die Zöllner gemahnte er, nicht mehr
Abgaben zu fordern, als ihnen vorgeschrieben ist, die Soldaten,
niemand zu schlagen, nichts zu erpressen, sondern von ihrem
Solde zu leben. Noch ist von ihm bekannt (Matth. XIV, 4), daß
er sich in Schmälen über das Verhältnis des Herodes mit seines
Bruders Frau einließ, ein Schelten, das ihn den Kopf kostete. Sein
Schicksal vollendete sich über einer Bestimmtheit, wie sein Lehren
nach den obigen Proben eine Ermahnung zu bestimmten Tugenden war und den großen Geist, die alles umfangende Seele derselben nicht in seinem Bewußtsein zeigt. Er fühlte dies auch selbst
und verkündigte einen andern, der die Wurfschaufel in der Hand
die Tenne fegen werde. Johannes hoffte im Glauben, statt seiner
Wassertaufe, von seinem Nachfolger eine Taufe mit Feuer und Geist.

Auch ein Schicksal,[7] das *der Mensch* durch widerrechtliche
Lebensverletzung gegen sich erweckt hat, kann er durch die stärker werdende Liebe wieder zum Schlafe bringen. Die Strafe des
Gesetzes ist nur gerecht. Der gemeinsame Charakter, der Zusammenhang des Verbrechens und der Strafe ist nur Gleichheit,
nicht Leben. Gegen den Tyrannen stehen wieder Peiniger, gegen
den Mörder Henker; und die Peiniger und die Henker, die dasselbe tun, was die Tyrannen und die Mörder taten, heißen darum
gerecht, weil sie das Gleiche tun, sie mögen es mit Bewußtsein
als Rächer, oder als blinde Werkzeuge tun; ihre Seele kommt
nicht in Anschlag, nur ihre Tat. Von Versöhnung, von Wiederkehr zum Leben kann also bei der Gerechtigkeit nicht die Rede
sein. Auch in der Feindschaft des Schicksals wird gerechte Strafe
empfunden. Aber da sie nicht von einem fremden Gesetz über
den Menschen kommt, sondern aus dem Menschen erst das Gesetz
und das Schicksalsrecht entsteht, so ist die Rückkehr zum ursprünglichen Zustand, zur Ganzheit möglich, denn der Sünder ist

mehr als eine existierende Sünde, Persönlichkeit habendes Verbrechen; er ist Mensch; Verbrechen und Schicksal ist in ihm, er kann wieder zu sich selbst zurückkehren, und wenn er zurückkehrt, unter ihm. Die Elemente der Wirklichkeit haben sich aufgelöst, Geist und Körper haben sich getrennt. Die Tat besteht zwar noch, aber als ein Vergangenes, als ein Fragment, als eine tote Trümmer; derjenige, der als böses Gewissen war, ist verschwunden und die Erinnerung der Tat ist nicht mehr eine Anschauung seiner selbst. Das Leben hat in der Liebe das Leben wiedergefunden. Zwischen Sünde und ihre Vergebung tritt so wenig als zwischen Sünde und Strafe ein Fremdes ein; das Leben entzweite sich mit sich selbst und vereinigt sich wieder.

Daß auch Jesus den Zusammenhang zwischen Sünde und Vergebung der Sünde, zwischen Entfremdung von Gott und Versöhnung mit ihm nicht außer der Natur fand, kann vollständig späterhin gezeigt werden. Hier kann immer soviel angeführt werden, daß er die Versöhnung in Liebe und Lebensfülle setzte und diese Vorstellung des Verbrechens, des Schicksals und der Versöhnung bei jeder Veranlassung in wenig abwechselnder Form äußerte. Wo er Glauben fand, tat er kühn den Ausspruch: «Dir sind deine Sünden vergeben.» Dieser Ausspruch ist kein Vernichten der Strafe, kein Zerstören des noch bestehenden Schicksals, sondern die Zuversicht, die im Glauben der ihn Fassenden sich selbst, ein ihm gleiches Gemüt erkannte. Gegenseitigen Glauben kann nur die Gleichheit des Gemüts finden; in wem Jesus Glauben an ihn fand, den erkannte er als über Gesetz und Schicksal erhaben und kündigte ihm Vergebung der Sünden an. Mit vollem Zutrauen an einen Menschen, mit solcher Hingebung an ihn, mit der sich nichts zurückbehaltenden Liebe kann nur eine reine oder gereinigte Seele sich dem Reinen in die Arme werfen, und Glaube an Jesum heißt mehr als ein Diener sein. Glaube ist eine Erkenntnis des Geistes durch Geist und nur gleiche Geister können sich erkennen und verstehen; ungleiche erkennen nur, daß sie nicht sind, was der andere ist. Verschiedenheit der Geistesmacht ist aber nicht Ungleichheit. Der Schwächere hängt sich an den Höheren als ein Kind oder kann an ihm hinaufgezogen werden. So lange er in einem andern die Schönheit liebt und sie

zwar in ihm, aber nicht entwickelt ist, d. h., daß er sich in Handlung und Tätigkeit noch nicht mit der Welt ins Gleichgewicht
und Ruhe gesetzt hat, daß er noch nicht zum Bewußtsein seines
Verhältnisses zu den Dingen gekommen ist, so glaubt er nur noch.
So drückt sich Jesus (Joh. XII, 36) aus: «Bis ihr selbst das Licht
habt, glaubet an das Licht, damit ihr selbst Söhne des Lichtes
werdet.» Von Jesu dagegen ist (Joh. II, 25) gesagt, daß er sich
den Juden, die an ihn glaubten, nicht anvertraut habe, weil er sie
kannte und weil er ihres Zeugnisses nicht bedurfte, sich nicht erst
in ihnen erkannte.

Im Geiste der Juden freilich stand zwischen Trieb und Handlung, Lust und Tat, zwischen Leben und Verbrechen, Verbrechen
und Verzeihung eine unübersteigliche Kluft, ein fremdes Gericht,
und wenn sie auf ein Band zwischen Sünde und Versöhnung im
Menschen in der Liebe verwiesen wurden, mußte ihr liebloses
Wesen empört und ein solcher Gedanke, wenn ihr Haß die Form
eines Urteils trug, für sie der Gedanke eines Wahnsinnigen sein.
Denn sie hatten alle Harmonie des Wesens, alle Liebe, Geist und
Leben einem fremden Objekt anvertraut, aller Genien, in denen
die Menschen vereinigt sind, sich entäußert und die Natur in
fremde Hände gelegt. Was sie zusammenhielt, waren Ketten, Gesetze, vom Mächtigen gegeben. Das Bewußtsein des Ungehor-
sams gegen den Herrn fand in der ausgestandenen Strafe oder
Schuldbezahlung unmittelbar seine Befriedigung. Böses Gewissen
kannten sie nur als Furcht vor Strafe; denn als Bewußtsein seiner
gegen sich selbst setzt es immer ein Ideal gegen die ihm nicht an-
gemessene Wirklichkeit voraus und das Ideal ist im Menschen ein
Bewußtsein seiner eigenen ganzen Natur. Aber ihrer Dürftigkeit
blieb in der Anschauung ihrer nichts übrig; allen Adel, alle Schönheit hatten sie verschenkt; ihre Armut mußte dem unendlich Reichen dienen und *durch das*, was sie ihm für sich entwendeten, im
Gefühl der Selbstheit sich erstahlen, hatten sie ihre Wirklichkeit
nicht, wie der Mensch von bösem Gewissen, ärmer, sondern reicher gemacht, aber hatten dann den bestohlenen Herrn zu fürchten, der sie ihren Raub wieder bezahlen, opfern lassen und sie ins
Gefühl ihrer Armut zurückschleudern würde. Nur durch Bezahlung an ihren allmächtigen Gläubiger wurden sie ihre Schulden

los und wenn sie bezahlt hatten, besaßen sie doch wieder nichts. Eine schuldbewußte, bessere Seele will mit dem Opfer nichts erkaufen, nicht den Raub zurückgeben, sondern in der freiwilligen Entbehrung mit einer herzlichen Gabe, nicht im Gefühl der Pflicht und des Dienstes, sondern in brünstigem Gebete sich einem Reinen mit der Seele nahen, um, was sie in sich selbst nicht zum Bewußtsein bringen kann, in der Anschauung der ersehnten Schön-‍heit ihr Leben zu stärken und freie Lust und Freude zu gewinnen. Aber der Jude hatte in der Bezahlung seiner Schuld nur den Dienst, dem er entlaufen wollte, wieder aufgenommen, und ging vom Altar mit dem Gefühl des mißlungenen Versuchs und der Wiederanerkennung seines knechtischen Joches. Versöhnung in der Liebe ist statt der jüdischen Rückkehr unter Gehorsam eine Befreiung, statt der Wiederanerkennung der Herrschaft die Aufhebung derselben in der Wiederherstellung des lebendigen Bandes, eines Geistes der Liebe, des gegenseitigen Glaubens, eines Geistes, der in Rücksicht auf Herrschaft betrachtet die höchste Freiheit ist, ein Zustand, der das unbegreiflichste Gegenteil des jüdischen Geistes ist.

Nachdem Petrus Jesum als eine göttliche Natur anerkannt und dadurch sein Gefühl der ganzen Tiefe der Menschennatur, daß er einen Menschen als einen Gottessohn fassen konnte, bewiesen hatte, übergab ihm Jesus die Gewalt der Schlüssel des Himmelreichs; was er binden würde, sollte im Himmel gebunden, was er lösen würde, sollte im Himmel auch los sein. Da Petrus einmal das Bewußtsein eines Gottes gehabt hatte, so mußte er in jedem die Göttlichkeit oder Ungöttlichkeit seines Wesens, oder sie als Gefühl derselben in einem dritten, die Stärke des Glaubens oder Unglaubens anerkennen können, der ihn von allem bleibenden Schicksal befreite, über die ewige, unbewegliche Herrschaft erhebe oder nicht; er mußte die Gemüter verstehen, ob ihre Taten vergangen sind, ob sie noch, die Geister derselben, Schuld und Schicksal bestehen; er mußte binden, noch unter der Wirklichkeit des Verbrechens stehend, und lösen, über die Wirklichkeit desselben erhaben erklären können.

Auch ein schönes Beispiel[8]) einer wiederkehrenden Sünderin kommt in der Geschichte Jesu vor: die berühmte schöne Sünderin

Maria Magdalena. Es möge nicht übel gedeutet werden, wenn die in Zeit, Ort und andern Umständen abweichenden Erzählungen (Luk. VII, Matth. XXVI), die auf verschiedene Begebenheiten deuten, hier nur als verschiedene Formen derselben Geschichte behandelt werden, da über die Wirklichkeit damit nichts gesprochen sein soll und an unserer Ansicht nichts verändert wird. Die schuldbewußte Maria hört, daß Jesus in dem Hause eines Pharisäers speiste, in einer großen Versammlung rechtlicher, rechtschaffener Leute (honnêtes gens). Ihr Gemüt treibt sie zu Jesu, sie tritt durch diese Gesellschaft hinten zu seinen Füßen, weint und netzt seine Füße mit ihren Tränen und trocknet sie mit den Haaren ihres Hauptes, küßt sie und salbt sie mit Salben, mit unverfälschtem und köstlichem Nardenwasser. Die schüchterne, sich selbst genügende, stolze Jungfräulichkeit kann das Bedürfnis der Liebe nicht laut werden lassen, kann noch viel weniger bei der Ergießung der Seele den gesetzlichen Blicken rechtlicher Leute, der Pharisäer und der Jünger trotzen; ihre Sünden sind, sich über das Rechtliche weggesetzt zu haben; aber eine tief verwundete, der Verzweiflung nahe Seele muß sich überschreien und ihrer Blödigkeit und ihrem eignen Gefühl der Rechtlichkeit zum Trotz die ganze Fülle von Liebe geben und genießen, *um in* diesen innigen Genuß ihr Bewußtsein zu versenken. Der rechtschaffene Simon fühlt im Angesicht dieser fließenden Tränen, dieser lebendigen, alle Schuld tilgenden Küsse, dieser Seligkeit der aus ihrem Erguß Versöhnung trinkenden Liebe nur die Unschicklichkeit, daß Jesus mit einer solchen Kreatur sich einlasse. Er setzt dies Gefühl so sehr voraus, daß er es nicht ausdrückt, daß es ihn nicht beschäftigt, sondern sogleich kann er die Konsequenz ziehen: Wenn Jesus ein Seher wäre, so würde er wissen, daß dies Weib eine Sünderin ist. «Ihr sind die vielen Sünden vergeben, sagte Jesus, denn sie hat viel geliebt; welchem aber wenige vergeben werden, der hat wenig geliebt.» Bei Simon hatte nur seine Urteilskraft sich geäußert; bei den Freunden Jesu regt sich ein viel edleres, ein moralisches Interesse, das Wasser hätte wohl um dreihundert Groschen verkauft und das Geld den Armen gegeben werden können. Ihre moralische Tendenz, den Armen wohl zu tun, ihre wohlberechnende Klugheit, ihre auf-

merksame Tugend mit Verstand verbunden ist nur eine Roheit;
denn sie faßten die schöne Situation nicht nur nicht, sie beleidigten
sogar den heiligen Erguß eines liebenden Gemüts. «Warum bekümmert ihr sie? sagt Jesus; sie hat ein schönes Werk an mir
getan;» und es ist das Einzige, was in der Geschichte Jesu den
Namen eines Schönen führt. So unbefangen, so ohne Zweck
irgend einer Nutzanwendung in Tat oder Lehre äußerte sich nur
ein Weib voll Liebe. Wohl nicht um einer Eitelkeit willen, auch
nicht um die Jünger auf den eigentlichen Standpunkt zu stellen,
aber um Ruhe für die Situation zu gewinnen, muß Jesus eine
Seite ihnen zuwenden, für die sie empfänglich sind, mit der er
ihnen nicht das Schöne derselben erklären will. Er leitet eine
Art von Verehrung seiner Person aus der Handlung ab. Gegen
rohe Seelen muß man sich begnügen, nur eine Entweihung eines
schönen Gemüts durch sie abzuwenden. Es wäre vergebens,
einer groben Organisation den feinen Duft des Geistes erklären
zu wollen, dessen Anhauch für sie unempfindbar war. «Sie hat
mich, sagte Jesus, im voraus auf mein Begräbnis gesalbt. Ihr sind
viele Sünden vergeben, denn sie hat viel geliebt. Gehe hin im
Frieden, dein Glaube hat dich gerettet.» Wollte man sagen, es
wäre besser gewesen, daß Maria in das Schicksal des Judenlebens
sich gefügt hätte, und nicht so durch Liebe zum schönsten Bewußtsein zurückgekehrt wäre, als ein Automat ihrer Zeit, rechtlich
und gemein, ohne Sünde und ohne Liebe abgelaufen wäre? ohne
Liebe, denn die Zeit ihres Volks war wohl eine von denen, in
welchen das schöne Gemüt ohne Sünde nicht leben konnte;
aber zu dieser wie zu jeder andern konnte sie durch Liebe zum
schönsten Bewußtsein zurückkehren.

Die Zuversicht und Kühnheit der Entscheidung über die Fülle
des Lebens, den Reichtum der Liebe, liegt in dem Gefühle desjenigen, der die ganze Menschennatur in sich trägt. Ein solches
Gemüt bedarf der hochgerühmten profonden Menschenkennerei
nicht, die für zerrissene Wesen, deren Natur eine große Mannigfaltigkeit, viele und verschiedenfarbige Einseitigkeiten ohne Einheit in sich schließt, freilich eine Wissenschaft von großem Umfang und großer Zweckmäßigkeit ist, denen aber das, was sie
suchen, der Geist immer entschlüpft und nur Bestimmtheiten sich

anbieten. Eine ganze Natur hat im Moment eine andre durch-
gefühlt und ihre Harmonie oder Disharmonie empfunden. Daher
der unbedenkliche, zuversichtliche Ausspruch Jesu: deine Sünden
sind dir vergeben.

Die Liebe versöhnt aber nicht nur den Verbrecher mit dem
Schicksal; sie versöhnt auch mit der Tugend, d. h. wenn sie nicht
das einzige Prinzip der Tugend wäre, so wäre jede Tugend zugleich eine Untugend. Der völligen Knechtschaft unter dem Gesetze eines fremden Herrn setzte Jesus nicht eine teilweise Knechtschaft unter einem eignen Gesetze, den Selbstzwang der Kantischen Tugend entgegen, sondern Tugenden ohne Herrschaft
und ohne Unterwerfung, Modifikationen der Liebe; und müßten
sie nicht als Modifikationen eines lebendigen Geistes angesehen
werden, sondern wäre eine absolute Tugend, so würden unauf-
lösbare Kollisionen durch die Mehrheit der Absoluten entstehen;
und ohne jene Vereinigung in einem Geiste hat jede Tugend etwas
Mangelhaftes, denn jede Tugend ist schon ihrem Namen nach
eine einzelne, also eine beschränkte; die Umstände, unter denen
sie möglich ist, die Bedingungen einer Handlung sind etwas Zufälliges, Äußerliches; außer *wenn* die Beziehung der Tugend auf ihr
Objekt e i n e ist und nicht nur Beziehungen derselben Tugend auf
andere Objekte ausschließt, so hat jede Tugend in ihrem Begriffe
sowohl als auch in ihrer Tätigkeit ihre Grenze, die sie nicht über-
schreiten kann. Ist der Mensch von dieser bestimmten Tugend
nur ein so tugendhafter Mann und handelt er auch jenseits der
Grenze seiner Tugend, so kann er, indem er seiner Tugend getreu bleibt, nur lasterhaft handeln. Wohnt in ihm aber die andere
Tugend, die jenseits der Grenze der ersten ihr Gebiet hat, so kann
man zwar sagen, die tugendhafte Gesinnung für sich allein im
allgemeinen betrachtet, d. h. abstrahiert von den hier gesetzten
Tugenden, komme nicht in Kollision, weil die tugendhafte Gesinnung nur eine ist; allein damit wird die Voraussetzung aufgehoben. *Sind* beide Tugenden gesetzt, so hebt die Übung der einen
den Stoff und dann die Möglichkeit der Ausübung der andern,
die ebenso absolut ist, auf, und die begründete Forderung der andern ist abgewiesen. Ein Recht, das für die eine Beziehung aufgegeben würde, kann es nicht mehr für die andre werden, oder.

wird es für die andre aufgespart, so muß die erste darben. So wie sich die Mannigfaltigkeit der menschlichen Verhältnisse mehrt, wächst auch die Menge der notwendigen Kollisionen und die Unmöglichkeit, sie zu erfüllen. Will der Vieltugendliche unter der Menge seiner Gläubiger, die er nicht alle befriedigen kann, eine Rangordnung machen, so erklärt er sich gegen die, die er hintenansetzt, für nicht so schuldig als gegen andere, die er höhere nennt. Tugenden könnten also aufhören, absolute Pflichten zu sein; sie können sogar Laster werden. In dieser Vielseitigkeit der Beziehungen und Menge der Tugenden bleibt nichts übrig, als Verzweiflung der Tugend und Verbrechen der Tugend selbst. Nur wenn keine Tugend darauf Anspruch macht, in ihrer beschränkten Form fest und absolut zu bestehen, wenn sie darauf Verzicht tut, auch in *das* Verhältnis, in welches sie eintreten kann, eintreten zu müssen, wenn der eine lebendige Geist allein nach dem Ganzen der gegebenen Verhältnisse, aber in völliger Unbeschränktheit, ohne durch ihre Mannigfaltigkeit zugleich geteilt zu werden, handelt, sich selbst beschränkt, dann bleibt nur die Vielseitigkeit der Verhältnisse, aber die Menge absoluter und unverträglicher Tugenden schwindet. Es kann hier nicht davon die Rede sein, daß bei allen Tugenden ein und derselbe Grundsatz zugrunde liegt, welcher immer dasselbe unter verschiedenen Verhältnissen in verschiedener Modifikation, als eine besondere Tugend erscheint; denn eben darum, weil ein solches Prinzip ein Allgemeines und also ein Begriff ist, so muß unter bestimmten Verhältnissen notwendig die bestimmte Anwendung, eine bestimmte Tugend, eine gewisse Pflicht eintreten. In einer solchen Absolutheit des Bestehens zerstören sich die Tugenden gegenseitig; die mannigfachen Verhältnisse als gegebene Wirklichkeiten, ebenso das Prinzip, die Regel für alle und also die Anwendungen des Prinzips auf die Wirklichkeiten, mannigfaltigen Tugenden sind unwandelbar. Die Einheit derselben durch die Regel ist nur eine scheinbare, weil sie nur ein Gedachtes ist und eine solche Einheit die Mannigfaltigkeit weder aufhebt, noch vereinigt, sondern in ihrer ganzen Stärke bestehen läßt.

Ein lebendiges Band der Tugenden, eine lebendige Einheit ist eine ganz andere, als die Einheit des Begriffs. Sie stellt nicht für bestimmte Verhältnisse eine bestimmte Tugend auf, sondern erscheint auch im buntesten Gemisch von Beziehungen unzerrissen und einfach. Ihre äußere Gestalt kann sich auf die unendlichste Art modifizieren; sie wird nie zweimal dieselbe haben und ihre Äußerung wird nie eine Regel geben können; denn sie hat nie die Form eines Allgemeinen gegen Besonderes. Wie die Tugend das Komplement des Gehorsams gegen die Gesetze ist, so ist die Liebe das Komplement der Tugenden. Alle Einseitigkeiten, alle Ausschließungen, alle Schranken der Tugenden sind durch sie aufgehoben; es gibt keine tugendhaften Sünden oder sündigen Tugenden mehr, denn sie ist die lebendige Beziehung der Wesen selbst; in ihr sind alle Trennungen, alle beschränkten Verhältnisse verschwunden. So hören auch die Beschränkungen der Tugenden auf. Wo bliebe für Tugenden Raum, wenn kein Recht mehr aufzugeben ist? Liebe fordert Jesus; sie soll die Seele seiner Freunde sein: «Ein neues Gebot gebe ich euch, daß ihr euch untereinander liebet. Daran wird man erkennen, daß ihr meine Freunde seid.»

[Dem Gebote der Liebe Gottes setzt er an die Seite Liebe zu dem Nächsten, d. h. nicht zu allen Menschen. Die Menschenliebe, die sich auf alle erstrecken soll, von denen man auch nichts weiß, die man nicht kennt, mit denen man in keiner Beziehung steht], diese allgemeine Menschenliebe ist eine schale, aber charakteristische Erfindung der Zeiten, welche nicht umhin können, idealische Forderungen, ein Gedankending aufzustellen, um in solchem gedachten Objekte recht prächtig zu erscheinen, da ihre Wirklichkeit so arm ist. Die Liebe zu dem Nächsten ist Liebe zu den Menschen, mit denen man in Beziehung kommt. Ein Gedachtes kann kein Geliebtes sein. Freilich kann Liebe nicht geboten werden, freilich ist sie pathologisch, eine Neigung, aber damit ist ihr von ihrer Größe nichts benommen; sie ist damit gar nicht herabgesetzt. Liebe kann gewiß nicht geboten werden, weil ihr Wesen keine Herrschaft über ein Fremdes ist; sie ist aber dadurch so wenig unter Pflicht und Recht, daß es vielmehr ihr Triumph ist, über nichts zu herrschen und ohne feindliche Macht gegen ein Anderes zu sein. «Die Liebe hat gesiegt», heißt nicht, wie «die Pflicht hat gesiegt», sie hat die Feinde unterjocht, sondern: sie hat die Feindschaft überwunden. Es ist der Liebe eine Art von

Unehre, wenn sie geboten wird, daß sie, ein Lebendiges, mit Namen genannt wird. Ihr Name, daß über sie reflektiert wird, ein
Aussprechen desselben, ist nicht Geist, nicht ihr Wesen, sondern
ihm entgegengesetzt, und nur als Name, als Wort kann sie geboten, es kann nur gesagt *(Lücke der Handschrift)*
... Man kann dies mehr in sich Enthaltende eine Geneigtheit, so
zu handeln, nennen, wie die Gesetze gebieten würden, Einigkeit
der Neigung mit dem Gesetze, wodurch dieses seine Form als
Gesetz verliert. Diese Übereinstimmung der Neigung ist das πλήρωμα des Gesetzes, ein Sein, das, wie man sich sonst ausdrückt,
das Komplement der Möglichkeit ist. Denn Möglichkeit ist das
Objekt, als ein Gedachtes, das Allgemeine, Sein die Synthese des
Subjekts und Objekts, in welcher Subjekt und Objekt ihre Entgegensetzung verloren haben. Ebenso jene Geneigtheit einer Tugend ist eine Synthese, in der das Gesetz (das Kant darum immer
ein Objektives nennt) seine Allgemeinheit und ebenso das Subjekt seine Besonderheit, beide ihre Entgegensetzung verlieren, da
in der Kantischen Tugend diese Entgegensetzung bleibt und das eine
zum Herrschenden, das andere zum Beherrschten wird. Die Übereinstimmung der Neigung mit dem Gesetze ist von der Art, daß
Gesetz und Neigung nicht verschieden sind, und der Ausdruck
Übereinstimmung der Neigung mit dem Gesetze wird darum ganz
unpassend, weil in ihm noch Gesetz und Neigung als Besondre,
Entgegengesetzte vorkommen und leicht eine Unterstützung der
moralischen Gesinnung (der Achtung für Gesetze und des Be-
stimmtseins des Willens durch Gesetz) durch die davon verschiedene Neigung verstanden werden könnte und da die Überein-
stimmenden verschieden sind, auch die Übereinstimmung nur zufällig, nur die Einheit Fremder, ein Gedachtes wäre. Da aber hier
in dem Komplement der Gesetze und was damit zusammenhängt,
Pflicht, moralische Gesinnung und dergleichen aufhört, Allgemeines, der Neigung *entgegengesetzt*, und die Neigung aufhört,
Besonderes, dem Gesetze entgegengesetzt zu sein, so ist jene
Übereinstimmung Leben und als Beziehung Verschiedener Liebe,
ein Sein, das als Begriff ausgedrückt, notwendig dem Gesetz, d. h.
sich selbst gleich, oder als Wirklichkeit, als Neigung, dem Begriffe
entgegengesetzt, gleichfalls sich selbst, der Neigung gleich ist.

Das Gebot: Du sollst nicht töten, — ein Grundsatz, der für den Willen jedes vernünftigen Wesens gültig erkannt wird, der als Prinzip einer gemeinen Gesetzgebung gelten kann — einem solchen Gebot setzte Jesus den höhern Genius der Versöhnlichkeit (einer Modifikation der Liebe) entgegen, der nicht nur gegen jenes Gesetz handelt, sondern es ganz überflüssig macht, eine so reiche, lebendige Fülle in sich schließt, daß für ihn so etwas Dürftiges, als so ein Gesetz gar nicht ist. Was der Versöhnlichkeit, da in ihr das Gesetz seine Form verliert, der Begriff vom Leben verdrängt wird, an der Allgemeinheit, die im Begriff alles Besondere in sich faßt, abgeht, ist nur ein scheinbarer Verlust und ein wahrer, unendlicher Gewinn durch den Reichtum lebendiger Beziehungen mit den vielleicht wenigen Individuen, mit denen sie in Verhältnis kommt. Sie schließt nicht Wirkliches, sondern Gedachtes, Möglichkeiten aus, und dieser Reichtum der Möglichkeit in der Allgemeinheit des Begriffs, das Gebot seiner Form nach ist selbst eine Zerreißung des Lebens und seinem Inhalte nach so dürftig, daß es außer der einzigen in ihm verbotenen Mißhandlung alle übrigen zuläßt; vor der Versöhnlichkeit hingegen ist auch der Zorn ein Verbrechen, *als* die schnelle Reaktion des Gefühls einer Unterdrückung, die Aufwallung, wieder zu unterdrücken, welche eine Art blinder Gerechtigkeit ist und also doch Gleichheit, aber feindliche, voraussetzt, der Geist der Versöhnlichkeit hingegen, in sich ohne feindselige Gesinnung, die Feindschaft des andern aufzuheben strebt. Wenn nach der Liebe geurteilt wird, so ist es ihr auch, und zwar ein größeres Verbrechen als der Zorn, seinen Bruder einen Schurken zu schelten. Aber ein Schurke in seinem Isolieren, indem er sich, ein Mensch, den Menschen feindlich gegenüberstellt und in dieser Zerrüttung zu bestehen strebt, wird noch für etwas gehalten; er gilt noch, denn er wird gehaßt und ein großer Schurke kann bewundert werden. Der Liebe ist es daher noch fremder, den andern für einen Narren zu erklären, welches nicht nur alle Beziehung mit ihm, sondern auch alle Gleichheit, alle Gemeinschaft des Wesens aufhebt, ihn in der Vorstellung völlig unterjocht, als Nichts bezeichnet.*

---

* Die Worterklärung spricht am meisten für die hier angenommene Bedeutung des ῥακά (Matth. V, 22), die Hauptschwierigkeit dagegen machte der mo-

Dagegen (Matth. V, 23) läßt die Liebe, die *sich* vor dem Altar einer Entzweiung bewußt wird, ihr Opfer dort, versöhnt sich mit dem Bruder und tritt dann erst rein und einig vor die einige Gottheit. Sie läßt sich nicht vom Richter ihr Recht zumessen, sondern versöhnt sich ohne alle Rücksicht auf Rechte.

Ebenso stellt Jesus der pflichtmäßigen Treue in der Ehe und dem Rechte, sich von dem Weibe zu scheiden, die Liebe entgegen, welche, was jene Pflicht nicht verbot, auch die Begierde ausschließt, und diese Erlaubnis, die jener Pflicht widersprechend war, bis auf einen Fall aufhebt. So ist einesteils die Heiligkeit der Liebe die Ergänzung (das πλήρωμα) des Gesetzes wider den Ehebruch und diese Heiligkeit gibt allein Fähigkeit, wenn eine der vielen Seiten des Menschen sich zum Ganzen oder gegen das Ganze erheben wollte, sie niederzuhalten und nur die Empfindung des Ganzen, die Liebe, vermag die Zerstreuung des Wesens zu verhindern. Andernteils hebt die Liebe die Erlaubnis, sich zu scheiden, auf, und gegen die Liebe kann, weder so lange sie lebt, noch wie *sie* aufhört, von Erlaubnis und Recht die Rede sein. Das Aufhören der Liebe gegen ein Weib, in welchem noch die Liebe ist, macht sie sich selbst untreu werden und sündigen; und eine Übertragung ihrer Leidenschaft ist nur eine Verirrung derselben, die sie mit bösem Gewissen büßen muß. Ihr Schicksal kann ihr in diesem Falle freilich nicht erspart werden und die Ehe ist an sich getrennt, aber der Beistand, den der Mann von einem Rechte und Gesetze holt und durch den *er* Rechtlichkeit und Schicklichkeit auf seine Seite zieht, heißt *der* Verletzung der Liebe des Weibes noch eine niederträchtige Härte hinzufügen. Im Falle nur, den Jesus ausnimmt, wenn das Weib ihre Liebe einem andern zugewandt hat, kann der Mann ihr Knecht nicht bleiben. Den Juden, σχληροῖς χαρδίαν, mußte Moses wohl über die Ehe Gesetze und Rechte geben, von Anfang aber war es nicht so.⁹)

In einer Versicherung über ein Wirkliches wird das Subjekt und das Objekt als getrennt gedacht, oder in einer Versicherung

---

ralische Sinn der Ausleger, die den Narren gelinder finden als den Schurken und beide Worte nicht nach dem Gemüt, aus dem sie kommen, *sondern* nach dem Eindruck, den sie machen, beurteilen; der für einen Narren Erklärte fühlt sich sui juris gemacht, und wenn er so gescheit ist, als der andere, dreht er es um und heißt den anderen einen Narren.

über ein Künftiges, in einem Versprechen, sind die Erklärung eines
Willens und die Tat selbst noch ganz getrennt, und es ist um die
Wahrheit, d. i. den festen Zusammenhang beider zu tun. In einer
eidlichen Versicherung wird die Vorstellung der entweder schon geschehenen oder erst zukünftigen Tat an etwas Göttliches geknüpft,
der Zusammenhang des Worts und der Tat, die Verknüpfung, das
Sein dargestellt an einem Seienden, in ihm vergegenwärtigt und
weil die Wahrheit des Falles, der beschworen wird, nicht selbst
sichtbar gemacht werden kann, wird an ihre Stelle die Wahrheit
selbst, Gott gesetzt und teils auf diese Art dem andern gegeben,
in ihm Überzeugung bewirkt, teils durch die Rückwirkung dieses
Seienden auf das sich entschließende Gemüt der Schwörenden
das Gegenteil der Wahrheit ausgeschlossen, und es ist gar nicht
abzusehen, inwiefern hierin ein Aberglaube liegen soll. Wenn die
Juden bei dem Himmel, bei der Erde, bei Jerusalem oder bei ihrem
Haupthaar schwuren und ihren Eid Gott anheimstellten, ihn in
die Hand des Herrn legten, so knüpften sie die Wirklichkeit des
Versicherten an ein Objekt, setzten beide Wirklichkeiten gleich
und den Zusammenhang dieses Objektes und des Versicherten,
die Gleichheit beider legten sie in die Gewalt einer fremden Macht,
und Gott ist zur Macht über das Wort gesetzt und dieser Zusammenhang soll im Menschen selbst begründet sein. Die versicherte Tat und das Objekt, bei dem versichert wird, werden so
aneinander gekettet, daß, wenn eins aufgehoben wird, auch das
andere geleugnet, in der Vorstellung aufgehoben wird. Wenn
also die versprochene Tat oder die versicherte Wirklichkeit nicht
wirklich ist, so ist damit auch das Objekt, bei dem geschworen
wurde, der Himmel, die Erde usw. geleugnet und in diesem Falle
muß der Herr desselben es vindizieren, Gott Rächer des Seinigen
werden. Dieser Anknüpfung der versicherten Tat an etwas Objektives widerspricht Jesus; er bekräftigt nicht die Pflicht, den Eid
zu halten, sondern erklärt ihn überhaupt für überflüssig, denn weder der Himmel, noch die Erde, noch Jerusalem, noch das Haupthaar ist des Menschen Geist, der allein der Verknüpfer dieses
Wortes und einer Handlung ist, sondern es sei ein fremdes Eigentum und die Gewißheit der Tat dürfe nicht an etwas Fremdes geknüpft sein, in ein Fremdes gelegt werden, sondern der Zusam-

menhang des Wortes und der Handlung müsse lebendig sein, in dem Menschen selbst beruhen.

Jesus fordert hierauf im allgemeinen Aufhebung des Rechts, Erhebung der ganzen Sphäre der Gerechtigkeit oder Ungerechtigkeit durch Liebe, in welcher mit dem Rechte auch dies Gefühl der Ungleichheit und das Soll dieses Gefühls, das Gleichheit fordert, d. i. der Haß gegen Feinde verschwindet. Auge um Auge, Zahn um Zahn, sagen die Gesetze; die Wiedervergeltung und die Gleichheit derselben ist das heilige Prinzip aller Gerechtigkeit, das Prinzip, auf dem jede Staatsverfassung ruhen muß; *Aufhebung der Gerechtigkeit fordert* aber Jesus.

Die Gesetze und Pflichten, von denen Jesus bisher sprach, waren im ganzen bürgerliche und die Ergänzung, die er ihnen gab, war nicht die, daß er sie als Gesetze und Pflichten bestätigte, aber als Triebfeder reine Achtung für sie forderte, sondern zeigt vielmehr Verachtung gegen sie und seine Ergänzung ist ein Geist, dessen Handlungen, wenn sie etwa nach Gesetzen und Pflichtgeboten beurteilt werden, denselben gemäß befunden werden, der aber kein Bewußtsein für Pflichten und Rechte hat. Weiterhin spricht *Jesus* von einer bloß moralischen Pflicht der Tugend, der Wohltätigkeit. Jesus verurteilt bei ihr, wie beim Gebet und Fasten, das Einmischen eines Fremden, die Unreinheit der Handlung. «Tut es nicht, um gesehen zu werden.» Der Zweck der Handlung, d. h. die Handlung als gedacht, ehe sie noch getan ist, sei gleich der vollbrachten Handlung. Außer dieser Heuchelei, die in den Gedanken der Handlung das andere [von den Menschen gesehen zu werden] einmischt, das nicht in der Handlung ist, scheint Jesus auch hier selbst das Bewußtsein der Handlung als einer erfüllten Pflicht zu entfernen, denn der erkannte Beifall anderer über einen Sieg, den die Pflicht, das Allgemeine über das Besondere davongetragen hat, ist gleichsam nicht mehr die bloß gedachte, sondern die angeschaute Allgemeinheit und Besonderheit, jene in der Vorstellung der andern, diese in den andern selbst als Wirklichen, und das einsame Bewußtsein der erfüllten Pflicht ist von der Ehre nicht der Art nach, sondern nur insofern verschieden, als in der Ehre die Allgemeinheit nicht bloß allgemein gültig, sondern auch als allgemein geltend erkannt wird. «Lasset die linke Hand nicht

wissen, was die rechte tut», kann nicht von Bekanntwerden der
Handlung genommen werden, sondern ist das Gegenteil des «von
den Leuten gesehen werden», und wenn es also einen Sinn haben
soll, so wird es die eigne Reflexion über seine Pflichtgemäßheit
bezeichnen. Ob bei der Handlung nur ich, oder ob ich denke,
daß auch andre mir zuschauen, ob ich nur mein Bewußtsein oder
auch den Beifall andrer genieße, ist wohl kein großer Unterschied.
In dem eignen Bewußtsein, die Pflicht erfüllt zu haben, gibt sich
das Individuum selbst den Charakter der Allgemeinheit; er schaut
sich als ein Allgemeines an, als erhaben über sich selbst als Besonderes und über das, was in der Besonderheit liegt, über die
Menge der Individuen; denn so wie der Begriff der Allgemeinheit auf das Individuum angewendet wird, so erhält der Begriff
der Besonderheit auch diese Beziehung auf Individuen und *die*
Entgegensetzung derselben gegen jenes sich selbst der Allgemeinheit gemäß in Erfüllung der Pflicht Erkennende, und dieses Selbstbewußtsein ist der Handlung ebenso fremd als der Beifall der
Menschen. Von dieser Überzeugung in sich, gerecht zu sein, und
der Herabsetzung anderer dadurch (welch beides in notwendiger
Verbindung steht, wegen der notwendigen Entgegensetzung des
Besonderen gegen das Allgemeine) spricht auch Jesus in der Parabel Luk. XVIII, 9 ff.

Reines Leben zu denken ist die Aufgabe, alle Taten, alles zu
entfernen, was der Mensch war, oder sein wird; Charakter abstrahiert nur von der Tätigkeit, er drückt das Allgemeine der bestimmten Handlungen aus; Bewußtsein reinen Lebens wäre Bewußtsein dessen, was der Mensch ist; in ihm gibt es keine Verschiedenheit, keine entwickelte wirkliche Mannigfaltigkeit. Dies
Einfache ist nicht ein negatives Einfaches, eine Einheit der Abstraktion, denn in der Einheit der Abstraktion ist nur ein Bestimmtes gesetzt und von allen übrigen Bestimmtheiten abstrahiert;
ihre reine Einheit ist nur die gesetzte Forderung der Abstraktion
von allem Bestimmten, das negative Unbestimmte. Reines Leben
ist Sein; die Vielheit ist nichts Absolutes; dies Reine ist die Quelle
alles vereinzelten Lebens, der Triebe und aller Tat; aber so wie
es ins Bewußtsein kommt, wenn *der Mensch* daran glaubt, so ist
es zwar noch lebendig *in ihm*, aber außer den Menschen zum Teil

gesetzt. Weil das Bewußtseiende insofern sich beschränkt, so kann es und das Unendliche nicht völlig in e i n e m sein. Nur dadurch kann der Mensch an einen Gott glauben, daß er von aller Tat, von allem Bestimmten zu abstrahieren vermag, aber die Seele jeder Tat, alles Bestimmten rein festhalten kann. Worin keine Seele, kein Geist ist, darin ist nichts Göttliches. Wer sich immer bestimmt fühlt, immer als dies oder jenes tuend, oder leidend, so oder so handelnd, in dessen Abstraktion wird nicht das Begrenzte vom Geist abgeschieden, sondern das Bleibende ist nur das Entgegengesetzte des Lebendigen; das Ganze der Bestimmtheiten fällt weg und das herrschende Allgemeine über dem Bewußtsein der Bestimmtheiten *ist* nur die leere Einheit des Alls der Objekte als herrschendes Wesen über dieselben; [*wer sich immer bestimmt fühlt*, dessen Gottheit kann nur das sein, was er über diesem Bewußtsein fühlt, das All der Objekte und der Herrscher derselben; die Gottheit selbst ist um so leerer, je mehr sie über alles, über jede lebendige Kraft erhaben ist].

Diesem Unendlichen des Herrschens und Beherrschtwerdens kann nur das reine Gefühl des Lebens entgegengesetzt werden; es hat in sich selbst seine Rechtfertigung und seine Autorität; aber indem es als Gegensatz auftritt, tritt es als ein Bestimmtes in einem bestimmten Menschen auf, der den an Wirklichkeiten gebundenen und entweihten Augen nicht die Anschauung der Reinheit geben kann. In der Bestimmtheit, in der er erscheint, kann er sich nur auf seinen Ursprung, auf die Quelle, aus welcher jede Gestalt des beschränkten Lebens ihm fließt, berufen. Er muß an das Höhere, an den Vater appellieren, der unverwandelt in allen Verwandlungen lebt. Weil das Göttliche reines Leben ist, so muß notwendig, wenn von ihm und was von ihm gesprochen wird, nichts Entgegengesetztes in sich enthalten, und alle Ausdrücke der Reflexion über Verhältnisse des Objektiven oder über Tätigkeit gegen objektive Behandlung derselben vermieden werden. Denn die Wirkung des Göttlichen ist nur eine Vereinigung der Geister; nur der Geist faßt und schließt den Geist in sich ein. Ausdrücke wie befehlen, lernen, sehen, erkennen, machen, wollen, (ins Himmelreich) kommen, gehen, drücken nur Beziehungen von Objektivem aus, wenn es Aufnahme eines Objektiven in einen Geist

ist. Über Göttliches kann darum nur in Begeisterung gesprochen werden. Die jüdische Bildung zeigt uns nur einen Kreis lebendiger Beziehungen zum Bewußtsein gekommen und auch diese in Form von Begriffen als Tugenden und Eigenschaften, welches um so natürlicher ist, da sie hauptsächlich nur Beziehungen zwischen fremden, verschiedenen Wesen auszudrücken hatten, als Barmherzigkeit, Güte usw. Unter den Evangelisten spricht Johannes am meisten von dem Göttlichen und der Verbindung Jesu mit ihm. Aber die an geistigen Beziehungen so arme jüdische Bildung nötigte ihn, für das Geistigste sich objektiver Verbindungen, einer Wirklichkeitssprache zu bedienen, die darum oft härter lautet als *wenn* in dem Wechselstil Empfindungen sollten ausgedrückt werden. Das Himmelreich, in das Himmelreich hineingehen, ich bin die Türe, ich bin die rechte Speise, wer mein Fleisch ißt usw., in solchen Verbindungen der dürren Wirklichkeit ist das Geistige hineingezwängt [und nirgends mehr als hier ist es notwendig, mit eignem, tiefem Geist zu fassen, nirgends ist es weniger möglich als hier, zu lernen, passiv etwas in sich aufzunehmen, da diese objektive Sprache vom Geistigen, aber in ihrer Form von Wirklichkeitsbegriffen verstanden den Geist zerrüttet].

Jesus erklärt und wiederholt es oft, daß das, was er tue, nicht seine Tat, was er rede, nicht seine Gedanken seien, alle seine Kraft und seine Lehre sei ihm vom Vater gegeben. Er kann keine andre Legitimation seiner Bestreitung des Judentums und seiner Lehre aufweisen, als dies feste Bewußtsein, was aus ihm spreche, sei in ihm, aber zugleich etwas Höheres als er, der hier stehe, lehre und spreche. Er nennt sich deswegen nie Gott, aber den Sohn Gottes; jenes ist er nicht, weil er Mensch ist, aber als Mensch ist auch er zugleich Sohn Gottes, von einem höheren Rang; eine höhere Natur ist zugleich in ihm, als die Befangenheit in Beschränkungen; er erwartet Glauben von den Juden nur aus dem Grunde, auf die Art, daß es ihnen von seinem Vater geoffenbart *werde*, daß sie selbst aus Gott geboren seien. Als Petrus in ihm den Gottgezeugten, den Sohn des Lebens erkannte, sagte er: «Dies hat dir nicht deine Endlichkeit, sondern mein Vater hat es dir geoffenbart.» [Der Zusammenhang des Unendlichen mit dem Endlichen ist freilich ein heiliges Geheimnis, weil er Leben und also das Geheimnis des Lebens ist. Spricht man freilich von zweierlei, von einer göttlichen und menschlichen Natur, so ist keine Verbindung zu treffen, denn auch in jeder Verbindung sollen sie noch zwei bleiben, wenn beide als absolute Verschiedene gesetzt sind. Dies Verhältnis eines Menschen zu Gott, Sohn Gottes zu sein, wie ein Stamm der Vater der Zweige, des Laubes und der Früchte ist, mußte die Juden am tiefsten empören, die eine unübersteigbare Kluft zwischen menschliches und göttliches Wesen gesetzt und unserer Natur keinen Teil am Göttlichen eingeräumt hatten.

Jesus nennt sich auch Sohn des Menschen. Von dem einigen, ungeteilten oder unendlich gegliederten Lebendigen kann ein Glied sich als einen Teil setzen und von dem andern unterscheiden. Dieses modifizierte Leben ist als reines Leben in dem reinen All des Lebens; als Modifikation setzt es sich andern entgegen; der Vater hat Leben in sich selbst und so hat er auch dem Sohn Leben in sich zu haben gegeben, und weil er des Menschen Sohn ist, hat er ihm Macht erteilt, Gericht zu machen. Das Einige ist ohne Macht, denn es ist ihm kein Feindseliges, mit ihm Kämpfendes entgegen. Aber das Wirkliche, wie der Mensch, kann von feindseligen Kräften angegriffen werden und in einen Streit kommen; nur er kann auch ein Fremdes, das ihn zwar in Ruhe läßt, aber nicht mit ihm leben und genießen will, das sich abgesondert hat und getrennt steht, gegen sich über haben und im Rechte gegen andere stehen, die ruhigen Grenzen ihrer Trennung stecken und bewahren; nur er kann Gericht halten.]

Das Bewußtsein, dem Joche der Wirklichkeiten sich entzogen zu haben und von Gott getrieben zu werden, nennt Jesus den Geist Gottes. Die Gestalt, in der alles Göttliche erscheinen muß, die das Wirkliche bekämpfende Erscheinung Gottes muß eine Form haben. Diese Tätigkeit geht gegen das Beschränkte, aber sie selbst erscheint, obzwar in der freisten, doch in einer Form; und darum läßt sich in ihrer Erscheinung noch zwischen Gestalt und Wesen unterscheiden. Das Wesen ist das Treibende, Tätige und darum kann Jesus noch von einem Geiste Gottes sprechen; und wenn im Menschen der Sohn des Menschen, die Individualität, und der Sohn Gottes, als in dem der Geist Gottes wohnt,

unterschieden wird, so ist die Modifikation, das von Gott nur Be-
lebte verwundbar und an sich nicht heilig und wenn die Individualität beleidigt wird, damit das Göttliche selbst nicht verletzt.
Eine Sünde am Menschensohn kann vergeben werden, aber nicht
eine wider den heiligen Geist; über den im Streite begriffenen
Individualitäten gibt es ein Höheres; jene *Sünde* kann in der Liebe
Verzeihung erlangen, diese hat sich an der Liebe selbst versün-
digt und allem Rechte, allem Anteil am Göttlichen entsagt. So
lange Jesus mit seinen Jüngern war, regierte sie der Glaube an ihn,
der Glaube, daß in ihm, einem Menschen, Göttliches ist. Dieser
Glaube war noch nicht der heilige Geist, denn obschon sie jenen
Glauben nicht haben konnten ohne Selbstgefühl der Göttlichkeit,
so waren doch noch dieses Selbstgefühl und ihre Individualität
Getrennte. Letztere hing von der Individualität eines andern
Menschen ab. Das Göttliche in ihnen und sie selbst waren noch
nicht eins. Darum versprach Jesus ihnen nach seiner Entfernung,
die ihnen eine fremde Stütze entzog, den heiligen Geist, der über
sie werde ausgegossen werden, ihre Abhängigkeit von ihm werde
mit seinem Tode aufhören, sie werden in sich selbst den Führer
in alle Wahrheit finden und Söhne Gottes sein: inwieweit diese
Hoffnung ihres Lehrers in Erfüllung gehen konnte, wird sich
weiterhin zeigen.

[Das Bewußtsein der Freiheit und die göttliche Harmonie, die
Beseelung aller Lebensgestalten durch die Gottheit allein nennt
Jesus das Licht und das göttliche Leben der Menschen, ihre Harmonie bei ihrer Mannigfaltigkeit nennt er ein Königreich, eine
Herrschaft, denn welche andre Einigkeit konnten Juden fassen als
die Einheit durch Herrscher? Diese Benennung bringt etwas Heterogenes in die göttliche Vereinigung der Menschheit, denn sie
zeigt immer noch Getrenntes und Widerstreitiges, das aus der
Schönheit und dem göttlichen Leben eines reinen Menschenbundes
ganz entfernt sein muß.]

Liebe a) Eingeschränkt auf wenige. b) Tätig. Die Christen miteinander; Aufhebung des Eigentums; Gemeinschaft der Weiber;
Essen und Trinken; Beten, nicht Tätigkeit; also nur im Begriffe

vereinigte Glaubende, Liebende; andre in ihrem Gott nicht lebendig vereinigt.

Schicksal Jesu. Entsagung den Beziehungen des Lebens: a) bürgerlichen, zivilen; b) politischen; c) Zusammenleben mit andern Menschen; Familie, Verwandte, Ernährung.

Das Verhältnis Jesu zu der Welt teils Flucht, teils Reaktion, Bekämpfung derselben. So lange Jesus die Welt nicht verändert hatte, so weit mußte er sie fliehen.

Mit dem Mute und dem Glauben eines gottbegeisterten Mannes, der von den klugen Leuten ein Schwärmer genannt wird, trat Jesus unter dem jüdischen Volke auf. Er trat nur in eignem Geiste auf; die Welt lag vor ihm, wie sie werden sollte, und das erste Verhältnis, in das er sich selbst zu ihr setzte, war, sie zum Anderswerden aufzurufen. Er fing damit an, allen zuzurufen: Ändert euch, denn das Reich Gottes ist nahe. Hätte in den Juden der Funke des Lebens geschlafen, da hätte er eines Hauchs bedurft, um zur Flamme aufzulodern, die alle ihre armseligen Titel und Ansprüche verbrannt hätte. Hätte das Bedürfnis nach etwas Reinerem bei ihrer Unruhe und Unzufriedenheit mit der Wirklichkeit in ihnen gelegen, so hätte der Zuruf des Jesus Glauben gefunden, und dieser Glaube hätte das Geglaubte in demselben Augenblick ins Dasein gebracht. Mit ihrem Glauben wäre das Reich Gottes vorhanden gewesen. Jesus hätte ihnen eigentlich nur ausgesprochen, was unentwickelt und unbewußt in ihrem Herzen lag; und mit dem Finden des Worts, mit dem Insbewußtseinkommen des Bedürfnisses wären die Bande abgefallen, vom alten Schicksal hätten sich nur noch Zuckungen des erstorbenen Lebens geregt und das Neue wäre da gestanden. So aber wollten die Juden zwar etwas anderes als das Bisherige, aber sie gefielen sich zu sehr in dem Stolze ihrer Knechtschaft, um das, was sie suchten, in dem zu finden, was Jesus ihnen anbot. Ihre Gegenwirkung, die Antwort, die ihr Genius auf den Anruf des Jesus gab, war eine sehr unreine Aufmerksamkeit. Einige wenige reine Seelen schlossen sich mit dem Triebe, gebildet zu werden, an ihn an. Mit großer Gutmütigkeit, mit dem Glauben eines reinen Schwärmers nahm er ihr Verlangen für befriedigtes Gemüt, ihren Trieb für Vollendung, ihre Entsagung einiger bisherigen Verhältnisse, die meist nicht glän-

zend waren, für Freiheit und geheiltes oder besiegtes Schicksal;
denn bald nach seiner Bekanntschaft mit ihnen hielt er sie für
fähig und sein Volk für reif, einer ausgebreiteteren Ankündigung
des Reichs Gottes zu folgen. Er schickte seine Schüler paarweise
im Land umher, um seinen Ruf vervielfältigt erschallen zu lassen.
Aber der göttliche Geist sprach nicht in ihrer Predigt; nach viel
längerem Umgang lassen sie noch sehr häufig eine kleine, wenigstens ungereinigte Seele blicken, von der wenige Äste nur das
Göttliche durchdrungen hatten. Ihre ganze Instruktion, außer
dem Negativen, das sie enthält, war, die Nähe des Reiches Gottes
zu verkündigen. Sie sammeln sich bald wieder zu Jesu und man
erblickt keine Wirkung der Hoffnung Jesu und ihres Apostolisierens.

Die Gleichgültigkeit der Aufnahme seines Aufrufs verwandelte
sich bald in Haß gegen ihn, dessen Wirkung auf ihn eine immer
steigende Erbitterung gegen sein Zeitalter und sein Volk war, vorzüglich gegen die, in welchen der Geist seiner Nation am stärksten
und leidenschaftlichsten wohnte, gegen die Pharisäer und die
Führer des Volks. Sein Ton ist kein Versuch, sich mit ihnen zu
versöhnen, ihrem Geiste etwas anzuhaben, sondern der heftigste
Ausbruch seiner Erbitterung gegen sie, die Enthüllung ihres ihm
feindseligen Geistes. Er handelt gegen diesen nicht einmal mit
dem Glauben der Möglichkeit einer Linderung. Wenn ihr ganzer
Charakter ihm widerstand, so konnte er bei Veranlassungen, über
religiöse Gegenstände mit ihnen zu sprechen, nicht auf eine Wi-
derlegung und Belehrung ausgehen. Er bringt sie nur durch ar-
gumenta ad hominem zum Schweigen; das ihnen entgegengesetzte
Wahre richtet er an die andern gegenwärtigen Menschen. Mir
scheint, nach der Rückkehr seiner Jünger zu ihm (Matth. XII)
entsagte er seinem Volke und hat gefühlt, daß Gott sich nur dem
einfachen Menschen offenbare, und er beschränkt sich jetzt auf
Wirksamkeit auf einzelne und läßt das Schicksal seiner Nation
unangetastet stehen, indem er sich selbst von ihm absondert.

Weil alles, auch die schönsten Formen des Lebens befleckt
waren, so konnte sich Jesus mit keiner einlassen. In seinem Reiche
Gottes konnte es keine Beziehung geben, als die aus der Schönheit
und Freiheit selbst hervorginge. Die Verhältnisse des Lebens
waren unter seinem Volke unter der Sklaverei der Gesetze und

des selbstsüchtigen Geistes. Er scheint von seinem Judengeschlecht keine allgemeine Wegwerfung seines Joches erwartet zu haben, und darum sah er einen Kampf des Heiligen mit dem Unheiligen voraus, vor dessen ganzer Gräßlichkeit er sich fürchtete. «Ich kam nicht, sagt er, um der Erde Frieden zu bringen, sondern das Schwert. Ich kam, den Sohn gegen seinen Vater zu entzweien.»

Zustand der jüdischen Religion. Das jüdische Volk, das schlechterdings alle es umgebenden Völker verabscheute und verachtete, wollte für sich hocherhaben, allein in seiner Art, seinen Sitten, seinem Dünkel beharren. Jede Gleichstellung mit andern war ihm eine greuelhafte Abscheulichkeit und doch stand es durch die Lage seines kleinen Landes, durch Handelsverbindungen, durch die Vereinigung der Völker, welche die Römer stifteten, in mannigfaltigen Beziehungen mit andern. Dem Drange der Völker, sich zu vereinigen, mußte die jüdische Sucht, sich zu isolieren, unterliegen und nach Kämpfen, die um so entsetzlicher waren, je eigner dies Volk war, waren sie auch unterlegen, und durch die Unterwerfung des Staats unter eine fremde Gewalt tief gekränkt und erbittert worden. Um so hartnäckiger hielt dies Volk fernerhin auf seine statutarischen Gebote der Religion. Es leitete seine Gesetze unmittelbar von einem ausschließlichen Gott ab. In seiner Religion war die Ausübung einer unzähligen Menge sinn- und bedeutungsloser Handlungen wesentlich und sein pedantischer, sklavischer Geist hatte noch den gleichgültigsten Handlungen des täglichen Lebens eine Regel vorgeschrieben und der ganzen Nation das Ansehen eines Mönchsordens gegeben. Der Dienst Gottes und der Tugend war ein zwangvolles Leben in toten Formularen. Dem Geist blieb nichts als der hartnäckige Stolz auf diesen Gehorsam der Sklaven gegen *jene* nicht selbstgegebenen Gesetze übrig.

Dieser Zustand der jüdischen Religion mußte in Menschen von besserem Kopf und Herzen, die ihr Selbstgefühl nicht zu toten Maschinen und zugleich zur Wut des Knechtsinns herunterbeugen konnten, das Bedürfnis einer freiern Tätigkeit und reinern Selbständigkeit, als mit mönchischer Geschäftigkeit eines geist- und

wesenlosen Mechanismus kleinlicher Gebräuche ein Dasein ohne
Selbstbewußtsein zu leben, das Bedürfnis eines edlern Genusses,
als in diesem Sklavenhandwerk sich groß zu dünken und für dasselbe zu rasen, erwecken. Die Natur empörte sich gegen diesen
Zustand und trieb die mannigfaltigsten Reaktionen hervor: die Entstehung vieler Räuberbanden, vieler Messiasse, das strenger und
mönchischer gemachte Judentum der Pharisäer, die Verbindung
von Freiheit und Politik mit demselben in dem Sadduzäismus, das
brüderliche, von den Leidenschaften und Sorgen ihres Volks ferne Eremitenleben der Essener, die Aufhellung des Judentums
durch schönere Blüte der tiefern menschlichen Natur im Plato-
nismus, endlich das Erheben und offene Predigen des Johannes an
alles Volk, und zuletzt die Erscheinung des Jesus, der das Übel
seines Volks an der Wurzel angriff, nämlich an seiner hochmü-
tigen und feindseligen Aussonderung von allen Nationen, es also
zum Gotte aller Menschen, zu allgemeiner Menschenliebe, zur
Entsagung lieb- und geistlosen Mechanismus, ihres Gottesdienstes
führen wollte, dessen neue Lehre eben deswegen mehr noch zur
Religion der Welt als seines Volkes wurde, — ein Beweis, wie
tief er die Bedürfnisse seines Zeitalters aufgegriffen hatte und wie
die Juden in rettungsloser Abwesenheit des Guten und Wut der
Geistesknechtschaft versunken waren.

Wie die Bildung des Jesus gereift ist, über diese interessante
Frage sind keine Nachrichten auf uns gekommen. In seinem
männlichen Alter erst tritt er auf, frei von der eingeschränkten
Trägheit, die an die gemeinen Bedürfnisse und Bequemlichkeiten
des Lebens ihre einzige Tätigkeit verwendet, wie von Ehrgeiz und
andern Leidenschaften, deren Befriedigung ihn genötigt haben
würde, in den Vertrag der Vorurteile und der Laster einzutreten.
Seine ganze Manier hat das Ansehen, daß er zwar unter seinem
Volk erzogen, aber fern von ihm, und wohl länger als vierzig
Tage, von dem Enthusiasmus des Reformators beseelt wurde.
Zugleich aber trägt seine Art zu handeln und zu sprechen keine
Spuren irgend einer damals vorhandenen Bildung, eines andern
Volkes oder Religion an sich. Er tritt auf einmal jugendlich, mit
aller freudigen Hoffnung und zweifellosen Zuversicht des Erfolges
auf. Der Widerstand, der ihm von den eingewurzelten Vorur-

teilen seines Volkes kommt, scheint ihm unerwartet. Den er-
töteten Geist freier Religiosität, die hartnäckige Raserei des Knechtsinns seiner Nation schien er vergessen zu haben.

[Er unternahm es, Religion und Tugend zur Moralität zu erheben und die Freiheit derselben, worin ihr Wesen besteht, wiederherzustellen; denn so wie jede Nation eine hergebrachte National-
tracht, eine eigne Manier zu essen und zu trinken und in ihrer
übrigen Lebensart eigne Gewohnheiten hat, so war Moralität
von der ihr eigentümlichen Freiheit zu einem System solcher Gebräuche herabgesunken. Er rief die moralischen Prinzipien, die
in den heiligen Büchern seines Volkes lagen, demselben ins Gedächtnis zurück. Die höchsten Grundsätze der Moralität fand
Jesus vor und stellte keinen neuen auf; (Matth. XXII, 37 cf. Deut.
VI, 5; Matth. V, 43 cf. Lev. XIX, 18; Matth. V, 48 cf. Lev. XI, 44:
Seid heilig wie ich, und XVIII, 5; Matth. VII, 12 hat einen zu weiten
Umfang und ist auch für den Lasterhaften als Maxime der Klugheit
zu gebrauchen, als daß es einen moralischen Grundsatz abgeben
könnte); und wirklich wäre es sonderbar gewesen, wenn eine Religion wie die jüdische, die die Gottheit zu ihrem politischen Gesetz-
geber machte, nicht auch rein moralische Prinzipien enthalten hätte.]

Fasten, Matth. IX, 14; menschliches Leben und Liebe darüber
erhaben; Fasten muß von der Stimmung des Gemüts zu Freude
oder Leid abhängen; 16—17, Unverträglichkeit des Alten mit dem
Neuen; Gefahr, die der Selbstbestimmung der Moralität durch das
Positive droht.

Matth. XII, 1—8, Entheiligung des Sabbats; entgegengesetzt
das Beispiel ihrer Priester (die Nichtnotwendigkeit) und die Gesetzgebung des Menschen; 11—12, Vorzug des Bedürfnisses des
Menschen; XV, 2, Händewaschen vor dem Brotessen; den Pharisäern entgegengesetzt das Übertreten des Gebots durch die Pharisäer selbst, durch ihre objektiven Gebote; 11—20, dem übrigen
Volke die Gesinnung, die Subjektivität des Menschen, nichts Objektives rein, keine gegebene Reinheit.

XVII, 25, Steuer; der König nimmt sie nur von Fremden; so
sind die Söhne frei; daß sie sich aber nicht ärgern (σκανδαλίζειν).

XIX, 1, die Liebe, die Gesinnung über das Gesetz, in Ansehung
der Ehe.

Moralität erhält, sichert nur die Möglichkeit der Liebe und ist
daher ihrer Handlungsart nach nur negativ. Ihr Prinzip ist die
Allgemeinheit, d. h. alle als seinesgleichen, als gleiche zu behandeln; die Bedingung der Liebe, das Vermögen des Allgemeinen
ist die Vernunft. Ein durchaus nur moralischer Mensch ist ein
Geiziger, der sich immer Mittel zusammenscharrt und bewahrt,
ohne je zu genießen. Die moralische Handlung ist immer eine
beschränkte, weil sie eine Handlung ist und die Gesinnung ist
einseitig und unvollständig, weil sie der Handlung entgegengesetzt
ist. Bei Moralität ohne Liebe ist zwar in der Allgemeinheit die
Entgegensetzung gegen einzelne Objekte aufgehoben, — eine
Synthese Objektiver; aber das Einzelne ist als ein ausgeschlossenes
Entgegengesetztes vorhanden.

Immoralität hebt die Möglichkeit der Liebe auf durch Mißhandlung Lebendiger. Rückkehr zur Moralität durch die Rückwirkung
des Gesetzes, durch Schicksal und Strafe, ist Furcht vor dem Objekt, vor dem, was man mißhandelt hat. Rückkehr zur Legalität,
d. h. zur objektiven Regel, zur Moralität nur durch die Liebe,
deren Bedürfnis für sich gefühlt, ihre Befriedigung durch Immoralität sich unmöglich gemacht hat und das Lebendige achtet.

Das Gesetz als Herrschendes durch Tugend aufgehoben; die
Beschränkung der Tugend durch Liebe; aber Liebe ist Empfindung, mit ihr die Reflexion nicht vereinigt.

Die Gottheit; so unendlich das Objekt, so unendlich die Passivität; durch Moralität und Liebe diese vermindert, aber nicht zur
vollendeten Selbständigkeit gebracht; diese *Passivität* besteht
durch Streit gegen das Objektive, und auf diese Art keine Religion
möglich; das Objekt nicht verneinen, sondern versöhnen.

Liebe die Blüte des Lebens; Reich Gottes der ganze Baum mit
allen Modifikationen, Stufen der Entwickelung. Die Modifikationen sind Ausschließungen, aber nicht Entgegensetzungen; d. h. es
gibt keine Gesetze, das Gedachte ist dem Wirklichen gleich; es
gibt kein Allgemeines, keine Beziehung ist objektiv, zur Regel geworden. Alle Beziehungen sind lebendig aus der Entwicklung
des Lebens hervorgegangen; kein Objekt an ein Objekt gebunden,
nichts ist fest geworden. Keine Freiheit der Entgegensetzungen,
kein freies Ich, kein freies Du. Aus der Entgegensetzung durch

Freiheit entspringen Rechte. Freiheit ohne Entgegensetzung ist nur eine Möglichkeit. Die Menschen sind so, wie sie sein sollen; das Seinsollen muß freilich dann ein unendliches Streben sein, wenn das Objekt schlechthin nicht zu überwinden ist, wenn Sinnlichkeit und Vernunft, oder Freiheit und Natur, oder Subjekt und Objekt, so schlechterdings entgegengesetzt sind, daß sie absolut sind; durch die Synthese: kein Objekt, kein Subjekt, oder kein Ich, kein Nicht-Ich, wird ihre Eigenschaft als Absolute nicht aufgehoben. Gesetz ist eine Beziehung der Objekte aufeinander; im Reich Gottes kann es keine Beziehung geben, weil es keine Objekte füreinander gibt. Eine gedachte Beziehung ist fest und bleibend, ohne Geist, ein Joch, eine Zusammenkettung, eine Herrschaft und Knechtschaft. Tätigkeit und Leiden; Bestimmen und Bestimmtwerden.

Matth. IV, 17 Μετανοεῖτε · ἤγγικεν γὰρ ἡ βασιλεία τῶν οὐρανῶν. Dies ist der erste Aufruf und Versicherung, das Himmelreich sei da.

Matth. V, 17. πληρῶσαι. ergänzen, vollständig machen durch die Gesinnung, durch Hinzufügung des Innern zum Äußern — V, 20; Rechtschaffenheit seiner Anhänger müsse mehr sein, als die der Pharisäer und Gesetzverständigen; es müsse außer dieser auch noch das hinzukommen, daß das Gesetz, dem sie folgen, ihr eignes sei — V, 21, 23; zu dem objektiven Verbot des Mordes wird die Mißbilligung des Zorns über seinen Bruder gefügt, zum Versöhnopfer wirkliche Versöhnung usw. — V, 33; dem *Gebot*, daß nicht falsch geschworen werden soll, dem Herrn der Eid gehalten werden soll — gar nicht schwören, *nicht* bei etwas Fremdem, nicht beim Himmel, denn er ist nur der Thron Gottes usw., nicht bei unserm Haar, das nicht ganz in unserer Gewalt ist, bei nichts Fremdem also überhaupt, an diesem nicht hängen, sondern wir selbst sein. Ein anderer Maßstab entgegengesetzt, die Gesinnung, und nach diesem leidenschaftliche Handlungen, die in dem Bestehen des andern nichts ändern, ebenso verurteilt als die Störung eines für sich bestehenden Lebens, und zum Prinzip Versöhnlichkeit, d. h. die Geneigtheit, die Trennung aufzuheben, angegeben.

Aber wenn der Mensch nun eins mit sich selbst ist, jede Abhängigkeit, jeden Bund mit den Objekten verschmäht, so muß er doch mit der Not einen Bund machen; VI, 25 ff.: «Seid unbekümmert über die Not.»

Mit der eignen Knechtschaft hört auch die Herrschaft, die man durch die Idee der moralischen Gebote über andre ausübt, auf; VII, 1 ff., eigne Freiheit gesteht andern gleichfalls Freiheit zu. Sittenrichterei erkennt nichts für sich Bestehendes, nur alles unter einem Gesetz, unter einer Herrschaft stehend, nicht das Wesen und das Gesetz eins, in einer Natur. «Das Prinzip eures Verhältnisses gegen andre ist, ihre Freiheit zu ehren, und was ihr also von ihnen wollet, nur *darum* zu bitten.»

Jesum charakterisiert als den Stifter einer neuen Religion unter einem verdorbenen Volke die Entsagung den Bequemlichkeiten des Lebens und die gleiche Forderung desselben an seine Gehülfen, auch das Entreißen sonstigen Verhältnissen und heiligen Beziehungen des Lebens.

Antwort, die er seinem Anhänger gab, der seinen Vater begraben wollte, (Matth. VIII, 22).

Matth. VIII, 10; die erste Äußerung über Kälte bei den Juden und ihre Verwerfung.

IX, 15; Fasten nicht zu einem Zwecke, sondern nach den Umständen.

IX, 36—38, X, 1 ff.; Schicken der Apostel ins Land. Mark. VI, 7; Jesus schickt sie fort; VI, 30 sammeln sie sich wieder zu ihm. Luk. IX, 6 und IX, 10 zurück. Nicht die Menschen zu versöhnen und das Menschengeschlecht zu Freunden zu machen; die Allgemeinheit seiner Reformation aufgegeben. Matth. X, 21: «Ein Bruder wird den Bruder, der Vater das Kind zum Tode geben, Kinder die Eltern.» id. 34: «Ich kam nicht, um Frieden auf die Erde zu werfen, sondern das Schwert. Ich kam, den Mann gegen seinen Vater, die Tochter gegen die Mutter, die Braut gegen die Schwieger zu entzweien. Die Hausgenossen werden die Feinde des Mannes sein. Wer Vater oder Mutter, Sohn oder Tochter mehr liebt, als mich, ist meiner nicht würdig.» Gräßliches Zerreißen aller Bande der Natur, Zerstörung aller Natur.

Steigende Erbitterung gegen seine Zeit, Matth. XI, 12 ff. — id. 25: «Du hast dies den Verständigen und Klugen verborgen und den Einfältigen geoffenbart; so war dein Belieben.» — XII, 8 ff.;

der Mensch höher als der Sabbat — id. 16; er verbot den Geheilten, dies auszusagen — id. 31; Sünde gegen den Menschensohn wohl vergeben, aber nicht die Sünde gegen den heiligen Geist — id. 48: «Wer ist meine Mutter und mein Bruder? Diese», indem er sich zu seinen Anhängern wendete — XIII, 54—55: «Ist dieser nicht der Sohn des Zimmermanns?» Unglaube an Menschennatur, Verachtung aller menschlichen Verhältnisse. Daher seine Entfernung von denselben, weil sie nicht geheiligt waren. — V, 57; ein Prophet gilt in seinem Vaterlande nichts; dazu oben X, 36; Reinheit durch alles verunreinigt, nicht wiederherzustellen. Es kann dem Schicksal nicht entgangen werden. Wenn die Schönheit aus allem entflohen ist, so gab er alles auf, um sie allein zuerst wiederherzustellen.

Mark. XVI, 17. Zeichen, die die Gläubigen begleiten werden; übernatürliche Kräfte. Was die Natur vermochte, war vorhanden, war da als Erscheinung, als Tat; es war geschehen; alle Seiten der menschlichen Natur waren Sitte, Gewohnheit, Lebensweise der Völker, objektiv geworden; Taten, die als Taten göttlich sein sollten, mußten übernatürlich sein. Göttlich *ist aber* nichts, was geschieht, sondern was ist; etwas Göttliches, was geschieht, ist größer, als was andere tun, und *wäre* also *nur* relativ. Die Tat an sich ist der Zusammenhang der aufeinander folgenden Objektiven; so viel in dem einen Objekt Leiden, so viel in dem andern Tätigkeit, und jedes Objekt ist ein Allgemeines eben darum, weil es unter einem Gesetz steht.

Jesus fing seine Predigt damit an, zu verkündigen, das Reich Gottes sei da. Die Juden erwarteten die Wiederkehr der Theokratie. Sie sollten es glauben, und das Reich Gottes kann im Glauben da sein. Was *aber* im Glauben vorhanden ist, ist der Wirklichkeit und dem Begriff von ihr entgegengesetzt; das Allgemeine drückt ein Soll aus, weil es ein Gedachtes ist, weil es nicht ist, aus dem gleichen Grunde, warum Dasein nicht bewiesen werden kann.

Das Reich Gottes ist der Zustand, wenn die Gottheit herrscht, also alle Bestimmungen, alle Rechte aufgehoben sind. Diese Verhältnisse zu Vater, Familie, Eigentum konnten nicht zu schönen Verhältnissen *werden*; also sollten sie gar nicht da sein, damit

wenigstens nicht das Gegenteil da wäre. Daher zum Jüngling:
«Verkaufe das Deinige; es ist schwer, daß ein Reicher ins Reich
Gottes eingehe.» Daher Entsagung allen Besitzungen und aller
Ehre, entweder durch einen Sprung oder durch sukzessive Aufhebung der einzelnen Bestimmungen, durch Auflösung. Jenes,
die Begeisterung, versuchte Jesus; er versicherte, das Reich Gottes
sei da; er *sprach* das Dasein einer Sache *aus*. Nach dem Tode
Christi sagten zwei seiner Anhänger (Luk. XXIV, 21): «Wir hoff-
ten, er sei der, der Jerusalem befreien w e r d e.» Die Juden erwarteten mit dem Reich Gottes, daß vieles geschähe, daß sie von der
Herrschaft der Römer befreit würden, ihr Priestertum in seinem
alten Glanz wiederhergestellt würde usw., das heißt, daß außer
ihnen viele Veränderungen vorgingen. Solche Juden konnten
nicht glauben, das Reich Gottes sei da, wenn Jesus es ihnen verkündigte. Die aber in sich selbst beruhten, vollendet waren, konnten es glauben, nicht als Isolierte, denn Gott ist in nichts Isolier-
tem, sondern in lebendiger Gemeinschaft. Glaube an die Menschheit ist Glaube ans Reich Gottes; Glaube ist das Individuelle gegen
das Lebendige; nicht die Gesetze Gottes herrschen, denn Gott
und seine Gesetze sind nicht zweierlei; Leben und Rückkehr zum
Leben, aber keine Regel darüber (Luk. XV, 32).

Am interessantesten wird es sein, zu sehen, wie sich Jesus und
was er unmittelbar dem Prinzip des Beherrschtwerdens und dem
unendlichen Herrscher der Juden entgegenstellt. Hier, im Mittelpunkt ihres Geistes, mußte der Kampf am hartnäckigsten sein;
denn hier wurde alles in e i n e m angegriffen. Der Angriff auf die
einzelnen Zweige des Judengeistes trifft zwar auch das Prinzip,
aber es ist noch nicht im Bewußtsein, daß dieses angegriffen ist.
Erst wenn immer mehr gefühlt wird, daß dem Streit um Einzelnes ein Widerstreit der Prinzipien selbst zugrunde liegt, dann
tritt Erbitterung ein. Zwischen den Juden und Jesu kam bald seine
Entgegensetzung gegen ihr Höchstes zur Sprache. Der Idee der
Juden von Gott als ihrem Herrn und Gebieter über sie setzt Jesus
das Verhältnis Gottes zu den Menschen als eines Vaters gegen
seine Kinder entgegen.

Moralität hebt die Beherrschung in den Kreisen des zum Bewußtsein Gekommenen, Liebe die Schranken der Kreise der Mo-

ralität auf. Aber die Liebe selbst ist noch unvollständiger Natur.
In der glücklichen Liebe ist kein Raum für Objektivität; aber jede
Reflexion hebt die Liebe auf, stellt die Objektivität wieder her
und mit ihr beginnt wieder das Gebiet der Beschränkungen. Reflexion und Liebe vereint, beide verbunden gedacht, Religiöses ist
also das πλήρωμα der Liebe. Die Anschauung der Liebe scheint
die Forderung der Vollständigkeit zu erfüllen, aber es ist ein
Widerspruch: das Anschauende, Vorstellende ist ein Beschränken-
des und nur Beschränktes Aufnehmendes, das Objekt aber wäre
ein Endliches; das Unendliche kann nicht in diesem Gefäße getragen werden.

Wenn Jesus so sprach: «Der Vater ist in mir, ich im Vater;
wer mich gesehen hat, hat den Vater gesehen; wer den Vater
kennt, der weiß, daß meine Rede Wahrheit ist; ich und der Vater
sind eins,» so klagten ihn die Juden der Gotteslästerung an, daß
er, der ein Mensch geboren sei, sich zum Gotte mache; wie hätten
sie an einem Menschen etwas Göttliches erkennen sollen, sie, die
Armen, die in sich nur das Bewußtsein ihrer Erbärmlichkeit und
ihrer tiefen Knechtschaft, ihrer Entgegensetzung gegen das Göttliche, das Bewußtsein einer unübersteigbaren Kluft zwischen
menschlichem und göttlichem Sein trugen? Nur der Geist erkennt
den Geist. Sie sahen in Jesu nur den Menschen, den Nazarener,
den Zimmermannssohn, dessen Brüder und Verwandte unter
ihnen lebten. So viel war er; mehr konnte er ja auch nicht sein;
er war nur einer, wie sie, und sie selbst fühlten, daß sie nichts
waren. Am Haufen der Juden mußte sein Versuch scheitern, ihnen
das Bewußtsein von etwas Göttlichem zu geben. Denn der Glaube
an etwas Göttliches, an etwas Großes kann nicht im Kote wohnen.
Der Löwe hat nicht Raum in einer Nuß, der unendliche Geist
nicht Raum in dem Kerker einer Judenseele, das All des Lebens
nicht in einem dürrenden Blatt. Der Berg und das Auge, das ihn
sieht, sind Subjekt und Objekt, aber zwischen Mensch und Gott,
zwischen Geist und Geist ist diese Kluft der Objektivität nicht;
einer ist dem andern ein andrer nur darin, daß er ihn erkennt.
Ein Zweig der objektiven Annahme des Verhältnisses des Sohnes
zum Vater, oder vielmehr die Form derselben in Rücksicht des
Willens ist in dem Zusammenhang, der bei Jesu zwischen der ge-

trennten menschlichen und göttlichen Natur gedacht und verehrt
wird, auch für sich selbst einen Zusammenhang mit Gott zu finden,
eine Liebe zwischen ganz Ungleichem, eine Liebe Gottes zu dem
Menschen zu hoffen, die höchstens ein Mitleid sein könnte. Das
Verhältnis Jesu als Sohnes zum Vater ist ein kindliches Verhältnis,
denn der Sohn fühlt sich im Wesen, im Geiste eins mit dem Vater,
der in ihm lebt, und hat keine Ähnlichkeit mit dem kindischen
Verhältnis, in welches sich der Mensch mit dem reichen Ober-
herrscher der Welt setzen möchte, mit dem er nur durch die
geschenkten Dinge, durch die Brocken, die von des Reichen Tisch
fallen, zusammenhängt.

Christus hatte zwölf Apostel. Die Zahl zwölf war eine fest bleibende Zahl. Der Jünger mehr, aber die Apostel waren die, die
seines vertrauten Umgangs genossen, die sich aller andern Verhältnisse entschlagen hatten und nur seinen Umgang, seinen Unterricht genossen, ihm so viel als möglich in allem ähnlich zu
werden sich bestrebten, sich durch die Länge der Zeit, des Unterrichts und seines lebendigen Beispiels, seines Geistes sich zu be-
mächtigen suchten. Und wie eingeschränkt jüdisch, wie ganz
irdisch anfangs ihre Erwartungen, Hoffnungen, Ideen waren, und
wie lange sie ihren Blick und ihr Herz von einem jüdischen Messias und Stifter eines Reiches, wo General- und Marschallstellen
zu vergeben sein würden, und von dem Eigennutz, der zuerst an
sich denkt, nicht erheben, nicht erweitern konnten zu dem bloßen
Ehrgeiz, ein Mitbürger des Reiches Gottes zu werden! Es genügte
dem Christus nicht, Jünger zu haben, wie Nathanael, Joseph von
Arimathia, Nikodemus und dergleichen, d. h. mit Männern von
Geist und vortrefflichem Herzen Gedankenkorrespondenzen gehabt zu haben, etwa einige neuen Ideen, einige Funken in ihre
Seele geworfen zu haben, die, wenn das Zeug, wo sie hinfallen,
nicht gut ist, selbst Brennstoff enthält, ohnedem verloren sind.
Solche Männer, teils glücklich und zufrieden lebend im Schoße
ihrer Familie und nützlich tätig in ihrem Wirkungskreise, teils
bekannt mit der Welt und ihren Vorurteilen, daher tolerant gegen
sie, obzwar streng gegen sich, wären für die Anforderung, eine

Art von Abenteurern zu werden, nicht empfänglich gewesen —
Christus sagt: «Das Reich Gottes zeigt sich nicht mit äußerlichen
Geberden.» Es scheint also, seine Schüler haben ihn bei dem Befehl: «Gehet hin in alle Welt usw. und taufet sie» insoweit miß-
verstanden, daß sie diese Taufe, ein äußeres Zeichen, für allgemein
notwendig hielten, welches um so schädlicher ist, da Unterscheidung durch äußere Zeichen Sektiererei, Entfernung von andern
nach sich zieht, überhaupt der Unterschied durch das Moralische
dadurch, daß ihm noch ein anderer Unterschied zugegeben wird,
geschwächt, gleichsam schon von seiner Bedeutung verliert. Christus sagt: «Wer da glaubt»; es heißt aber nicht gerade: «Wer an
mich glaubt». Es sei nun darunter zu verstehen oder nicht, so
nahmen es die Apostel einmal so und das Schiboleth ihrer Freunde,
der Bürger ihres Reiches Gottes war nicht: Tugend, Rechtschaffenheit, sondern: Christus, Taufe usw. Wäre ihnen Christus nicht
ein so guter Mann gewesen — (s. Nathan). [10])

Sokrates hatte Schüler von allerlei Art, oder vielmehr er hatte
keine; er war nur Lehrer und Meister, wie es jeder durch sein
Beispiel der Rechtschaffenheit und durch vorzügliche Vernunft
sich auszeichnende Mann für jeden ist, wenn man ihn schon nicht
vom Katheder oder von einem Berg herunter predigen hört. Wie
hätte es überhaupt einem Sokrates in Griechenland einfallen sollen, zu predigen? Er ging darauf aus, die Menschen zu belehren,
über das, was ihr höchstes Interesse erwecken soll, aufzuklären und
dafür zu beleben. Er ließ sich für seine Weisheit nicht bezahlen;
er jagte ihr zuliebe sein unfreundliches Weib nicht aus dem Hause,
daß er nichts mit ihr hätte zu schaffen haben wollen, sondern blieb
ohne Widerwillen, seiner Weisheit unbeschadet, in den Verhältnissen als Mann, als Vater.

ANMERKUNGEN

des Herausgebers

1 S. 28. Vgl. Iphig. auf Tauris V, 3:

> Es hört sie jeder,
> Geboren unter jedem Himmel, dem
> Des Lebens Quelle durch den Busen rein
> Und ungehindert fließt.

2 S. 72. «Memorabilien, eine philosophisch-theologische Zeitschrift der Geschichte und Philosophie der Religionen, dem Bibelstudium und der morgenländischen Literatur gewidmet», herausgegeben von H. E. G. Paulus, Bd. I, erstes, zweites und drittes Stück, Leipzig, 1791; Bd. II, viertes, fünftes und sechstes Stück, 1793; Bd. III, siebentes und achtes Stück, 1795. Vgl.: H. E. G. Paulus und seine Zeit, von K. A. Freiherrn von Reichlin-Meldegg, Stuttgart 1853, 2. Bd., erster Band S. 184—189. Der betreffende Aufsatz (von Paulus selbst) führt den Titel: Antiquarisches Problem über das Annageln der Füße bei Gekreuzigten (4. Stück, S. 36—65).

3 S. 83. Hier ist im Manuskript ein Blättchen eingefügt, welches folgende Auszüge aus der Ilias enthält:

Fatum.

II. B. 830—834.

Τῶν ἦρχ' Ἄδρηστός τε καὶ Ἄμφιος λινοθώρηξ,
υἷε δύω Μέροπος Περκωσίου, ὃς περὶ πάντων
ᾔδεε μαντοσύνας, οὐδὲ οὓς παῖδας ἔασκεν
στείχειν ἐς πόλεμον φθισήνορα · τὼ δέ οἱ οὔτι
πειθέσθην · Κῆρες γὰρ ἄγον μέλανος θανάτοιο.

B. 858—860.

Μυσῶν δὲ Χρόμις ἦρχε καὶ Ἔννομος οἰωνιστής·
ἀλλ' οὐκ οἰωνοῖσιν ἐρύσσατο Κῆρα μέλαιναν,
ἀλλ' ἐδάμη ὑπὸ χερσὶ ποδώκεος Αἰακίδαο.

C. 101—102.

Ἡμέων δ'ὁπποτέρῳ θάνατος καὶ μοῖρα τέτυκται,
τεθναίη.

C. 165—166.

Οὔτι μοι αἰτίη ἐσσί, θεοί νύ μοι αἴτιοί εἰσιν,
οἵ μοι ἐφώρμησαν πόλεμον πολύδακρυν Ἀχαιῶν.

C. 308—309.

Ζεὺς μέν που τό γε οἶδε καὶ ἀθάνατοι θεοὶ ἄλλοι,
ὁππότέρῳ θανάτοιο τέλος πεπρωμένον ἐστίν.

D. 406—409.

Ἡμεῖς καὶ Θήβης ἕδος εἵλομεν ἑπταπύλοιο,
παυρότερον λαὸν ἀγαγόνθ' ὑπὸ τεῖχος Ἄρειον,
πειθόμενοι τεράεσσι θεῶν καὶ Ζηνὸς ἀρωγῇ·
κεῖνοι δὲ σφετέρῃσιν ἀτασθαλίῃσιν ὄλοντο.

E. 62—64.

Ὅς καὶ Ἀλεξάνδρῳ τεκτήνατο νῆας ἐίσας
ἀρχεκάκους, αἱ πᾶσι κακὸν Τρώεσσι γένοντο,
οἷ τ'αὐτῷ, ἐπεὶ οὔτι θεῶν ἐκ θέσφατα ᾔδη.

4 S. 92. Vgl. Kant, Die Religion innerhalb der Grenzen der bloßen Vernunft, 1793, viertes Stück, zweiter Teil, § 3 «Von einem tungusischen Schaman, bis zu dem Kirche und Staat zugleich regierenden europäischen Prälaten, oder (wollen wir statt der Häupter und Anführer nur auf die Glaubensanhänger nach ihrer eignen Vorstellungsart sehen), zwischen dem ganz sinnlichen Mogulitzen [Ausgabe 1794: Wogulitzen], der die Tatze von einem Bärenfell sich des Morgens auf sein Haupt legt, mit dem kurzen Gebet: «Schlag mich nicht tot!» bis zum sublimierten Puritaner und Independenten in Konnecticut ist zwar ein mächtiger Abstand in der Manier, aber nicht im Prinzip zu glauben; denn, was dieses betrifft, so gehören sie insgesamt zu einer und derselben Klasse, derer nämlich, die in dem, was an sich keinen bessern Menschen ausmacht (im Glauben statutarischer Sätze, oder Begehen gewisser willkürlicher Observanzen) ihren Gottesdienst setzen.»

5 S. 94. Vgl. Kant, Kritik der praktischen Vernunft, 1. Teil, 1. Buch, drittes Hauptstück: «Es ist sehr schön, aus Liebe zu Menschen und teilnehmendem Wohlwollen ihnen Gutes zu tun, aber das ist noch nicht die echte moralische Maxime unseres Verhaltens, die unserm Standpunkte, unter vernünftigen Wesen, als Menschen angemessen ist, wenn wir uns anmaßen, gleichsam als Volontäre, uns mit stolzer Einbildung über den Gedanken von Pflicht wegzusetzen, und, als vom Gebote unabhängig, bloß aus eigener Lust das tun zu wollen, wozu für uns kein Gebot nötig wäre. Wir sind zwar gesetz-

gebende Glieder eines durch Freiheit möglichen, durch praktische Vernunft uns zur Achtung vorgestellten Reichs der
Sitten, aber doch zugleich Untertanen, nicht das Oberhaupt
desselben. Hiermit stimmt aber die Möglichkeit eines solchen
Gebots, als: Liebe Gott über alles und deinen Nächsten als
dich selbst, ganz wohl zusammen. Denn es fordert doch, als
Gebot, Achtung für ein Gesetz, das Liebe befiehlt, und überläßt es nicht der beliebigen Wahl, sich diese zum Prinzip zu
machen. Aber Liebe zu Gott als Neigung (pathologische Liebe)
ist unmöglich; denn er ist kein Gegenstand der Sinne. Eben
dieselbe gegen Menschen ist zwar möglich, kann aber nicht
geboten werden; denn es steht in keines Menschen Vermögen,
jemanden bloß auf Befehl zu lieben. Also ist es bloß die praktische Liebe, die in jenem Kern aller Gesetze verstanden wird.
Gott lieben, heißt in dieser Bedeutung, seine Gebote gerne tun;
den Nächsten lieben, heißt, alle Pflicht gegen ihn gerne ausüben. Das Gebot aber, das dieses zur Regel macht, kann auch
nicht diese Gesinnung in pflichtmäßigen Handlungen zu haben,
sondern bloß danach zu streben gebieten. Denn ein Gebot,
daß man etwas gerne tun soll, ist in sich widersprechend, weil,
wenn wir, was uns zu tun obliege, schon von selbst wissen,
wenn wir uns überdem auch bewußt wären, es gerne zu tun,
ein Gebot darüber ganz unnötig, und, tun wir es zwar, aber
eben nicht gerne, sondern nur aus Achtung fürs Gesetz, ein
Gebot, welches diese Achtung eben zur Triebfeder der Maxime
macht, gerade der gebotenen Gesinnung zuwider wirken würde.
Jenes Gesetz aller Gesetze stellt also, wie alle moralische Vorschrift des Evangelii, die sittliche Gesinnung in ihrer ganzen
Vollkommenheit dar, so wie sie als ein Ideal der Heiligkeit
von keinem Geschöpfe erreichbar, dennoch das Urbild ist,
welchem wir uns zu nähern, und in einem ununterbrochenen,
aber unendlichen Progressus gleich zu werden streben sollen.
Könnte nämlich ein vernünftig Geschöpf jemals dahin kommen,
alle moralische Gesetze völlig gerne zu tun, so würde das soviel bedeuten, als, es fände sich in ihm auch nicht einmal die
Möglichkeit einer Begierde, die es zur Abweichung von ihnen
reizte; denn die Überwindung einer solchen kostet dem Sub

jekt immer Aufopferung, bedarf also Selbstzwang, d. h. innere
Nötigung zu dem, was man nicht ganz gern tut. Zu dieser
Stufe der moralischen Gesinnung aber kann es ein Geschöpf
niemals bringen.»

[6] S. 104. Vgl. Romeo und Julia, II, 2.

> Julia: My bounty is as boundless as the sea,
>   My love as deep: the more I give to thee,
>   The more I have, for both are infinite.

[7] S. 173. Alle folgenden Bruchstücke gehören dem 11. Bande
des Nachlasses an (Theologica 1793—1796).

[8] S. 176. Von Haym schon mitgeteilt (Hegel und seine Zeit
S. 473—474).

[9] S. 184. Vgl. Matth. XIX, 8. Λέγει αὐτοῖς · ὅτι Μωϋσῆς πρὸς τὴν
σκληροκαρδίαν ὑμῶν ἐπέτρεψεν ὑμῖν ἀπολῦσαι τὰς γυναῖκας ὑμῶν.

[10] S. 204. Vgl. Nathan II, 1.

> Sittah:
>   Du kennst die Christen nicht, willst sie nicht kennen.
>   Ihr Stolz ist: Christen sein, nicht Menschen. Denn
>   Selbst das, was, noch von ihrem Stifter her,
>   Mit Menschlichkeit den Aberglauben würzt,
>   Das lieben sie, nicht weil es menschlich ist:
>   Weil's Christus lehrt, weil's Christus hat getan.
>   Wohl ihnen, daß er ein so guter Mensch
>   Noch war! Wohl ihnen, daß sie seine Tugend
>   Auf Treu' und Glauben nehmen können.

INHALT

DRUCK VON DER OFFIZIN F. A. LATTMANN IN GOSLAR

ADDENDA ET CORRIGENDA

S. 13 Z. 5 v. u. lies: Schönheit,

S. 15 Z. 20 v. o. [Die allgemeine Regel der Klugheit ist: «Was ihr wollet, daß es euch die Leute tun sollen, das tut ihr ihnen auch», die Regel der Sittlichkeit:] «Was ihr wollen könnet usw.

S. 22 Z. 11 v. o. lies: wem aber

S. 22 Z. 8 v. u. lies: Früchte trägt.

S. 22 Z. 4 v. u. lies: kam sein Feind

S. 32 Z. 6 v. o. lies: bis auf siebzigmal siebenmal.

S. 34 Z. 10 v. o. lies: bestimmt zu verstehen haben.

S. 38 Z. 5 v. o. lies: an hergebrachte Meinungen und Gebräuche

S. 39 Z. 8 v. o. lies: Baum;

S. 43 Z. 10 v. u. lies: den einen,

S. 53 Z. 16 v. u. lies: In Beziehung *hierauf*

S. 54 Z. 1 v. o. lies: der Regenten

S. 64 Z. 8 v. o. lies: Du

S. 72 Anm. lies: [2]).

S. 73 Anm. lies: Λέγων · ἄφετε . ἴδωμεν

S. 82 Z. 14 v. u. lies: stellet.

S. 83 Z. 5 v. o. lies: υἱῷ

S. 83 Z. 6 v. o. lies: ἔχειν ...... ὅτι

S. 86 Z. 10 v. u. und reine Entgegensetzung, offener Krieg entsteht,

S. 86 Z. 6 v. u. sich von seinen Wellen ohne Bewußtsein forttragen zu lassen,

S. 93 Z. 17 v. u. lies: ja, ja, nein, nein;

S. 105 Z. 11 v. o. lies: das das andere

S. 111 Z. 9 v. o. lies: rücksichtslosesten

S. 111 Z. 12 v. u. lies: isolierte

S. 112 Z. 18 v. u. lies: Zerrüttung

S. 125 Z. 13 v. o. Das Einzelne, Beschränkte, als Entgegengesetztes, Totes, ist zugleich ein Zweig des unendlichen Lebensbaumes; jeder Teil usw.

S. 135 Z. 15 v. o. mit dem ihr nichts gemein habet und mit wem ihr die Gemeinschaft aufhebet; was ihr usw.